国家重大区域发展战略下区域经济合作机制研究

孟卫东　王春杨　黄　波　著

本书受文化名家暨“四个一批”人才项目
（编号：中宣干字〔2016〕133号）的资助

科学出版社
北京

内 容 简 介

本书从区域经济合作视角重新审视国家重大区域发展战略下我国经济发展的新特征、新问题和新要求，构建科学合理的区域经济合作机制，为区域协同发展提供有力支持。本书写作宗旨明确，涵盖区域间产业、市场、要素与资源环境等领域的合作协调机制，以及协同创新、高铁建设、跨界污染等热点问题。本书写作既注重理论与机制分析，又强调问题导向和实际应用，研究工具和方法合理丰富，提出的政策建议具有启示性和可行性。

本书不仅为政府相关部门管理者和企业管理者提供依据和参考，还为区域经济、区域规划、机制设计领域的研究人员、教师和学生的相关研究提供新视角、新思路和新方法。

图书在版编目（CIP）数据

国家重大区域发展战略下区域经济合作机制研究 / 孟卫东，王春杨，黄波著. —北京：科学出版社，2022.11

ISBN 978-7-03-071530-2

Ⅰ. ①国…　Ⅱ. ①孟…　②王…　③黄…　Ⅲ. ①区域经济合作–国际合作–研究　Ⅳ. ①F125.5

中国版本图书馆 CIP 数据核字（2022）第 028200 号

责任编辑：郝　悦 / 责任校对：王晓茜
责任印制：张　伟 / 封面设计：合肥润一文化传媒有限公司

科学出版社 出版
北京东黄城根北街 16 号
邮政编码：100717
http://www.sciencep.com
北京建宏印刷有限公司 印刷
科学出版社发行　各地新华书店经销
*
2022 年 11 月第　一　版　开本：720 × 1000　1/16
2022 年 11 月第一次印刷　印张：16
字数：320 000

定价：160.00 元
（如有印装质量问题，我社负责调换）

前　　言

本书是文化名家暨“四个一批”人才项目“三大国家经济战略下的区域经济合作机制研究”（编号：中宣干字〔2016〕133号）的研究成果。

全面切实推进国家重大区域发展战略，对于推动形成全面开放新格局、加快实施区域协调发展战略及促进新时代中国特色社会主义建设具有重要战略意义。“一带一路”建设、京津冀协同发展和长江经济带建设是根据国内外形势变化做出的重大决策，成为新时期引领中国经济改革、对外开放和高质量发展的新动力。实现新时代中国经济高质量发展必然要求国家重大区域发展战略相互融合、协同推进。国家重大区域发展战略的提出和实施必将在未来对中国乃至全世界的经济发展格局产生深远影响，而如何推进国家重大区域发展战略的有效实施，是值得研究的重大课题。

“一带一路”建设、京津冀协同发展和长江经济带建设的目标和重点任务不同，在我国区域经济发展格局中所承担的分工定位存在差异，这就要求在具体的区域经济合作机制研究和设计中既要注重国家重大区域发展战略的融合与对接，也应体现出差异性。“一带一路”建设旨在促进东部沿海、内陆和沿边地区协同开放，因而强调以国际经济合作走廊为主骨架加强重大基础设施互联互通，强调开放型经济框架下跨区域协调与合作；京津冀协同发展旨在疏解北京非首都功能，调整区域经济结构和空间结构，探索超大城市、特大城市等人口经济密集地区有序疏解，因而强调跨区域优化人口、产业和公共服务空间结构下的协调与合作；长江经济带建设强调以生态优先、绿色发展为引领，推动长江上中下游地区协调发展和沿江地区高质量发展，因而强调经济、人口和生态环境和谐发展下的跨区域产业转移、环境保护与生态补偿等方面的协调与合作。

本书立足于中国新时代经济增长动力转变的现实背景，针对国家重大区域发展战略下区域合作的新特征、新问题和新要求，基于区域经济合作的视角对现实问题背后的经济逻辑进行分析，并提出有效的区域合作机制。本书共分为六章。

第1章是国家重大区域发展战略下区域经济合作的现状和问题研究。本章刻画国家重大区域发展战略下我国区域经济合作的现状、特征及其存在的主要问题，尤其是在产业合作、资源和市场合作共享及沟通协调等方面的问题。首先，对我国区域经济合作的发展脉络进行梳理，总结我国区域经济合作的发展进程和阶段，归纳我国区域经济合作的主要类型和特征，并基于国家重大区域发展战略提出新时代区域经济合作的要求。其次，对国家重大区域发展战略下区域经济合作的现状进行分析，着重分析国家重大区域发展战略下产业分工合作、市场一体化、基础设施建设、对外开放及生态环境方面的合作现状与存在的主要问题。通过对国家重大区域发展战略下区域经济合作的现状和问题进行分析，找出影响区域经济合作的主要因素，为机制分析奠定实践基础。

第 2 章是国家重大区域发展战略下区域产业合作机制研究。针对国家重大区域发展战略下区域间产业合作的新特征和新问题，尤其是产业布局与分工、产业结构升级、区域转移及集群建设等方面的问题，本章运用新经济地理学模型，并结合产业组织理论、梯度转移理论、空间计量等方法分析区域间产业转移的影响因素和作用机制。首先，从理论上分析产业转移的影响因素和经济效应；其次，基于区域贸易成本的视角，构建新经济地理学模型，从理论上分析市场整合、集聚效应对产业空间分布和空间转移的影响；再次，基于高铁和城市人口流动数据，实证检验交通一体化、要素跨区域流动所带来的空间溢出效应对制造业空间分布的影响；最后，在理论与实证分析的基础上，结合京津冀地区产业发展的特征事实，分析京津冀地区产业合作机制。

第 3 章是国家重大区域发展战略下区域市场合作机制研究。针对国家重大区域发展战略下区域性市场一体化进展缓慢，区域壁垒依然较高，区域间盲目竞争激烈等问题，从国内市场合作和国际市场合作两个层面，分析市场整合、贸易组织和国际贸易通道建设对国际贸易的影响。本章综合运用国际贸易理论、产业组织理论和计量经济学方法，为推进一体化市场体系建设，促进区域间的市场共享和有效合作奠定理论基础。首先，对我国各省区市的市场分割现状进行系统的测算和分析，构建计量模型，实证分析影响各省区市市场分割的因素；其次，分析外商直接投资、交通基础设施对国内市场合作的影响；最后，基于贸易引力模型，对加入国际贸易组织、建设贸易通道及国际班列对国际贸易的促进作用进行实证分析。

第 4 章是国家重大区域发展战略下区域资源环境合作机制研究。针对国家重大区域发展战略下区域间资源共享和环境保护的新特征和新问题，尤其是资源的条块分割、低水平重复投入和低效利用，以及地方性污染的跨区溢出、环境治理困难等问题，运用博弈论、空间计量经济学等方法对区域间资源利用、合作和共享，以及环境污染的共治问题进行分析。首先，从理论上分析区域间技术资源的共享、扩散和转移机制；在此基础上，实证分析产学研合作、区域间知识溢出对区域创新空间格局演进的作用机制。其次，基于微分博弈模型，分析非对称两区域的跨界污染问题，对合作与非合作治理策略进行比较分析。最后，对两区域政府单独治污与合作治污的最优策略进行比较分析，以及进行基于政府合作治污的福利效果分析，并进行算例分析。

第5章是国家重大区域发展战略下区域经济合作协调机制研究。按照国家重大区域发展战略下国家层面的协调指导要求，还需要构建区域经济合作的协调机制，以保障产业合作、市场合作、资源共享和环境治理合作等机制的顺利实施。首先，对制度约束下地方政府横向经济合作机制进行分析，揭示制度设计在区域合作机制中的重要影响；其次，从中央政府和地方政府角度建立地方政府间经济合作的激励与约束合作博弈模型，分析中央政府纵向嵌入地方政府合作的作用机制和影响效果；最后，基于政府主导协调机制的不足，分析社会组织机构在促进跨区域经济合作、解决区际经济利益冲突中的作用机制。

第6章是结论和政策建议。

目　录

第 1 章　国家重大区域发展战略下区域经济合作的现状和问题……1
　1.1　中国区域经济合作的发展概述……1
　1.2　国家重大区域发展战略下区域经济合作概述……12
　1.3　国家重大区域发展战略下区域经济合作问题……31
第 2 章　国家重大区域发展战略下区域产业合作机制研究……35
　2.1　产业转移的经济效应、影响因素与内在机制……36
　2.2　制造业转移与创新的互动机制：空间溢出视角……51
　2.3　高铁网络建设、人口流动与区域创新发展……70
　2.4　本章小结……98
第 3 章　国家重大区域发展战略下区域市场合作机制研究……100
　3.1　区域组织、贸易畅通与对外开放合作……101
　3.2　中欧班列、设施联通与区域贸易合作……109
　3.3　制度距离、区位选择与对外投资合作……117
　3.4　外商直接投资、交通基础设施与国内市场合作……136
　3.5　案例分析：重庆市互联互通发展与区域市场合作机制……145
　3.6　本章小结……147
第 4 章　国家重大区域发展战略下区域资源环境合作机制研究……149
　4.1　区域间技术的共享、扩散和转移机制……149
　4.2　创新资源配置、研发合作与区际知识溢出……161
　4.3　地区间跨界污染最优控制策略分析……171
　4.4　地区间跨界污染合作治理策略分析……184
　4.5　本章小结……201
第 5 章　国家重大区域发展战略下区域经济合作协调机制……203
　5.1　制度约束下地方政府横向合作机制分析……204
　5.2　中央政府纵向嵌入地方政府合作的机制分析……214
　5.3　社会组织介入区域经济合作的机制分析……219

第 6 章　国家重大区域发展战略下区域经济合作政策建议 ······ 225
6.1　强化市场机制在产业合作中的基础性作用 ······ 226
6.2　重视政府在产业转移和市场整合中的引导作用 ······ 227
6.3　构建跨国合作组织机构，优化贸易投资环境 ······ 228
6.4　完善区域基础设施，促进市场整合与开放合作 ······ 230
6.5　转变考评方式，纳入跨行政区的整体经济效益 ······ 231
6.6　构建跨区域的利益激励、共享和补偿机制 ······ 232
6.7　完善合作组织，创新灵活的区域合作组织形式 ······ 233
6.8　优化上级政府嵌入机制，加大鼓励扶持力度 ······ 234
参考文献 ······ 236

第1章　国家重大区域发展战略下区域经济合作的现状和问题

1.1　中国区域经济合作的发展概述

1.1.1　区域经济合作的发展历程

中华人民共和国成立后进行经济恢复及经济改革，1953年开始实行第一个五年计划，1954年计划经济体制已成为中国法定的经济体制，中央政府决定资源配置的主要方向；从1950年初对财政体制进行改革，到以下放权力为主导的财政体制改革，地方政府在国内区域合作发展中的作用不断增强；计划经济弊端随着中国改革开放的发展日益显露，1992年中共十四大正式提出建立社会主义市场经济体制的目标，之后，逐步确立了中国特色社会主义制度。

1. 中央主导阶段无实质区域合作

中华人民共和国成立前，由国民党统治的经济已趋于全面崩溃，留给人民的是一个贫穷落后的烂摊子；中华人民共和国成立初期，虽然从根本上推翻了国民党的统治，但中国生产力发展水平非常低下，工农业生产极端落后。

中华人民共和国成立初期所实行的计划经济，是在生产资料公有制的基础上，根据社会主义基本经济规律和国民经济有计划按比例地发展，由国家（中央政府）按照经济、社会建设与发展的统一计划来管理国民经济，亦是从国民经济实际情况和自然资源特点出发，提前按一定的指令计划生产、资源分配和产品消费的一种经济体制（邢华，2014）。在这种经济模式下，中央政府拥有大部分的国家资源，并事先对国家的生产、资源配置和产品消费等各方面进行计划，由政府事先按计划决定整个国家的生产及怎样生产的问题，中央政府通过指令的形式来分配其所拥有的大部分国家资源，再按计划选择合适的集体来完成指定计划所需要的生产需求，但计划的产品需求往往得不到满足或者会超过国民的实际需求。此外，政府不但控制着国家经营的产业，甚至对私人企业也要做出运作指示决策，即政府决定私人企业生产什么、以什么方法生产及生产出来的东西如何分配等问题；政府或垄断组织按计划决定私人市场的产品供应、价格甚至销售渠道。

发展进程如下。

（1）1949 年 10 月至 1950 年 6 月是中华人民共和国成立初期选择计划经济体制的萌芽阶段。面对贫穷落后的国内经济状况，我国只能通过国家的统一计划来配置资源、保障重点建设、恢复国民经济，中央政府开始没收官僚资本主义的工业企业，建立国营工业，掌握了国民经济命脉，开始建立社会主义公有制。

（2）1950 年 7 月至 1952 年 8 月是计划经济体制形成的初步阶段。中央政府及财团开始在全国范围内有计划地进行经济发展建设，在中央政府的领导下，对国民经济、资源配置等各方面制订一系列经济发展计划，全国范围内的计划经济生产模式初步形成。

（3）1952 年 9 月至 1956 年 12 月是中华人民共和国成立后计划经济的基本形成阶段。中华人民共和国成立后制定的《中华人民共和国宪法》（1954 年）中第十五条、第四十七条和第四十九条明确指出，“国家用经济计划指导国民经济的发展和改造，使生产力不断提高，以改进人民的物质生活和文化生活，巩固国家的独立和安全”，“中华人民共和国国务院，即中央人民政府，是最高国家权力机关的执行机关，是最高国家行政机关”和国务院“执行国民经济计划和国家预算”的职权。

中华人民共和国实行计划经济后，中央政府在经济发展中起到决定性的主导作用，把有限的经济资源倾向于所计划的某方面发展，在一定程度上提高了人民的生产积极性。然而，随着社会经济的发展，计划经济体制已不适应发展中的中国。这种模式的弊端主要表现在生产决策权的高度集中，使得地方和企业及国民在经济发展中缺乏活力和竞争力，从而出现经济发展滞后现象。

主要问题如下。

（1）中央政府配置资源的低效率问题。在计划经济中，中央政府掌握着国家全部资源及私人企业的生产活动，个人不掌握生产资料且只能按政府的计划组织生产，政府的计划生产可能与社会实际需求不匹配，对国家的计划经济发展造成极大的危害；个人对不符合自身需求的生产活动消极怠慢，造成生产活动及资源分配的效率较低。

（2）计划经济下的生产效率往往是较低的。计划经济组织社会全民参与，缺少企业或个人竞争，这便造成产品质量偏低，而产品价格也不能通过竞争有所调整，使得整个社会的生产效率低下。

（3）计划经济过程中国民生产自由会受到一定约束。计划经济下经济问题都是由政府决定，政府权力过于集中；社会生产不一定能满足国民的实际需要，使得国民参与社会计划生产活动的积极性降低。

中央政府主导的计划经济体制虽然在中华人民共和国成立初期表现出了一定的优越性，使国民经济在当时取得了较好的成果，但随着社会发展和生活条件的变化，计划经济造成的资源浪费及效率低下也是需要重点思考的问题。1992 年 10 月 21 日，中国共产党第十四次全国人民代表大会上的报告指出："经济体制改革的目标，是在坚持公有制和按劳分配为主体、其他经济成分和分配方式为补充的基础上，建立和完善社会主义市场经济体制。"[①]改革后的经济体制显示出中央政府实行的计划经济时代的结束。

因此，中华人民共和国成立后所选择的计划经济体制具有明显的中央政府决策主导的特征。中央政府自行决定大部分资源的计划配置与生产等活动，地方政府被动地执行中央政府下达的计划指令，在决策生产中缺乏协调作用和权力，均按中央政府对于国内整体宏观经济的发展计划，安排负责区域内的各种社会生产活动和生产资源配置，区域间市场合作较少，市场分割程度较大。因此，由中央政府主要负责各项社会活动的计划经济本质上并没有太多地方政府间的区域合作，因而谈不上形成实质性的区域合作关系。

2. 地方政府以竞争为主的被动合作

1）财政分权背景下的区域合作现状

中华人民共和国成立初期，中央政府在实施计划经济的同时，对我国的财政经济进行了改革。1949~1978 年，为了加强中央政府对财政物资的集中管理，预算和财力管理权限都在中央政府手中。

发展进程如下。

（1）1953~1978 年，中央政府初步适当地下放财政管理权限。中华人民共和国成立后，中央政府开始按需适当下放财政管理权限，构建中央、省和区县的三级预算制度，重新划分各级预算的职权范围和管理目标。1958 年进一步扩大地方政府财政管理范围，分权型财政体制基本形成。

这一时期，在财政分权体制具体实施过程中，中央政府仍然掌握着财政收支的主要部分，地方政府实质上的收支支配权和管理范围仍然很小，并不构成像中央政府那样独立的财政决策主体。

（2）1979~1993 年，逐渐形成了以下放权力为主导的财政体制改革，即地方政府同中央政府一样，拥有地方财政收入，初步形成相对独立的一级财政预算主体。为了提高各地区地方政府的积极性，适当减轻中央政府财政负担，中央政府

① 资料来源：https:/fuwu.12371.cn/2012/09/26/ARTI1348641194361954.shtml.

下放与各地方的生产等密切相关的权力，使得地方政府根据各自的安排组织生产，并独立地提供各地方的公共产品及生产等需求（乔宝云等，2014）。

（3）1994 年中央政府积极推进分权分税财政管理体制改革，主要将地方财政制度更改为中央与地方事权上的分税制。分税制更加合理地划分中央政府与地方政府在全国财政上的分配，制定了政府转移支付的具体实施办法，初步形成比较完备的分权分税财政管理体制。新的改革体制实施后，逐步增加地方政府的财政事权中的话语权，部分地方预算可以直接由地方政府审批，而无须上报中央政府，增强了政府间合作管理的灵活性和高效性，加大了地方政府在地方财政支出中的决策权。

主要问题如下。

中央政府向地方政府下放权力后，各地方政府对本地区的经济发展、社会生产等活动具有独立的管理权限，且地方政府与中央政府在财政利益分配上存在竞争关系，而使各地方政府与中央政府形成被动合作，在财政利益的驱动下，各地区开始重复建设，地区产业结构趋同，地区间相互封锁，盲目竞争，中央政府财政支出增大，严重阻碍了中国经济整体发展（周黎安，2004）。

中国财政分权并不是完全意义上的“分权”，仍属分散化或授权的范畴，是一种由中央政府向地方政府下放财政权力的体制，主要依靠中央政府在国家整体中的宏观调控。此时，中央政府在国家财政资源上拥有主要的决定权力，各地方政府则根据自身发展决定生产，但地方公共服务的成本和收益之间缺乏必要的联系。

2）“诸侯经济”背景下的区域合作现状

在实施财政分权后，无论是在地域上还是行政区划分上，某些地方政府片面强调发展地方经济，从自身利益出发，选择了与中央政府宏观调控不一致的发展方式、发展规模、发展速度。中央政府与地方政府间可能存在的不一致发展严重弱化了国家整体宏观调控的效果和目标，各地方政府间及各区域间逐渐形成了封闭的、分割程度较大的国内各区域市场，延缓了中央政府调控的整体可持续发展（汪伟全，2012）。

我国“诸侯经济”发展模式下的主要表现为：把经济主体的活动范围限定在单个的行政区域之内，把各种要素的活动（包括经济优惠政策等）限定在当地政府的政策目标范围内；把自然资源优势作为权力控制的基础，从而使当地经济与更大的经济范围隔离开来，远离世界经济发展的大趋势。

地方政府作为经济利益主体，为了所管理区域内地方福利的增加，极力发展各产业以促进地方经济发展、增进地方区域内社会生产的稳定性（曾婧婧，2015）；但各地方政府间相对独立的管理使得各地区间重复建设和企业竞争日益激烈。

主要问题如下。

（1）不同地区间发展差距扩大。各地方政府获得权力后，争先恐后地发展地方工业，地方政府竞相加快工业产值的增长速度，以便有效地积累更多资金，促进地区经济发展；为保护本地区非优势产业的生存和发展，各地方政府不惜用行政手段和其他手段，强制本地商业部门优先收购、销售本地产品，抵制外地价廉质优产品的流入，限制本地原材料流出。地区间经济、资源等存在显著差异，各地改革进程不一和地域倾斜发展政策的实施，使地区间发展差距进一步扩大，经济势能“落差”加大。

（2）不同地区间发展不均衡。财政体制改革实施之后，中央政府向各地方政府下放的财政权力削弱了其对国家整体的宏观调控作用，由于各区域间自身发展差异，中央政府对各区域下放的财政权力也是有差异的，对各经济特区、沿海地区和内陆实施不同的发展策略，不同地区间的产业发展形成不平等竞争，从而形成地区间存在差异的发展速度，各地区间的经济发展趋于失衡。

因此，改革开放至 20 世纪 90 年代后期，我国对地方政府的分权逐渐增多，各地方政府间逐渐形成浅度合作和过度竞争关系，成为独立的“经济人”。地方政府分权增多，自主决策权力范围逐渐扩大，显著提高了地方政府的行政效率，但也出现了各地区重复建设、恶性竞争等问题。

3. 地方政府横向主动合作加强

随着全球经济一体化的发展，我国开始实施改革开放的发展战略。国内各地区凭借其经济发展优势、区位优势、资源禀赋优势等，各地方政府积极联动起来促进我国整体的开放合作（邢华，2015）。例如，沿海地区凭借其海运优势，率先发展起来；中西部地区的能源、资源丰富，为我国整体的改革开放提供资源支持，由此便形成了分地区、分区位的发展格局。

然而，开放合作的发展仍然面临着很多问题。例如，我国东部、中部、西部地区经济发展落差较大、城乡二元结构严重失衡等问题，严重制约着我国对外开放发展的质量、速度和效率。为了平衡国内各地区的开放发展，政府逐步启动“西部大开发”战略、“东北振兴”战略和“中部崛起”战略，逐步实现各地区间的产业转移和产业升级，推进我国改革开放进程。

各地方政府开始逐步加强横向合作，积极推进全国范围内的产业转移和产业升级。产业转移和产业升级使得国内把未来新的发展地区定位在中部、西部地区，为后续的可持续发展提供坚实的基础，加快了中部、西部地区制造业的发展，充分利用各地资源优势，提升各地区资源配置效率，优化各地区发展空间，使得国内各区域实现均衡可持续发展，逐渐形成中国区域内东中西互动、优势互补、相互促进、共同发展的新格局（范恒山，2013；王福龙，2019；王芳等，2020）。

1.1.2　区域经济合作的类型特征

差异化经济环境下，对不同产业、不同领域、不同合作内容，不同的经济主体会在实践中选择或形成不同的合作模式（邢华，2014）。借鉴相关区域经济理论，以我国现行区域合作的广泛实践为基础，从我国区域合作的类型、合作层级及合作组织角度进行特征总结。

1. 区域合作类型多样化

区域合作的目标是解决政府面临的追求短期自身利益而集体行动效率低下的问题。过去我国区域合作的主要范围集中在经济领域，即充分发挥各区域内的要素、资源等的自由流动，提高资源配置效率，促进区域内的经济发展；然而，随着经济的进一步发展，区域合作的范围逐渐向公共事务治理、公共服务提供等方面转移，区域合作类型日益多元化（杨振山等，2018）。因此，从地方政府角度出发，我国区域合作的主要类型如下。

（1）互补型。一般是指各地方政府之间通过交换合作来实现彼此利益的增加，而仅通过单独的个体是无法实现的，即我们常说的优势互补、互利共赢。这种区域合作类型是当前国内外普遍存在的合作形式，如我国长三角、泛珠三角、京津冀等地区的合作，但由于该类型的区域合作关系着双方共同的利益，在合作过程中往往会出现协调交流困难、与个体经济利益相冲突的可能、成本分摊及最终可获得利益的分配问题。

（2）共建型。一般是指为了某一个特定的目标，各主体共同完成合作，以促进要素和资源的流动速度与效率，如泛珠三角交通基础设施一体化建设等。但共建型的区域合作是各主体共同完成，常常可能出现各主体间的“囚徒困境”和“搭便车”行为。

（3）分配型。一般是指对共同享有的产权资源等要素的使用分配和责任分摊问题，如一定区域内多产业的流域水资源管理中的水量分配或污染治理问题。这种分配型的区域合作，往往会产生分配不合理现象，造成公共资源的浪费。

（4）补偿型。一般是指对外部问题进行内部化转化，如上游企业对下游企业支付一定的水域补偿。但当外部问题不能完全内部化处理时，往往会产生各利益主体间的矛盾和冲突。

2. 区域合作层级复杂化

我国地方政府结构一般可以分为省、市、县、乡四级，不同政府级别的管理范围和权限差异较大。国内发展的经验事实证明：区域合作的发展既有每一级政府独立管理的形式，也存在一些政府跨级合作管理的可能（张衔春等，2017）。但不同政府级别的差异化管理，增加了对区域合作治理的难度。

国内的跨区域环境保护问题、突发性公共事件的处理问题、社会治安状况与犯罪问题、基础设施的建设问题等，都与区域内的共同利益有关，仅仅依靠单一级别的政府来解决区域内复杂多变的问题往往难度更大，甚至是力不从心，需要多个地方政府联合起来进行合作管理。

在长江经济带区域内的资源生态环境方面，不同省际部门间的政府就需要建立跨地域、跨部门、跨层级的政府间关系，促进地方政府间打破行政层级交流束缚，以整合资源达到最大化利用效率。

3. 区域合作组织多元化

一般情况下，市场中的社会活动主体主要由政府、企事业单位和自然人组成，而政府和企业构成了区域合作中最主要的部分，根据地区间不同的经济发展情况、社会活动差异及参与合作的主体，便形成不同的区域合作形式（何登辉和王克稳，2018）。

（1）中央政府。中央政府在区域合作中起着主导决定作用。中央政府通过国家的最新政策和未来的发展重点，集中主导着市场经济的不断发展，并在市场失灵的情况下，弥补市场机制的缺陷。中央政府根据我国经济发展需要，积极协同各区域内的地方政府或合作组织开展合作创新，打造更加完善的区域合作系统，向政府和企业提供更加优越的国内合作环境。

（2）地方政府。地方政府逐步成为新经济形势下区域合作的主体部分。通过对大连、苏州、宁波、温州、厦门五个沿海开放区域政府在区域创新中所起作用进行比较发现，在转型期沿海开放区域之所以能迅速发展，主要得益于政府制度的创新，主要包括公共产品的供给、对企业创新产权的保护等方面的改革，逐步向市场化过渡。

（3）社会组织。是公共关系的主体，是为了达到特定目标而聚集在一起的活动主体，往往通过市场营销、生产运作、财务会计、人力资源利用和开发、技术研究与开发等，在保障区域合作方面发挥了重要的积极作用。社会组织在参与区域合作时，往往会协同政府一起为公民提供公共产品或服务；此外，在当地政府的鼓励推动下，各社会组织也在积极参与一定范围内，如在工业、基础设施、旅游等领域建设发展上的区域合作。

（4）私人部门。是指家庭、私人或个人所拥有的企事业单位。家庭所拥有的企事业单位从事个人消费活动，有利于商品在同区域或不同区域内流动，增强区域合作的灵活性；私人所拥有的企事业单位主要从事私人投资的生产，有利于区域间的要素流动；个人所拥有的企事业单位出于利润最大化的考虑，则更注意所生产产品的开发功能、方案设计和成本评估。

1.1.3　国家重大区域发展战略下区域合作新格局

受金融危机及全球特殊事件的影响，当今世界经济一体化格局正发生着巨大变化，各国家或地区的经济都受到冲击，全球经济发展缓慢。为了进一步提高我国的对外开放水平，实现各区域内的均衡可持续发展，需要进一步形成国际区域贸易合作新格局。因此，为了加快国内产业结构调整和产业升级，进一步提升各区域内的对外开放水平及扩大国际区域合作广度和深度，我国于 2013 年提出“一带一路”倡议和长江经济带建设战略，2014 年提出京津冀协同发展战略。

1. “一带一路”倡议概述及其区域合作诉求

随着中国市场经济的快速发展，中国经济发展水平同时也面临着一些严峻的问题，如我国的社会生产主要集中在中端制造业上，其产品多属于生活服务产品和基础制造业产品，产能过剩和产业转型正处于非常关键的时期，社会改革发展正处于攻坚克难的关键时期；中国油气资源、矿产资源对国外的依存度高，我国对原油产品的需求较高，且原油的进口和运输来源相对集中，若主要进口国限制进口原油将使我国面临严重的能源安全问题；目前我国对新能源技术开发投入比例较大，但新技术成果直接转化为现实生产的转化率还相对较低；中国产能过剩、外汇资产过剩，国内的钢铁、造船、机械、房地产、机械制造等绝大部分基础制造业的产能严重过剩，中国外汇储备余额已突破 3 万亿美元，同时中国外汇储备投资经营和保值增值难度越来越大。

2013 年 9 月，习近平在哈萨克斯坦访问时首次提出共建“丝绸之路经济带”倡议；10 月，习近平在印度尼西亚首次提出建设“21 世纪海上丝绸之路”倡议；11 月，发布关于《中共中央关于全面深化改革若干重大问题的决定》，鼓励提升中国同周边国家的贸易合作往来，积极完善区域间基础设施建设，倡导“一带一路”建设，逐步形成我国的对外开放新格局；强调与沿线国家建立良好的政策沟通、设施联通、贸易畅通、资金融通、民心相通，积极同沿线国家形成合作共赢、互利互惠、可持续的建设格局；亚洲基础设施投资银行的建立，为中国同“一带一路”沿线国家的贸易合作和基础设施建设发展提供更好的金融支持，为区域贸易合作的顺利发展提供有效的资金保障，旨在促进亚洲地区基础设施和其他生产设施的发展建设。“一带一路”倡议的提出，带动了国内外区域经济合作的发展，其涉及的区域合作不仅包括沿线各国家，还包括国内一些省（自治区、直辖市）。

作为“一带一路”倡议的发起国，我国积极号召不同的国家积极加入区域经贸合作和基础设施共同建设中，旨在同沿线国家间实现共同发展，与沿线国家建立友好合作关系，促进我国对外开放合作范围，提升我国参与国际贸易合作的质量；逐步实现国内的产业转移和产业升级，加快产业结构调整速度，缓解部分行业产能过剩，为我国创造更加优越的区域贸易合作环境，缓解东部、中部、西部发展不均衡的现象，提高我国对外开放体系的全面性和系统性。

2. 长江经济带建设战略及其区域合作诉求

国务院发展研究中心的经济学家在改革开放初期提出构建“一线一轴”战略：“一线”主要指我国的“沿海一线”，“一轴”主要指“沿长江的发展轴”。20 世纪 80 年代，长江沿岸轴从总体来看仍然处于自我发展的阶段，且其经济开放与开发仍然停留在规划与构想的阶段。20 世纪 90 年代早期，长江沿线地区的发展问题随着上海浦东新区与三峡工程的实施而被纳入国家发展战略，即我国基于国家战略的高度着眼于重点发展“长江三角洲及沿长江地区的经济”。自 2009 年以来，长江沿线的七省二市呼吁将长江经济带的经济发展提升为国家战略。但是，由于受到省市分割行政体制现状、交通基础设施不完善等各种客观条件的影响与制约，长江经济带的经济发展极为不平衡，仍未能构成一条连接南北、横贯东西的协调发展的经济带。自 2013 年以来，我国为主动适应与引领经济发展的新常态，将长江经济带的发展明确为我国新时期的重大战略，以期不断培育我国经济发展的新增长极，积极推动我国的经济实现高质量发展。我国对长江经济带的产业布局、交通网络、生态环境、对外开放及体制创新等方面做出一系列战略部署，随后长江经济带沿线的 11 个省市陆续制订并颁布各自的行动方案。2016 年 9 月，我国正式印发《长江经济带发展规划纲要》，明确长江经济带经济发展的新格局——“一轴、两翼、三极、多点”：“一轴”是指依托长江黄金水道，充分发挥重庆、武汉、上海的核心作用，逐渐推动经济实现由沿海地区溯江而上的梯度发展；“两翼”是指沪蓉与沪瑞这两大运输通道，是长江经济带经济发展的重要基础；“三极”是指长江三角洲的城市群、长江中游的城市群及成渝的城市群，充分地发挥出中心城市的重要辐射作用，着力打造长江经济带的三大经济增长极；“多点”是指充分发挥除了三大城市群以外地级城市的重要支撑作用。

长江经济带包含江苏、上海、浙江、江西、安徽、湖南、湖北、重庆、四川、云南、贵州等 11 个省市，面积约占全国的 21%，经济总量与人口均高出全国的 40%，其目的是着力解决长江经济带沿线区域城市群在发展中存在的长江水道瓶颈约束、自然生态环境污染形势严峻、区域发展不均衡、经济产业升级、区域合作机制体制尚不健全等问题。因此，我国全力推动长江经济带的协调发展，有利于创造出一条生态环境优先与绿色发展的道路；有利于充分发掘中上游城市群蕴含的巨大潜力，不断推动经济增长由沿海地区向沿江内陆地区拓展，构建上中下游城市群间达成优势互补与互动协作的新格局，逐渐缩小东部、中部、西部地区间的发展差距；有利于打破省市间的行政分割与市场壁垒，全力推动经济要素的有序自由流动、各种资源的高效配置及市场的统一与融合，不断促进区域经济的协同发展；有利于不断优化长江经济带的沿江产业结构及新型城镇化布局，加快构建陆海双向的对外开放的新走廊，大力培育合作竞争的新优势，全力促进经济发展提质与增效。在沿海加速开发和西部大开发的重要背景下，我国的经济版图清晰地显现出 H 形的经济走廊，即 H 的左边是西部进行大开发的重点地带，H 的右边是我国的沿海地带。还可看出，长江经济带在沿海经济地带与西部大开发地带间实现贯通，作为龙头的上海与沿海的经济带有效衔接，作为龙尾的重庆与西部大开发地带有效衔接，从而形成我国新时期一个重要的经济发展战略联动。这一战略清晰地突出长江经济带处于东出西进与辐射南北的重要地位及其战略意义。

首先，我国沿海发达地区经过 20 多年的超常规的高速发展，其经济发展要保持可持续性，务必要加强与西部地区的合作，进而从西部地区寻找进一步深入发展的新动力。众所周知，东部沿海地区如果没有获得西部地区提供的各种重要资源的保障，那么其实现现代化发展的进程必然受到各种资源的约束而延缓，但是“西气东输”、“西电东送”、“西棉东调”及“西煤东运”等重大工程的实施将对东部沿海地区经济的高速发展带来强劲的新活力。此外，一些东部沿海地区在经济快速发展的过程中受到一些“瓶颈”因素的严重制约，如劳动力等生产要素的成本不断增加、可用土地等各种资源的短缺及市场的相对饱和等一系列因素。然而，东部沿海地区发展中遇到的这些问题可在东西地区的联动中得到有效解决。这是因为西部地区拥有各种丰富的资源、良好的区位条件及广大潜在的市场等优势，而东部沿海地区拥有充足的资金、发达的技术、丰富的管理经验、大量的人才、先进的信息手段等各方面的优势，由此，东西部地区在经济合作过程中可形成优势互补，从而为双方的协调发展创造良好的基础与条件。因此，通过东西部地区的有效联动，东部沿海地区在经济发展中必能进一步优化产业结构，必将获得许多新的经济发展增长点，最终实现经济的繁荣发展。

其次，与中西部地区相比，经过 20 多年的高速发展，东部沿海地区的经济实力大大增强，人民的物质生活水平也有了显著提高，具备较强的自我发展能力、自我积累能力及向外延伸能力，但中西部地区的经济发展与东部地区相比要相对落后。因此，中西部地区单独进行经济发展而不合作，就不可能获得较大的成绩。从本质上来讲，西部大开发的实施不能仅仅局限于西部地区的经济发展，而是要实现东中西部地区的贯通并获得联动发展。也就是说，中西部地区要发挥将 H 形“左右两画”进行连接的重要作用，即东部与中西部地区首先通过长江经济带达成贯通，再基于优势互补、互惠互利的重要原则，打破区域间封锁、经济市场分割及自我发展体系的现实状况，推动各种生产要素在东中西部大范围内的合理自由流动，全力促进各省市间的开放发展，加快构建区域性的大市场，推动并加快形成全国性的统一大市场，实现东中西部地区的三赢、东部地区的产业创新升级及中西部地区的经济腾飞，最终提升我国经济的国际竞争力与可持续性发展。

由此可见，长江经济带承担着将 H 形"左右两画"进行连接的重大历史责任，特别是通过与东部沿海地带、西部大开发重点地区进行更高层次的多方位合作，不仅可以有效推动长江经济带的深度开发、西部大开发的发展进程及沿海地区的深入发展，而且可以有效解决东中西部地区的发展不平衡问题。在此背景下，我国能够不断构建并形成全方位的对外开放新格局，不断提高我国的国际竞争力，逐渐优化我国的生产力布局，加快推动我国国民经济的大发展。当然，我国对国土面积接近 205.23 万平方千米、2021 年总人口为 6.07 亿的长江经济带进行开发与发展的战略意义、重要作用与艰难性必将是巨大的，这也决定长江经济带开发战略的实施具有长期性、艰巨性。

3. 京津冀协同发展战略及其区域合作诉求

随着京津冀地区工业化和城镇化进程的持续加快，在人口和经济空间上逐渐失衡的同时，还伴随着严重的资源匮乏和生态环境问题。在此背景下，为了疏解北京的非首都功能、平衡京津冀地区各城市的协同发展，以及缓解该地区日益严峻的生态环境压力，习近平于 2014 年 2 月 26 日在北京主持召开座谈会，专题听取了京津冀地区协同发展工作汇报，明确将实现京津冀协同发展作为重大国家战略，强调"要坚持优势互补、互利共赢、扎实推进，加快走出一条科学持续的协同发展路子来"[①]。

京津冀地区包括北京和天津两个直辖市及石家庄、保定、唐山、廊坊、邯郸、秦皇岛、张家口、承德、沧州、邢台和衡水 11 个河北省地级市以及定州和辛集 2 个省直管市，形成了中国独具特色的"首都经济圈"。京津冀地区自古以来地域一体、文化一脉，历史渊源非常深厚，具备相互融合、协同发展的历史条件。京津冀协同发展上升为国家战略后，中共中央于 2015 年 4 月 30 日审议通过了《京津冀协同发展规划纲要》，自此揭开了实质上推进京津冀地区协同发展的大幕，河北省各地区承接北京外迁产业的速度加快。京津冀协同发展的目的在于探索人口经济密集地区优化开发的新模式，进而形成新的增长点，特别是要在地区交通运输一体化、生态环境共同治理和产业升级转移等重点领域率先取得突破。

---

① 新思想引领新征程 · 时代答卷丨"瓣瓣同心"向阳开——习近平总书记谋划推动京津冀协同发展谱写新篇章. https://baijiahao.baidu.com/s?id=1714020155451062423&wfr=spider&for=pc，2021-10-19.

以区域合作的视角审视京津冀地区的协同发展，要做好以下几方面。一是要发挥北京的辐射带动作用，打造以首都为核心的世界级城市群，这就要求在产业层面加强产业协作和跨区转移，构建区域协同创新和产业发展共同体，探索出核心城区与周边地区和谐发展的新路径和新模式。例如，推动北京科技资源跨区集聚、共享聚集及优质公共服务资源的跨区合作和转移；发挥天津先进制造和研发、金融创新运营、改革开放先试先行的区位优势，加快与河北之间的产业转移与合作，推动产业分工和优化产业空间布局。二是聚焦重点合作领域，特别是通过建立便捷高效的交通基础设施联系，降低要素跨区流动和转移成本。优化区域交通体系，推进交通互联互通，打通断头路，疏解过境交通；建设和运营好北京大兴国际机场，打造京津冀地区世界级机场群。三是深化联防联控机制，尤其加大区域环境治理力度；加强北京与天津、河北交界地区的统一规划、统一政策和统一管控，严控人口规模和城镇开发强度，防止城镇贴边连片发展；三地应以实际行动践行协同发展的理念，发挥示范效应，探索生态友好、和谐共荣的新模式。

1.2 国家重大区域发展战略下区域经济合作概述

1.2.1 “一带一路”倡议下区域经济合作概述

1. 中国与“一带一路”沿线国家的区域合作概述

“一带一路”倡议惠及的国家众多，以亚太经济圈为起点，途经沿线的中亚经济圈、非洲经济圈、东亚经济圈等，最终到达欧洲经济圈。“一带一路”倡议是重要的国际合作平台和国际公共产品，核心内涵是为积极参与倡议的国家提供一个开放、包容、合作共赢的区域经贸合作平台，中国积极响应所有有意愿加入的国家，以共同实现区域合作的可持续发展。

从整体来看，中国与“一带一路”沿线国家间的合作形式多样化，贸易总量不断增加。中欧班列作为推动“一带一路”贸易畅通的重要抓手和载体，已实现常态化、规模化开行，正在由追求数量增长向追求高质量发展迈进。自 2011 年以来，从“渝新欧（重庆）”的第一次探索开始，截至 2022 年 7 月底，中国已与沿线国家建立起 82 条中欧班列，班列运营线路较广，涉及的节点城市较多。根据中国一带一路网和中铁集装箱官网统计，截至 2021 年底，中欧班列已逐步实现联结亚洲和欧洲的 23 个国家，通往境外的 180 个城市，2021 年班列开行数量达 1.5 万列，运送货物超过 146.1 万标准箱。中欧班列的开行数量和开行质量不断提高，正在逐步更好地实现跨区域铁路物流运输通道。

自 2013 年"一带一路"倡议提出并实施以来，"一带一路"仍然是一个地理划分难以完全确定、可以有多元化创新的区域，对具体的国家并不设限。根据国家"一带一路"官方网站——中国一带一路网上对"一带一路"范围的界定，已同中国签订共建"一带一路"合作文件的国家见表 1-1。

表1-1　已同中国签订共建"一带一路"合作文件的国家

序号	签订国家	序号	签订国家
1	赤道几内亚	25	智利
2	秘鲁	26	苏里南
3	牙买加	27	委内瑞拉
4	意大利	28	冈比亚
5	巴巴多斯	29	佛得角
6	汤加	30	坦桑尼亚
7	厄瓜多尔	31	津巴布韦
8	斐济	32	乍得
9	马耳他	33	肯尼亚
10	多米尼加	34	纳米比亚
11	萨摩亚独立国	35	莫桑比克
12	格林纳达	36	加纳
13	多哥	37	南苏丹
14	乌干达	38	塞拉利昂
15	布隆迪	39	阿尔及利亚
16	利比里亚	40	吉布提
17	塞浦路斯	41	几内亚
18	卢森堡	42	希腊
19	古巴	43	纽埃
20	瓦努阿图	44	圭亚那
21	库克群岛	45	塞内加尔
22	葡萄牙	46	刚果（布）
23	密克罗尼西亚联邦	47	尼日利亚
24	萨尔瓦多	48	安哥拉

续表

序号	签订国家	序号	签订国家
49	加蓬	81	新西兰
50	赞比亚	82	黑山
51	塞舌尔	83	立陶宛
52	喀麦隆	84	巴勒斯坦
53	科特迪瓦	85	阿富汗
54	哥斯达黎加	86	巴基斯坦
55	毛里塔尼亚	87	克罗地亚
56	索马里	88	阿曼
57	乌拉圭	89	也门
58	多米尼克	90	约旦
59	卢旺达	91	叙利亚
60	突尼斯	92	菲律宾
61	利比亚	93	文莱
62	玻利维亚	94	不丹
63	特立尼达和多巴哥	95	泰国
64	马达加斯加	96	新加坡
65	摩洛哥	97	阿塞拜疆
66	苏丹	98	捷克
67	波黑	99	白俄罗斯
68	土库曼斯坦	100	格鲁吉亚
69	拉脱维亚	101	伊拉克
70	阿尔巴尼亚	102	吉尔吉斯斯坦
71	爱沙尼亚	103	哈萨克斯坦
72	斯洛文尼亚	104	科威特
73	黎巴嫩	105	马尔代夫
74	巴林	106	印度尼西亚
75	埃及	107	缅甸
76	巴布亚新几内亚	108	东帝汶
77	安提瓜和巴布达	109	阿联酋
78	奥地利	110	越南
79	巴拿马	111	以色列
80	埃塞俄比亚	112	亚美尼亚

续表

序号	签订国家	序号	签订国家
113	孟加拉国	126	俄罗斯
114	柬埔寨	127	斯里兰卡
115	匈牙利	128	土耳其
116	伊朗	129	乌兹别克斯坦
117	老挝	130	波兰
118	卡塔尔	131	罗马尼亚
119	摩尔多瓦	132	沙特阿拉伯
120	马来西亚	133	塔吉克斯坦
121	北马其顿	134	南非
122	尼泊尔	135	韩国
123	保加利亚	136	乌克兰
124	塞尔维亚	137	马里
125	斯洛伐克	138	蒙古国

资料来源：中国一带一路网，https://www.yidaiyilu.gov.cn/

基于表 1-1 中参与“一带一路”倡议的国家，结合与中国签署合作协议时间维度的考量，以及后续实证分析中所收集变量数据的难易程度，借鉴邹嘉龄等（2015）、刘洪铎和蔡晓珊（2016）等的研究样本，选择“一带一路”沿线的 64 个国家作为样本，并按参与“一带一路”倡议中各沿线国家所在的地理位置划分为六大区域，划分的依据主要在于：各区域内的国家社会文化、经济发展条件等都具有一定程度上的相似性，便于后面对区域内各经济体的贸易合作的计量分析。详细的区域划分见表 1-2。

表1-2　“一带一路”倡议下各沿线国家的区域分类

区域划分	国别（地区）
东亚、中亚 6 国	哈萨克斯坦、吉尔吉斯斯坦、蒙古国、塔吉克斯坦、土库曼斯坦、乌兹别克斯坦
东南亚 11 国	东帝汶、菲律宾、柬埔寨、老挝、马来西亚、缅甸、泰国、文莱、新加坡、印度尼西亚、越南
独联体 7 国	阿塞拜疆、白俄罗斯、俄罗斯、格鲁吉亚、摩尔多瓦、乌克兰、亚美尼亚
南亚 7 国	巴基斯坦、不丹、马尔代夫、孟加拉国、尼泊尔、斯里兰卡、印度
中东欧 16 国	阿尔巴尼亚、爱沙尼亚、保加利亚、波黑、黑山、波兰、捷克、克罗地亚、拉脱维亚、立陶宛、罗马尼亚、北马其顿、塞尔维亚、斯洛伐克、斯洛文尼亚、匈牙利
西亚、中东 17 国	阿富汗、阿联酋、阿曼、埃及、巴勒斯坦、巴林、卡塔尔、科威特、黎巴嫩、沙特阿拉伯、土耳其、叙利亚、也门、伊拉克、伊朗、以色列、约旦

2. 中国与“一带一路”沿线国家的区域贸易合作现状

自加入世界贸易组织（World Trade Organization，WTO）以来，中国积极参与国际贸易合作，同“一带一路”沿线国家的贸易总量呈现不同程度的增长，尤其是2008年金融危机之后增长迅速。中国对“一带一路”沿线国家的进出口贸易总额从2000年的775.269 4亿美元增长到2017年的10 893.173 7亿美元（图1-1）；中国与“一带一路”沿线国家贸易总额占中国贸易总额比例从2000年的16.35%增长到2017年的26.52%。

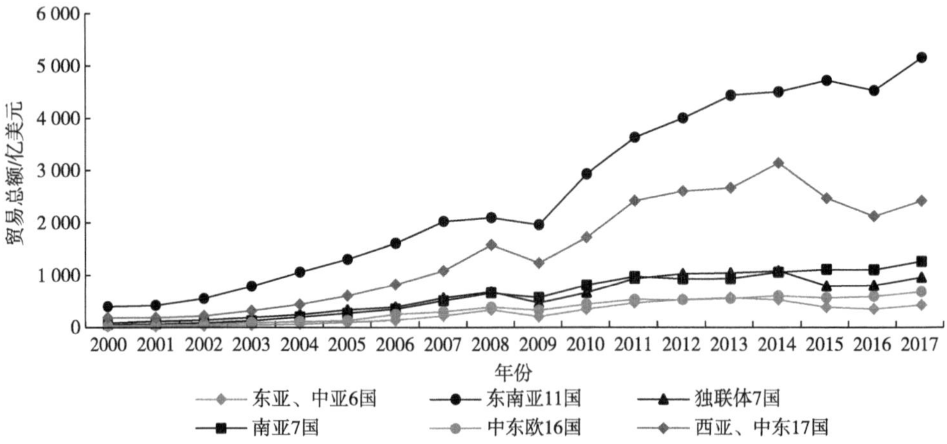

图1-1　2000~2017年中国与“一带一路”沿线六大区域的进出口贸易总额

资料来源：根据联合国商品贸易统计数据库和《中国统计年鉴》（2001~2018年）整理

从沿线国家的具体区域来看，中国与东南亚11国的进出口贸易总额占比最大。2017年东南亚11国与中国的贸易总额为5 155.873 4亿美元，占“一带一路”总贸易额的47.33%，占中国全年贸易额的12.55%，主要是中国与东盟国家的经济联系日益紧密，双边经贸合作机会逐渐增多；而且，目前已经建成的中国—东盟自由贸易区是最大的自由贸易区，极大地推进了中国与东南亚11国的贸易合作。中国与西亚、中东17国的贸易额占“一带一路”沿线国家贸易总额的比重位列第二，2017年西亚、中东17国与中国的贸易总额为2417.0620亿美元，占“一带一路”总贸易额的22.19%，占中国全年贸易额的5.88%。

在中国对沿线国家的出口贸易中，东南亚11国，西亚、中东17国和南亚7国为中国在“一带一路”沿线的前三大主要出口贸易区域，2017年出口贸易额分别为2 796.350 8亿美元、1267.2425亿美元和1068.1889亿美元（图1-2），分别占“一带一路”中国出口贸易额的44.00%、19.94%和16.81%。东亚、中亚6国是中国出口贸易中增幅最慢的贸易区域，从2000年的8.777 8亿美元增长到2017年的225.557 8亿美元。

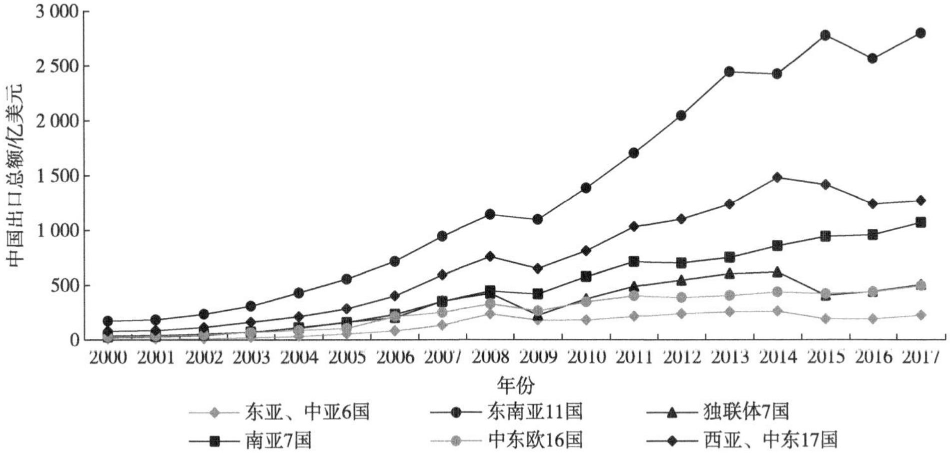

图 1-2　2000~2017 年中国对“一带一路”沿线六大区域的出口贸易额

资料来源：根据联合国商品贸易统计数据库和《中国统计年鉴》（2001~2018 年）整理

在中国对沿线国家的进口贸易中，东南亚 11 国和西亚、中东 17 国为中国在“一带一路”沿线的前两大主要进口贸易区域，2017 年进口贸易额分别为 2 359.522 6 亿美元和 1149.8195 亿美元（图 1-3），分别占“一带一路”中国进口贸易额的 52.00%和 25.34%。中东欧 16 国是中国进口贸易中增幅最慢的贸易区域，从 2000 年的 4.555 9 亿美元增长到 2017 年的 184.942 2 亿美元。

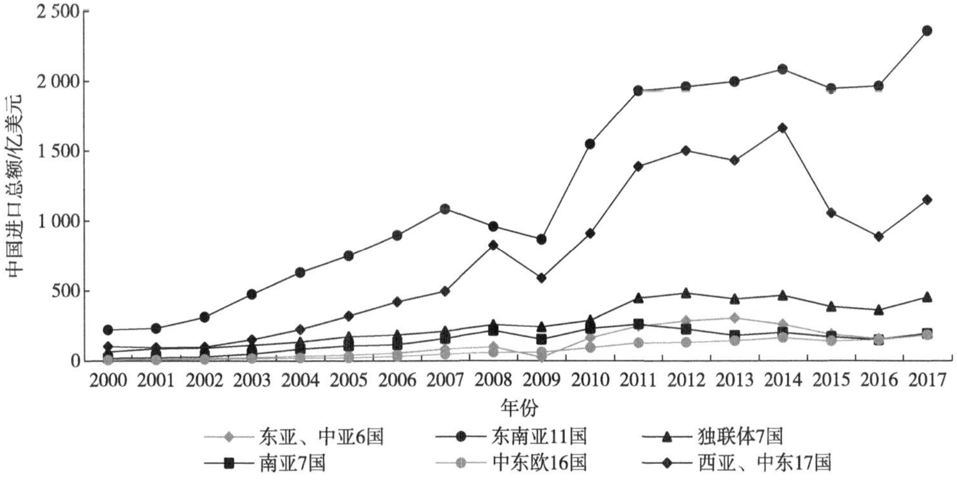

图 1-3　2000~2017 年中国对“一带一路”沿线六大区域的进口贸易额

资料来源：根据联合国商品贸易统计数据库和《中国统计年鉴》（2001~2018 年）整理

3. 中国与“一带一路”沿线国家的区域贸易依赖现状

为了清楚地描述中国同“一带一路”沿线国家的区域贸易合作关系，结合联合国商品贸易统计数据库（UN Comtrade Database）、世界综合贸易解决方案（World Integrated Trade Solution）等数据库，收集沿线各国家 2000~2017 年的年度进口和出口贸易数据，分别计算中国出口对沿线国家的 HM 指数（Hubness Measurement index）和"一带一路"沿线国家出口对中国的 HM 指数，研究分析中国同沿线国家的区域贸易关系。

HM 指数是 2003 年美国经济学家 Baldwin 建立的，可用于双边贸易依赖程度的测算（宗会明和郑丽丽，2017），其计算公式如下：

$$HM_j = \frac{x_{ij}}{x_i} \times \left(1 - \frac{m_{ij}}{m_j}\right)$$

其中，HM_j 用于衡量 i 国出口对 j 国市场的依赖程度，其取值范围为 0~1；x_{ij}、x_i 分别表示 i 国出口到 j 国的年出口总额和 i 国的年出口总贸易额；m_{ij}、m_j 分别表示 i 国从 j 国的年进口总额和 j 国的年进口总贸易额。当 HM_j 指数越接近 1 时，表明 i 国出口对 j 国市场的依赖程度越大，反之亦反。

为进一步揭示中国与"一带一路"沿线国家的经贸合作关系，表 1-3 和表 1-4 分别计算了中国出口对"一带一路"沿线国家的 HM 指数和"一带一路"沿线国家出口对中国的 HM 指数。由于沿线东亚、中亚 6 国中的塔吉克斯坦、乌兹别克斯坦、土库曼斯坦，东南亚 11 国中的东帝汶，西亚、中东 17 国中的伊拉克 2000~2017 年总出口和总进口贸易量缺失较严重，故在 HM 指数分析中予以剔除，但"一带一路"沿线国家的区域分类仍用上述介绍的分类。

表1-3　2000~2017年中国出口对"一带一路"沿线国家的HM指数

年份	区域					
	东亚、中亚 6 国	东南亚 11 国	独联体 7 国	南亚 7 国	中东欧 16 国	西亚、中东 17 国
2000	0.28	6.54	0.87	1.48	1.09	3.10
2001	0.19	6.44	0.98	1.53	1.34	3.11
2002	0.26	6.63	1.13	1.61	1.38	3.39
2003	0.39	6.23	1.47	1.56	1.57	3.53
2004	0.43	6.33	1.63	1.77	1.49	3.37
2005	0.58	6.34	1.89	1.97	1.37	3.46
2006	0.67	6.38	1.91	2.29	2.19	3.79
2007	0.85	6.62	2.70	2.70	2.03	4.47
2008	1.28	7.15	2.76	2.93	2.27	4.75
2009	1.39	8.02	1.69	3.31	2.16	4.92
2010	0.55	7.33	2.17	3.45	2.16	4.54

续表

年份	区域					
	东亚、中亚 6 国	东南亚 11 国	独联体 7 国	南亚 7 国	中东欧 16 国	西亚、中东 17 国
2011	0.53	7.46	2.31	3.57	2.08	4.63
2012	0.57	8.37	2.38	3.29	1.86	4.61
2013	0.58	9.27	2.47	3.28	1.80	4.86
2014	0.55	8.59	2.33	3.52	1.83	5.36
2015	0.43	10.02	1.53	3.99	1.82	5.61
2016	0.47	10.01	1.82	4.41	2.04	5.35
2017	0.48	9.97	1.93	4.57	2.14	5.03

表1-4　2000~2017年"一带一路"沿线国家出口对中国的HM指数

年份	区域					
	东亚、中亚 6 国	东南亚 11 国	独联体 7 国	南亚 7 国	中东欧 16 国	西亚、中东 17 国
2000	12.96	4.78	4.89	2.99	0.32	3.60
2001	13.22	5.54	6.70	3.50	0.40	3.52
2002	15.70	7.07	6.65	3.95	0.57	3.18
2003	16.18	9.23	6.38	5.74	0.74	3.99
2004	15.10	10.15	5.62	7.94	0.66	4.58
2005	13.54	10.45	5.61	7.87	0.58	5.09
2006	13.33	10.57	4.87	7.03	0.69	5.58
2007	16.16	11.32	4.65	8.26	0.82	5.77
2008	12.72	8.71	3.99	9.08	0.83	7.30
2009	4.76	9.48	6.19	6.67	1.11	7.05
2010	25.96	13.26	5.50	8.13	1.64	9.98
2011	26.15	14.01	6.57	6.89	1.65	10.03
2012	28.84	13.90	6.98	6.22	1.79	9.79
2013	33.22	13.74	6.46	4.37	1.79	9.19
2014	29.61	14.14	7.29	5.02	1.96	10.92
2015	35.79	14.01	8.79	4.85	1.88	9.03
2016	35.98	14.34	9.70	4.25	1.94	8.41
2017	34.61	15.48	9.71	4.93	2.14	10.35

结合表 1-3 的 HM 指数结果可知：中国对东南亚 11 国出口的贸易合作依赖程度最高，后面依次为西亚、中东 17 国，南亚 7 国等，而中国对东亚、中亚 6 国出

口的区域贸易依赖程度最小。这表明中国出口对“一带一路”沿线国家的依赖程度随着时间的推移不断加深。此外，“一带一路”沿线国家出口对中国的区域贸易合作依赖程度在一定程度上均大于中国出口对沿线国家的贸易合作（中东欧16国除外），大都体现为显著的非对称性特征（表1-4）。“一带一路”沿线国家出口对中国的区域贸易合作依赖作用最大的是东亚、中亚6国，其次为东南亚11国，而西亚、中东17国，独联体7国，南亚7国，中东欧16国的依赖程度最低。

4. 中国各省对“一带一路”沿线国家的贸易合作格局

根据表1-3和表1-4中中国进出口对“一带一路”沿线国家的HM指数分析可知，中国同沿线国家的区域贸易合作程度不断加深。下面分别以2017年中国31个省（自治区、直辖市）出口对本地地区生产总值增长的实际贡献为指标，对省（自治区、直辖市）出口“一带一路”沿线不同区域进行详细解析。

1）中国与东亚、中亚6国的贸易合作

自21世纪国际经济一体化发展以来，中国同东亚、中亚6国间的进出口经贸合作发展迅速，从2000年的21.419 7亿美元增长到2017年的422.821 6亿美元。但中国31个省（自治区、直辖市）对东亚、中亚6国出口对地区生产总值贡献的省份差异较大。以各省份2017年对东亚、中亚6国的出口贸易数据为例，新疆出口到东亚、中亚地区的贸易对新疆的地区生产总值增长贡献最大，其贡献率为8.69%，其他30个省（自治区、直辖市）对东亚、中亚国家出口的地区生产总值贡献均小于0.5%（表1-5）。因此，新疆成为我国同东亚、中亚6国经贸合作的主要地区，主要是因为新疆独特的地理区位优势，它与中亚国家的空间地理距离最近，并与哈萨克斯坦、吉尔吉斯斯坦等国家接壤，其社会习性、贸易环境和风俗习惯等相对接近，大大降低了双边贸易成本，增加了经贸合作频率与效率。

表1-5　2017年中国各省份对“一带一路”沿线国家的出口贸易对该地区生产总值增长贡献率

省份	东亚、中亚6国	东南亚11国	独联体7国	南亚7国	中东欧16国	西亚、中东17国
北京	0.28%	3.15%	0.40%	1.13%	0.16%	0.98%
天津	0.13%	2.50%	0.44%	0.77%	0.45%	1.21%
河北	0.05%	0.75%	0.64%	0.42%	0.10%	0.46%
山西	0.01%	0.30%	0.24%	0.26%	0.07%	0.17%
内蒙古	0.19%	0.34%	0.21%	0.13%	0.02%	0.27%
辽宁	0.03%	1.81%	0.30%	0.46%	0.15%	0.47%
吉林	0.05%	2.29%	0.82%	1.18%	0.62%	1.32%
黑龙江	0.06%	0.12%	0.69%	0.18%	0.03%	0.14%
上海	0.07%	5.19%	0.62%	1.52%	0.84%	1.36%

续表

省份	东亚、中亚 6 国	东南亚 11 国	独联体 7 国	南亚 7 国	中东欧 16 国	西亚、中东 17 国
江苏	0.07%	3.08%	0.41%	1.37%	0.72%	1.24%
浙江	0.15%	3.36%	1.33%	2.43%	1.20%	3.67%
安徽	0.04%	0.94%	0.15%	0.54%	0.21%	0.73%
福建	0.06%	3.75%	0.38%	0.69%	0.58%	1.39%
江西	0.07%	1.72%	0.20%	0.55%	0.15%	0.74%
山东	0.07%	1.44%	0.49%	0.58%	0.25%	0.85%
河南	0.04%	0.53%	0.15%	0.25%	0.10%	0.49%
湖北	0.11%	0.65%	0.10%	0.49%	0.18%	0.38%
湖南	0.01%	0.65%	0.14%	0.20%	0.08%	0.34%
广东	0.09%	4.77%	0.63%	1.98%	0.98%	2.28%
广西	0.01%	5.96%	0.05%	0.15%	0.06%	0.20%
海南	0.01%	2.74%	0.13%	0.27%	0.03%	0.59%
重庆	0.03%	1.64%	0.22%	0.55%	0.33%	0.66%
四川	0.02%	1.81%	0.13%	0.28%	0.12%	0.29%
贵州	0.01%	0.37%	0.04%	0.17%	0.02%	0.12%
云南	0	2.77%	0.01%	0.22%	0.02%	0.10%
西藏	0	0.25%	0	1.80%	0	0.02%
陕西	0.03%	0.63%	0.08%	0.29%	0.09%	0.14%
甘肃	0.09%	1.85%	0.22%	0.85%	0.25%	0.41%
青海	0.09%	0.08%	0	0.14%	0.01%	0.06%
宁夏	0.03%	0.78%	0.14%	0.46%	0.13%	0.39%
新疆	8.69%	0.16%	0.71%	0.39%	0.03%	0.14

2）中国与东南亚 11 国的贸易合作

由表 1-5 可以看出，从“一带一路”沿线国家与中国整体的贸易总量来看，东南亚 11 国与中国的区域贸易合作最为紧密。从各沿线国家的地理分布来看，地理位置、社会活动相近的主要集中在中国的沿海区域，如广西、上海和广东对东南亚国家的出口对地区生产总值的增长贡献率分别为 5.96%、5.19%和 4.77%；除此之外，福建、浙江、北京、江苏、云南及海南等省市对东南亚国家的出口贡献率也较大。

3）中国与独联体 7 国的贸易合作

综合表 1-5 中各省份出口到独联体 7 国对地区生产总值的增长贡献率来看，其对地区生产总值增长贡献程度大于 1%的只有浙江，为 1.33%；吉林、新疆、黑龙江、河北、广东、上海等贡献程度次之，分别为 0.82%、0.71%、0.69%、0.64%、0.63%、0.62%。

4）中国与南亚 7 国的贸易合作

从地理位置和区位环境来看，南亚 7 国与我国的云南、西藏、新疆等一些西部省区接壤，便于各省份与南亚国家开展区域贸易交流。由表 1-5 中的贸易贡献率可以看出，中国各省份中对南亚地区出口对各地区生产总值增长贡献率最高的主要是浙江、广东、西藏、上海和江苏等，其对地区生产总值增长的贡献程度分别为 2.43%、1.98%、1.80%、1.52%和 1.37%，其余省份的贸易联系度相对较低。

5）中国与中东欧 16 国的贸易合作

中东欧国家与中国的空间距离较远，海洋运输和陆地运输风险高，而航空运输成本显著增加，且中东欧 16 国与中国的贸易之间存在较强的相似性，造成严重的贸易替代性和挤出效应，使得中国各省份与中东欧的贸易合作相对较少。各省份出口到中东欧 16 国对地区生产总值增长贡献程度大于 1%的只有浙江，为 1.20%，且在国内省份的地理区位选择上，沿海省份相对优势较大（表 1-5）。但随着通往中东欧的国际货运班列开通，逐渐打通中国各省份到欧洲国家的运输物流通道，更加便利地将中国各省份的产品通过中欧班列运输到中东欧各个国家，增加中国与中东欧国家的经贸合作，国内沿海省份联动中西部省份物流运输，实现双边贸易合作新发展，逐渐缩小国内省份间对中东欧国家的出口差异程度。

6）中国与西亚、中东 17 国的贸易合作

从表 1-5 中贸易总量可以看出，西亚、中东 17 国与中国的区域贸易合作联系度在所有沿线国家中仅次于东南亚 11 国，成为中国进出口贸易的重要新兴市场。西亚、中东 17 国具有丰富的石油、矿产资源，与中国形成较强的贸易互补效应，中国则向该地区出口机电制造产品。从表 1-5 看出，出口西亚、中东 17 国对中国各省份地区生产总值增长贡献度最高的是我国沿海地区各省份，其中浙江和广东分别达到 3.67%和 2.28%，福建、上海、江苏、天津、吉林也都在 1%以上。

1.2.2 长江经济带建设下区域经济合作概述

长江经济带覆盖上海、重庆、四川、云南、贵州等 11 个省市，其面积接近 205.3 万平方千米，占全国总面积的 21.4%；2020 年，人口达到 6.06 亿人，占全国的 42.92%；2020 年创造的经济总量是 47.16 万亿元，占全国的 46.42%，比全国其他地区创造的经济价值要高；2020 年公共财政一般预算收入是 4.49 万亿元，

占全国的 44.79%；2020 年固定资产投资是 35.11 万亿元，占全国的 47.67%[①]。它常常以“黄金水道”与“黄金海岸”著称，战略地位非常重要，横贯我国的西南地区、华中地区及华东地区这三大经济区域，起到接南济北、承东启西及通江达海的重要作用，是我国目前最具有综合性优势的经济地带、资源地带、城市地带、产业地带及智力地带，是我国两大发展主轴之一。20 世纪 90 年代，我国批准《长江流域综合利用规划简要报告》，对长江流域的江河治理问题、水土资源的保护及水资源利用做出综合部署。2013 年 7 月 21 日，习近平总书记考察了武汉新港阳逻集装箱港区。他强调，要大力发展现代物流业，长江流域要加强合作，充分发挥内河航运作用，发展江海联运，把全流域打造成黄金水道[②]。作为新时期我国重大区域发展战略的长江经济带将与丝绸之路经济带、沿海经济带及 21 世纪海上丝绸之路共同构成新时期我国“三带一路”的发展战略新格局。2014 年 9 月，我国印发《国务院关于依托黄金水道推动长江经济带发展的指导意见》，部署将长江经济带建设成为具有全球影响力的内河经济带、东中西互动合作的协调发展带、沿海沿江沿边全面推进的对内对外开放带和生态文明建设的先行示范带。2016 年 9 月，我国印发《长江经济带发展规划纲要》，确立长江经济带“一轴、两翼、三极、多点”的发展新格局（李正图，2018）。2018 年 11 月，《中共中央 国务院关于建立更加有效的区域协调发展新机制的意见》中明确指出：“充分发挥长江经济带横跨东中西三大板块的区位优势，以共抓大保护、不搞大开发为导向，以生态优先、绿色发展为引领，依托长江黄金水道，推动长江上中下游地区协调发展和沿江地区高质量发展。”[③]当前长江经济带建设战略在我国实施新一轮的改革开放转型战略中具有非常重要的作用。

1. 区域发展不平衡，呈现较大的空间差异

工业是各国家或地区能源资源耗费的主体，是污染物排放的主体，更是推动产业进行绿色转型的关键阵地（何永宏，2018）。长江经济带作为我国目前工业发展的重地，其工业化的平均水平已高于全国，但是区域内的发展水平存在较大差异。据统计，2019 年长江经济带沿线各个省市的地区生产总值占全国的 46.21%，达到 45.79 万亿元；工业增加值占全国总量的比例为 39.35%，总值为 14.84 万亿元。其中，东部地区 3 个省市、中部地区 4 个省与西部地区 4 个省市的地区生产总值占长江经济带的比例分别为 43.72%、32.21%与 24.07%，而工业增加值占长江经济带的比例分别为 47.37%、32.48%与 20.15%。长江经济带的工业增加值在

① 资料来源：《2021 中国统计年鉴》。

② 资料来源：https://news.12371.cn/2013/07/24/ARTI1374609246278625.shtml.

③ 中共中央 国务院关于建立更加有效的区域协调发展新机制的意见. http://www.gov.cn/zhengce/2018-11/29/content_5344537.htm，2018-11-29.

地区生产总值中所占的比重达到 32.41%，其中江苏、浙江、江西和湖北 4 个省的工业比重高于长江经济带的平均水平，而其余省市的工业比重比长江经济带的平均水平要低。从整个区域视角来看，长江经济带的工业比重表现出倒“U”形的态势，即其两端地区的工业比重较低而中部地区较高（表 1-6）。

表1-6　2019年长江经济带各省市经济发展和工业化水平

地区	地区生产总值		工业		工业增加值占地区生产总值的比重	人均地区生产总值/万元
	数量/万亿元	占全国比重	工业增加值/万亿元	占全国比重		
全国	99.09	100.00%	37.71	100.00%	38.06%	7.09
长江经济带	45.79	46.21%	14.84	39.35%	32.41%	—
上海	3.82	3.86%	0.97	2.57%	25.39%	15.72
江苏	9.96	10.05%	3.78	10.02%	37.95%	12.36
浙江	6.24	6.30%	2.28	6.05%	36.54%	10.76
安徽	3.71	3.74%	1.15	3.05%	31.00%	5.85
江西	2.48	2.50%	0.90	2.39%	36.29%	5.32
湖北	4.58	4.62%	1.61	4.27%	35.15%	7.74
湖南	3.98	4.02%	1.16	3.08%	29.15%	5.75
重庆	2.36	2.38%	0.67	1.78%	28.39%	7.58
四川	4.66	4.70%	1.34	3.55%	28.76%	5.58
贵州	1.68	1.70%	0.45	1.19%	26.79%	4.64
云南	2.32	2.34%	0.53	1.41%	22.84%	4.79

资料来源：国家统计局《2020 中国统计年鉴》

2. 产业发展阶段和水平呈现显著的空间差异

长江经济带发展推动经济高质量发展，逐渐形成了以上海、南京、杭州、苏州等城市为代表的长江三角洲城市群、长江中游城市群，实现了快速发展，基本构成相对比较稳定的产业发展布局与经济增长的动力结构。截至 2016 年 6 月，长江经济带的三大城市群的经济发展规划部署已全部正式出台，标志着长江经济带三大城市群的经济发展正式迈入一个新的经济发展阶段，更是全面确立了长江经济带的三大城市群居于长江经济带中的核心地位。但从三大城市群的经济产业发展情况看，长江经济带的产业布局存在如下的明显差异。

当前长江三角洲城市群所拥有的制造业规模比较庞大、服务业的发展势头比较迅速、产业布局的结构较合理，但是长江中游城市群与成渝城市群这两者的产业布局比较集中，这就在很大程度上制约城市群的规模扩大与质量提升。从制造业的区域分布来看，长江经济带三大城市群的布局基本呈现出“东部较集聚而西部较分散”的发展格局（谈佳洁和刘士林，2018）。从制造业的集聚程度来看，长江三角洲城市群的制造业总体呈现出“大集聚而小分散”的发展格局，也就是说，长江三角洲城市群的绝大多数城市拥有居于优势地位的制造业，而这些城市正好构成较大规模的长江三角洲城市群地区的制造业集群，但是，长江三角洲城市群地区绝大多数处于优势制造业的集群基本上由两个或者两个以上的城市组成；长江中游城市群地区与成渝城市群地区所拥有的制造业则表现出“大分散而小集聚”的分布格局，表明这两个城市群还没有相对较大规模的制造业基地，进而说明绝大部分的城市都不具有比较优势的经济产业，仅仅只有少数的中心城市由于在某些行业拥有一定的比较优势而形成局部范围内某些具体行业的集聚。

3. 生态环境保护工作取得积极进展

随着长江经济带发展战略全面实施和生态文明建设加快推进，长江经济带各地区将生态环境保护摆上优先地位，用改革创新的办法抓长江生态保护，使得生态环境保护工作取得积极进展，具体阐述如下。

生态环境的质量已得到改善。长江经济带的环境持续改善，基本实现“天蓝、水清、地绿、景美”。2020 年，长江水资源约占全国总量的 36%，长江流域湖、水库、湿地面积约占全国的 20%。长江经济带在我国生态文明建设中占据重要位置。天然林保护工程实施以来，我国造林面积已经达到 1 019.48 万公顷，长江防护林工程造林已达到 504.97 万公顷，实现退耕还林的总面积达到 572.79 万公顷，综合改造石漠化的面积已完成 357.33 万公顷，治理水土流失的总面积已有 47.29 万平方千米。11 省市地级及以上城市空气质量优良以上天数比例平均约为 90.5%，其中贵州空气质量最高，空气质量优良率高达 99.2%，云南空气质量优良率为 98.8%，江苏、安徽、湖北等其余 9 省市空气质量优良率均超过 80%①。

治污工程进度不断加快推进。长江经济带各省市大力实施水污染治理、水生态修复、水资源保护“三水共治”，集中开展“共抓大保护”突出问题整改等 7 项专项行动，部署推进城镇污水垃圾处理、化工污染治理、船舶污染治理、农业面源污染治理和尾矿库治理“4+1”工程，大力构建源头控污、系统截污、全面治污三位一体的长江经济带水污染治理体系。2020 年，长江经济带优良水质（Ⅰ—Ⅲ类）比例为 96.7%，比 2015 年提高 14.9 个百分点；劣Ⅴ类水质比 2015 年下降 6.1 个百分点。

生态环境管理制度不断建立与完善。我国为了保护生态环境，正在不断建设长江沿线的防护林体系及制定退耕还林还草等各种政策。同时，我国正在加速构建最严格的水资源管理制度、重点流域水污染防治规划制度及城市空气质量评价

① 资料来源：环境保护部、发展改革委、水利部联合印发的《长江经济带生态环境保护规划》（环规财〔2017〕88 号）。

制度等体系，并不断加强对现实实践活动的考核与逐渐深化，从而逐步构建并形成我国生态环境保护的硬约束制度。例如，长江三角洲地区构建并实施大气污染防治的协作机制，有效地促进整个区域空气质量的不断提升。新安江流域构建生态补偿制度，积极探索跨区域的上下游地区间的水环境治理补偿问题。

4. 流域治理成效显著，但区域分化比较严重

当前长江经济带沿线 11 省市以“共抓大保护，不搞大开发”为重要思想（路洪卫，2016），上下游互动、区域协调发展已成为沿线省市的共识，围绕着长江流域治理，以河长制、生态补偿机制为代表的政策在很多地方已经落地推行，且取得了显著成效，但是流域各地区治理成效存在显著差异，具体分析如下。

长江经济带上游地区的生态环境服务总体上呈现出了提升与恢复的发展趋势。2019 年各省市《国民经济和社会发展统计公报》和《2020 中国生态环境状况公报》的统计数据显示，2019 年长江经济带上游地区完成造林面积 166.31 万公顷，约占全国总数的 23.53%，其中四川省完成的面积为 62.56 万公顷。重庆、四川、云南和贵州 4 个省市的森林覆盖率分别为 50.10%、39.60%、62.40%和 59.95%；四川的生态环境状况指数为 71.90%，而其他三省市指数均高于全国 51.30%的平均值。此外，作为当前长江上游地区的重点区域，三峡库区的自然生态环境质量从总体上来看已经得到很大程度改善，并且自然生态环境的服务功能正日益表现出增加的趋势。为了建设移民安置区，2001~2015 年三峡库区的净初级生产力（net primary production，NPP）的年内变化呈单峰型季节变化趋势，峰值达到 160 克/（厘米 ^{2} · 月），且 NPP 波动显著，总体上呈现一定程度的增加趋势，增幅较小。但是，由于我国正在加速实施与建设退耕还林、长江沿线防护林体系建设、天然林资源环境保护、长江上游地区水土保持等生态工程，三峡库区的 NPP 从总体上来看已经得到很大改善，呈现出上升趋势。

长江经济带中游地区的生态环境服务功能总体上呈现出下降的趋势。中游地区存在着湖泊的围垦、淤积萎缩等问题，洪旱灾害较频繁。当前，洞庭湖与鄱阳湖的水位受长江流域干旱气候等因素影响，出现枯水时间提前、枯水期延长和水位超低等现象，导致湖泊洲滩湿地出露天数增加，最终会对原先的湿地生态系统带来较大的影响。

长江经济带下游地区的生态服务价值从总体上也呈现明显下降趋势。当前长江经济带的下游地区正在加速推进城市化进程、加快发展各类经济产业，随之多种大气污染物的排放导致区域空气污染较为严重①，最终使得生态环境服务功能整体上表现出显著降低。截至 2019 年末，长江三角洲地区的林地面积、耕地面积和

① 资料来源：http://www.cciced.net/zcyj/yjbg/zcyjbg/2012/201607/P020160708397413102779.pdf.

其他类型面积呈现逐渐下降趋势。其中，长江三角洲地区的耕地面积由 2013 年末的 126 312 平方千米降低到 110 891 平方千米，而林地面积则降低为 110 539 平方千米。2000 年和 2015 年长江三角洲城市群的生态系统服务价值分别为 2 639.53 亿元和 2 569.88 亿元，总体呈逐渐下降趋势，共减少 69.65 亿元（朱治州和钟业喜，2019）。

1.2.3　京津冀协同发展下区域经济合作概述

改革开放以来，随着我国区域发展战略的时空变迁及经济体制改革的不断深入，京津冀地区作为一个整体的区域合作与协同治理经历了曲折的过程。从区域合作与协同治理的视角回顾京津冀地区的一体化进程，大致可以划分为如下三个阶段。

（1）启动阶段。20 世纪八九十年代，京津冀地区开始成立跨区域的治理组织，其均是以政府为主导的区域合作组织或区域联盟，如华北经济技术协作区（1981 年）和环渤海地区经济联合市长联席会（1986 年），目的是加强区域之间的合作与共赢。同时也从中央层面展开了京津冀地区的统一规划工作。1982 年，由国家计划委员会牵头开展了“京津唐地区国土总规划研究”，国土局组织力量研究编制《京津唐地区国土规划纲要》；在《北京城市建设总体规划方案》中也首次提出首都圈。早在 1986 年，河北省就提出了环京津战略，目的是借助邻近京津的区位发展优势（崔丹等，2019）。

（2）相对稳定阶段。1990~2013 年，区域合作和区域治理并无明显推进，表现为相对稳定的特征。各区域自我发展使得京津冀地区一体化进程和区域内各项合作工作推进缓慢，区域发展差距也逐渐增大。

（3）快速发展阶段。2014 年至今，京津冀协同发展上升为国家战略，区域联动发展走向实质阶段。2014 年 2 月，习近平总书记在北京主持召开京津冀协同发展座谈会，标志着京津冀协同发展问题上升到国家层面。李克强在《政府工作报告》中将“加强环渤海及京津冀地区协同发展”列为 2014 年重点工作之一。随后，京津冀三地联合签署了 5 项重要协议，以及其他 15 项协议和 3 个备忘录。2015 年 4 月 30 日，中央政治局审议通过《京津冀协同发展规划纲要》，京津冀协同发展上升为重大国家战略。2017 年 4 月，雄安新区获批；十九大报告明确指出推动京津冀协同发展，高起点规划、高标准建设雄安新区①。

由于经济基础、行政划分和历史文化等方面的差异，京津冀协同发展是一项

① 习近平. 决胜全面建成小康社会 夺取新时代中国特色社会主义伟大胜利——在中国共产党第十九次全国代表大会上的报告. http://www.gov.cn/zhuanti/2017-10/27/content_5234876.htm，2017-10-27.

长期复杂的工程。随着京津冀协同发展上升为国家战略，三地的一体化进程面临前所未有的重大发展机遇。近年来，中央和相关职能部门的重视和持续快速推进，三地政府的主动对接与合作，使得当前京津冀地区在产业转移、基础设施建设、生态治理等方面取得了显著成绩，有力地疏解了北京的非首都功能，对优化该地区人口与经济布局起到重要作用。但是，在协同联动发展的过程中，依然存在着诸多问题，有待进一步破除藩篱、完善区域协同和联动机制，加速要素的自由流动和产业布局，加速京津冀地区一体化进程。梳理京津冀地区的区域协同发展和合作机制的现状特征，主要表现在以下几个方面。

1. 三地产业结构不断优化，制造业转移速度加快

京津冀三地区在地理上紧密相连，但长期以来产业的竞争大于合作，三地在产业发展上逐渐形成了各自的产业结构特征。从京津冀三地的产业结构及变化特征来看，2016 年，河北仍处于向工业化中期迈进的阶段，一产、二产和三产比为 11.0：47.3：41.7；天津已经进入了工业化后期的发展阶段，一产、二产和三产比为 1.2：44.8：54.0；北京则早已进入了后工业化的发展阶段即信息化时代，服务业比重超过了 80%，一产、二产和三产比为 0.5：19.2：80.3（表 1-7）。可见，京津冀三地产业结构形成了明显梯度差异，三地处于不同发展阶段。相比之下，河北第三产业比重较低，产业高级化程度明显落后于北京、天津。而且，近年来河北大力进行产业结构调整和环境治理，经济增长处于阵痛期，这也使得京津冀地区整体经济在全国所占的比重逐渐降低。在三地中，河北产业结构调整是京津冀协同发展的重点。2014 年以来，北京的一般制造业、批发零售业和农林牧渔业的产值在不断下降，而科技服务业、战略性新兴产业和文化创意产业等新经济快速增长。

表1-7　2009~2016年京津冀三次产业结构比重变化

年份	北京三次产业比重			天津三次产业比重			河北三次产业比重		
	三产	二产	一产	三产	二产	一产	三产	二产	一产
2009	75.9%	23.1%	1.0%	45.3%	53.0%	1.7%	35.21%	51.98%	12.81%
2010	75.5%	23.6%	0.9%	46.0%	52.4%	1.6%	34.93%	52.50%	12.57%
2011	76.6%	22.6%	0.8%	46.2%	52.4%	1.4%	34.61%	53.54%	11.85%
2012	77.0%	22.2%	0.8%	47.0%	51.7%	1.3%	35.32%	52.69%	11.99%
2013	77.5%	21.7%	0.8%	48.1%	50.6%	1.3%	36.10%	52.00%	11.90%
2014	77.9%	21.4%	0.7%	49.6%	49.1%	1.3%	37.30%	51.00%	11.70%
2015	79.7%	19.7%	0.6%	52.2%	46.5%	1.3%	40.19%	48.27%	11.54%
2016	80.3%	19.2%	0.5%	54.0%	44.8%	1.2%	41.7%	47.3%	11.0%

资料来源：《北京统计年鉴》（2010~2017 年）、《天津统计年鉴》（2010~2017 年）、《河北经济年鉴》（2010~2017 年），2016 年数据来源于《中华人民共和国 2016 年国民经济和社会发展统计公报》

从京津冀三地区产业特征来看，计算机、通信和汽车是北京、天津的主导产业，分别占规模以上工业总产值的 34%和 17%；河北主导产业为钢铁产业，占全省规模以上工业总产值的 22%。由于河北资源消耗性产业比重大，产业结构的调整也较为急迫。近年来，随着对某些产业的逐步限制，资源消耗、污染严重的产业增长缓慢。2014~2016 年，河北引进北京商户超过 2 万户；河北通过与北京、天津之间共建各类科技园区、创新基地和创新平台，吸引超过 1 000 家京津高新技术企业在河北落户。从产业资金的流向看，河北引进北京、天津资金超过 1 万亿元，超过全省同期来自外省资金的 50%；天津引进北京、河北资金 5 000 多亿元，占全市市外资金的 44%。2016 年，北京企业在天津和河北的投资金额分别为 1 699.64 亿元和 3 685.29 亿元，同比增长 21.7%和 22%；天津企业在河北投资项目到位金额 521.38 亿元，同比增长 19%。到 2016 年底，滨海新区已累计承接北京、河北合作项目总投资超过 2 000 亿元（表 1-8），涉及汽车装备、石油化工、生物医药、港口物流、科研院校等多个领域。从转入河北的企业和投资总额可以看出，伴随京津冀协同的不断深化，北京、天津、河北三地产业转移效果明显。

表1-8　京津冀产业转移项目与资金额

产业/项目	转出地	转入地	投资总额
装备制造、精品钢材、农产品深加工等	北京、天津	河北唐山	2 000 亿元
中国航天科工集团第三研究院研发基地项目	中国航天科工集团	河北保定	35.1 亿元
新能源环卫专用车项目	北京	河北唐山	15.5 亿元
北京现代沧州工厂项目	北京现代汽车	河北沧州	120 亿元
解放军总医院涿州后勤保障基地项目	解放军总医院	河北保定	53 亿元
裘皮小镇和服装加工扩建项目	华斯股份	河北沧州	3.5 亿元

资料来源：《河北省经济发展报告（2017）》

2. 交通网络不断完善，基础设施联动逐步加深

长期以来，京津冀地区交通运输资源的空间分布存在显著差异，呈现以北京为中心的放射状交通布局，而天津和河北的交通运输条件相对较为落后。河北与北京、天津之间的交通运输条件较差，特别是河北与天津之间的交通运输条件远落后于北京和天津、北京和河北之间的交通运输条件。京津冀协同发展战略提出之后，2015 年 12 月 8 日，国家发改委与交通运输部联合公布《京津冀协同发展交通一体化规划》，该规划明确提出京津冀地区将以现有通道格局为基础，推进“单中心放射状”通道格局向“四纵四横一环”网络化格局转变①。

① 其中“四纵”即沿海通道、京沪通道、京九通道、京承—京广通道，“四横”即秦承张通道、京秦—京张通道、津保通道、石沧通道，“一环”即首都地区环线通道。在 2020 年已实现围绕“京津、京保石、京唐秦”三条主轴的一小时通勤圈；2030 年，形成以“四纵四横一环”为骨架的城际铁路网络。

在原有基础上围绕“京津、京保石、京唐秦”三条主要轴线和“四纵四横一环”的交通网络空间布局，实现京津冀地区内部铁路、公路、港口、航空等多种交通方式的无缝衔接，全面推进区域交通网络建设。近年来，京津冀交通基础设施建设和一体化逐步深化。

公路和铁路网络方面，跨行政区之间的“断头路”和“瓶颈路”不断被打通，形成高速公路逐步覆盖区域内所有县级及以上城市。2014 年以来，已经打通京台、京港澳、京昆、首都环线等 1 400 余千米高速公路断头路和瓶颈路。高速公路除已建设好的京沪高速、京哈高速、京港澳高速等 6 条放射状高速公路，京昆高速、京台高速建成通车，京秦高速、津石高速、密涿高速等公路快速推进。尤其是京秦高速将唐山和秦皇岛北部与北京通过高速直接连通，避免了绕道天津，降低了运输成本。津石高速改变了天津与石家庄一直没有高速直达的历史，极大促进了河北与天津之间的联系。三地共建的京津冀城际铁路投资有限公司于 2014 年成立。目前，京雄城际铁路已开通运营，京唐城际铁路计划于 2022 年下半年正式开通运营。其中，京雄城际铁路将连接北京和雄安新区。国家发改委对外公布《京津冀地区城际铁路网规划修编方案》，该方案中明确提出，以“京津、京保石、京唐秦”三大通道为主轴，到 2020 年，与既有路网共同连接区域所有地级及以上城市，基本实现京津石中心城区与周边城镇 0.5~1 小时通勤圈，京津保 0.5~1 小时交通圈。远期到 2030 年基本形成以“四纵四横一环”为骨架的城际铁路网络。此外，城市内部轨道交通运营方面，京津冀内已实现“2+11”个城市覆盖“一卡通”，交通衔接和转换更为顺畅和便利。

港口和航空运输方面，鉴于以往的重复建设和恶性竞争，京津冀各大港口不断进行整合。长期以来，由于在地理区位上较为相近，这些分属不同行政辖区的港口发展相互竞争，港口资源重复建设、港口之间无序竞争及结构性的产能过剩等突出问题十分严重。在此背景下，交通运输部与天津和河北于 2017 年 7 月联合发布了《加快推进津冀港口协同发展工作方案（2017—2020 年）》，在该方案中明确指出：“加快完善津冀港口功能布局，优化港口资源配置，推进区域港口协同发展。”近年来，经过各地区和各级政府不断统筹和协调，环渤海地区港口之间的协同发展机制初步建立，沿岸港口各自为政和价格竞争的情况得到较大改变。特别是河北与天津港口的合作与整合，正推动津冀港口群作为一个整体向世界级港口群转变[①]。航空方面，该地区包括北京大兴国际机场在内的民用航空机场总计为 9 个。2016 年，北京首都国际机场的旅客吞吐量已达到 9 000 万人次，多年超过设计能力；相比之下，天津和石家庄机场的利用率却一直很低。随着京津冀地区交

① 2014 年 8 月，河北港口集团和天津港集团分别出资 50%，组建了渤海津冀港口投资发展有限公司。津冀两地通过港口的协同发展，正在实现由竞争向竞合的转变。

通运输一体化进程的加速，要素、人口和货物的流动将更加频繁，因此航空业务资源不均、发展不平衡的现状阻碍了京津冀协同发展进程。河北与北京首都国际机场于2015年5月签订合作协议，将河北机场管理集团有限公司正式纳入首都机场集团有限公司进行统一运营和管理，从而实现京津冀主要机场之间的一体化运营和统一管理。政府通过各种措施进行分流，从而提高天津和河北机场的利用效率，缓解北京首都机场的压力。在此背景下，2016年石家庄正定国际机场完成旅客吞吐量721.46万人次，同比增加了20.5%，居全国第36位（表1-9）。

表1-9　2016年京津冀区域机场旅客吞吐量

机场	全国名次	旅客吞吐量/万人次	同比增速
北京首都国际机场	1	9 439.25	5.0%
天津滨海国际机场	20	1 687.19	17.9%
石家庄正定国际机场	36	721.46	20.5%
北京南苑机场	41	558.64	6.1%
邯郸机场	115	46.27	86.1%
张家口宁远机场	131	35.20	69.3%
唐山三女河机场	143	24.10	−4.1%
秦皇岛山海关机场	146	23.12	48.6%

资料来源：中国民用航空局，http://www.caac.gov.cn/index.html

1.3　国家重大区域发展战略下区域经济合作问题

1.3.1　区域发展不协调影响产业分工与转移

合理的产业布局与协调发展是长江经济带建设和京津冀协同发展的重要内容。在京津冀地区和长江经济带内促进产业合理转移与升级，充分发挥各地区比较优势，实现产业一体化和协同发展，是提升区域产业整体竞争力的关键。但是，从产业合作现状来看，仍存在一些发展不协调问题。区域经济发展不协调在很大程度上影响制造业的跨区转移与协同联动发展。

以京津冀地区为例，其不平衡表现在以下方面：一是经济空间分布不平衡。

京津冀地区还未形成合理的城市群等级结构，京津超大城市与河北城市整体性不强。二是产业发展和创新能力发展不平衡。从经济发展来说，京津冀三地分别处于工业化、信息化、城镇化、农业现代化的不同阶段，经济结构和新旧动能不匹配。三是行政区等级导致行政配置不平衡。京津冀行政等级划分明显，使京津冀区际要素流动、产业转移和商品贸易不畅通。以上几方面导致了城市之间、城乡之间的居民财产及收入不平衡，京津冀三地之间的发展差距形成了“双重三元结构”(“双重”是指发达的中心城市、落后的周边及乡村革命老区；“三元”是指城市居民、乡村农民和外来移民)(张贵等，2018)。另外，缺乏促进产业链与创新网络形成的区域合作机制，也加剧了区域之间的不平衡。

1.3.2　制度差异和环境风险增加跨国合作成本

“一带一路”沿线国家主要集中在亚洲、欧洲和非洲，大多属于发展中国家或新兴经济体，在要素资源禀赋、地理区位和社会制度等方面存在较大差异，经济发展水平、社会生产活动和文化习俗等存在明显的不同，且政府治理和经济、产业结构差异较大。目前，中国与众多沿线国家初步实现了政策沟通、设施联通、贸易畅通、资金融通、民心相通，中国正积极参与和推动与沿线国家的共同发展(尹美群等，2019；葛璐澜和金洪飞，2020)。然而，在贸易全球化背景下，“一带一路”倡议的实施仍面临着贸易合作环境及基础设施不平衡等问题。

从最初提出“一带一路”倡议，到近些年倡议在全球范围内的具体实施过程中，中国都在积极参与沿线国家的贸易、基础设施等合作，进一步加快区域内各个国家间铁路一体化建设，推动中国与亚洲国家的区域合作更加便捷、安全。“一带一路”沿线国家大都是发展中国家，国家间的经济发展水平、经济结构、市场经济体制、法律法规等差异明显，这便使中国同沿线国家在推行“一带一路”倡议中面临着贸易合作环境不平衡问题。中国与沿线国家的贸易合作和基础设施建设发展需要有规范的制度和法律提供保障，而中国和沿线国家目前缺乏较为统一的制度基础，还未形成一致的贸易合作制度和程序，加上沿线国家的贸易需求差异化较大，并未形成有效的监督管理机制来维持双边贸易合作的稳定可持续发展(杜娟，2017)。

此外，基于中国与沿线国家的前期贸易合作，已经基本形成了铁路、公路、管道、航空等综合交通运输网络，但由于沿线国家的交通需求、人口密度、交通建设制度等存在差异，跨国交通物流运输仍然面临基础设施相对落后、国际物流运输法规差异较大、通关手续烦琐、轨距标准不一致等问题。

1.3.3　统一大市场尚未建立，影响生产要素和商品跨区域流动

改革开放以来，国家逐步实施西部大开发、东北振兴、中部崛起和东部率先发展的区域战略，在协调国内区域市场发展和缩小地区差距等方面取得了一定的成效。但各地区的重复建设限制了生产效率的提高、创新发展及国内市场一体化发展，从而表现出各省份间资源禀赋及市场需求、基础设施等制度环境发展不平衡问题。

我国幅员辽阔，资源丰富，但由于各省份经济发展水平、资源种类及地形等存在较大差异，各种资源分布趋于失衡。东部地区由于地势平坦、水网发达，采掘工业、原材料工业占据国内主要地位，东部地区虽然经济发展迅速，海运、陆运、铁路运输等优势明显，但其资源相对贫乏，尤其缺少工业、制造业所需的矿产资源；西部地区的能源矿产在全国占有重要地位，新疆的煤炭远景储量居全国首位，有色金属储量丰富。国内不同地区间的工业生产形成重复建设，导致地区间的产业大战和恶性竞争，国内统一大市场尚未建立起来，直接影响区域间生产要素、资源、商品等跨区域流动效率。中国各省份铁路、公路密度差异较大，在区域市场合作及对外开放合作上运输成本存在差异，造成省份中制度环境发展不平衡，极大地限制了各省份的开放合作水平。

此外，自我国实行改革开放以来，吸收到的对外直接投资额不断增加，促进产业结构调整，推动新兴产业和新技术快速发展（宋维佳和刘丹阳，2016）。然而，由于我国各区域间地理区位、资源禀赋、技术支持等差异较大，外商直接投资在各区域间分布不平衡，相当大的一部分投资份额集中在东部沿海地区，中部、西部地区的外商直接投资额相对较低。外商投资的集聚使得中国各省份区域间的投资环境发展不平衡，阻碍了区域省份间的开放合作。

1.3.4　协同联动不足影响生态环境共治效果

长江流域由于整体保护不足和生态系统的破碎化问题，生态系统服务功能呈现出退化的趋势。当前长江经济带的上中下游地区在各种资源、生态利益等方面尚未构建有效的协调机制，特别是未构建上中下游地区间具备协调性、整体性等特征的区域性合作平台。

各区域间的发展较为不平衡。由于长江沿线是我国的人口密集区与经济产业的承载区，长江流域内的生态修复与环境保护问题已迫在眉睫。从地理空间视角

来看，长江经济带横贯我国的三大区域，各地区在资源条件、环境条件、交通条件、产业基础状况等方面存在较大差异。在此情形下，各地区在发展中具有明显差距，再加上各地区间在工业发展中未构建良好的协调机制，基本都是依靠长江黄金水道的优势来重点发展化工、能源及冶金等各种重工业，因此，长江上中下游的经济产业呈现出明显的同构现象，使得部分产业的产能过剩，特别是传统产业的产能过剩问题，面临转型发展的艰巨任务。

1.3.5　区域合作协调机制有待进一步完善

随着区域一体化的快速发展，我国各地方政府间的合作已取得一定成效，在制度化方面的合作水平和范围相对较低，尚未构建起普遍适用的制度化合作机制。截至目前，我国只有长江三角洲地区、珠江三角洲地区等已初步构建起若干的合作机制。除此之外，我国各地方政府间的合作往往通过倡导方式选择借助相互协商、合作会议、合作论坛、互访方式等层面的非制度化性质的合作机制，缺乏较为完善的制度化合作机制，没有合作沟通的渠道与协调机制作为有力保证。

当前各区域间的合作缺乏健全的协调机制，突出表现在以下方面：第一，跨区域协调机构与组织的缺失。当前跨区域的协调机构在组织设置上简单化，使得诸多的组织职能无法真正履行与发挥。第二，跨区域协调机构的功能设置不健全。跨区域协调机构在设置协调功能时尚未综合考虑到整个区域的资源、经济状况等；跨区域协调机构在设置服务功能时尚未立足于服务区域市场的一体化与区域经济的均衡发展；跨区域协调机构在设置监督功能时尚未健全审查与监督制度。第三，组织结构形式单一化。区域公共事务的管理尚未实现参与主体的多元化，并且仍重视科层等级制，使得各合作主体间缺乏跨层级的互动与协商。

第 2 章　国家重大区域发展战略下区域产业合作机制研究

产业转移和优化升级是形成合理产业分工体系、优化经济空间布局的有效途径，在我国现阶段则是促进经济发展方式转变、加快产业结构调整升级和促进区域协调发展的必然要求（陈栋生，2008；李晓西，2009）。一方面，产业的空间分布，尤其是制造业的空间分布，是影响我国区域经济差距的重要因素；另一方面，我国正处于增长动能转换的关键时期，作为国民经济主体的制造业其转型升级尤为重要。特别是近年来，我国制造业发展面临结构性产能过剩、技术水平落后、劳动力工资快速上涨、利润持续走低等诸多问题；发达国家又纷纷实施“再工业化”战略，重塑制造业竞争新优势，使得我国制造业发展面临发达国家和其他发展中国家的“双向挤压”。以上形势都迫切要求我国重新进行产业的空间优化配置，充分发挥各地区比较优势并加强技术创新，进而达到促进东部地区产业升级并加速中西部地区新型工业化进程的目的。

我国是一个以地方政府竞争推动经济快速发展的大国，其中以制造业为代表的资本竞争是地方政府竞争的核心内容。在我国经济增长进入“新常态”以来，创新驱动增长成为各地促进经济发展的主攻方向，各省市县纷纷编制创新发展规划、出台创新鼓励政策，以追求产业高端化、创新化，腾退低端制造作为实现可持续发展的重要手段。向创新驱动转型指明了我国制造业发展的方向，然而大国背景下如何平衡资源配置的地理空间关系至关重要。无论是各地区普遍相似的工业化进程，还是分散一致的创新战略实施，都将造成激励机制扭曲和研发资源错配。鉴于国际产业转移与国内产业区域转移存在的显著差别，除了区位条件、要素禀赋结构等原因，我国地方政府间的产业竞争、要素流动及历史、政策等原因，被认为是影响制造业区域转移的重要因素。

建立有效的区域合作机制，有赖于打破区域之间的分割，实现要素的跨区域自由流动，同时因地制宜结合自身比较优势和竞争优势营造有利于产业发展的政策环境，从而促进制造业的合理转移，达到优化产业空间布局的目的。本章的研究内容安排如下：①基于新经济地理学模型，从理论上分析空间一体化对制造业转移的影响机制，并分析其带来的经济效应；②鉴于产业升级（创新）和产业转移的内在一致性与空间分异性，建立空间计量模型从空间溢出的视角分析创新驱动与制造业转移的内在互动机制；③基于新经济地理学模型，从理论上分析贸易自由度和要素流动对产业分布的影响，并基于PSM-DID（propensity score matching- differences in differences，双重差分倾向得分匹配方法）实证分析高铁建设对人口流动和创新活动的影响；④以京津冀地区为例，分析交通基础设施、产业转移中的合作机制构建。

2.1　产业转移的经济效应、影响因素与内在机制

有关产业转移的研究由来已久，自20世纪30年代“雁阵模式理论”提出之后，历经“劳动密集型产业转移理论”、“产品生命周期理论”、“边际产业扩张理论”及“国际生产折中理论”等理论发展，较好地解释了国际产业转移的特征、动因和区位选择规律（冯根福等，2010）。产业转移是指由于资源供给、需求条件和制度环境的变化，引起某些产业从某一国家或地区转移到另一国家或地区的经济地理过程（陈建军，2002）。产业转移是对产业构成要素地区间移动的动态描述，最终将使得某些产品的市场供给从一些地区转移到另一些地区。产业转移的动力机制和区位选择，与国家和地区之间比较优势的动态演进相关，从而形成产业转移的梯度分布格局（戴宏伟，2006）。一般来说，产业转移既可以发生在国际，也可以发生在存在较大发展差距和资源禀赋差异的国家内部。近年来，随着国内外政治、经济环境的波动变化，国内产业的区域转移现象逐渐显现，许多学者从实证层面检验了不同空间尺度下制造业区域转移的时空特征（范剑勇，2004；王非暗等，2010；刘红光等，2011），并认为经济发展水平和市场化程度是影响制造业区域转移的先决条件，而比较优势、规模经济及对外开放程度则是影响我国制造业区域转移的重要因素（黄玖立和李坤望，2006；贺灿飞和谢秀珍，2006；袁冬梅和魏后凯，2011）。同时，鉴于国际产业转移与国内产业区域转移存在的显著差别，我国地方政府间的产业竞争（周业安等，2004；周黎安，2007；王文剑等，2007）、劳动力自由流动（吴安，2004）及历史、政策等（杨海水，2004），也被认为是影响制造业区域转移的重要因素。

20世纪90年代以来，随着新经济地理学的诞生和发展，集聚经济和知识溢出

逐渐成为解释制造业区域转移和空间分布演化的重要变量。在 Krugman（1991）的经典模型中，企业的区域选择受到向心力和离心力的双重影响，“本地市场效应”和“价格指数效应”的共同作用使得产业发展呈现区域层面的经济集聚；但随着地区间运输成本的持续降低，制造业的地区分布将达到稳定的均衡状态。实证方面，Young（2000）、白重恩等（2004）、李真和范爱军（2008）及马光荣等（2010）认为我国的地方保护和市场壁垒显著影响产业分布的空间集聚，并导致地区非专业化。“新”新经济地理学在“空间集聚效应”和“空间选择效应”的综合框架下，研究异质性微观主体的区位选择及空间结构特征：就正向的空间选择效应而言，高生产效率的企业倾向于选择核心地区以占领更多的市场份额，而低生产效率的企业则选择在边缘地区，力求通过运输成本等壁垒来维持市场份额。除了产业关联所带来的报酬递增，技术创新和知识溢出对产业活动的区位选择也具有重要影响（Anselin and Getis，1992；Audretsch and Feldman，1996）。一方面，知识溢出具有局域性特征，由此引发产业集聚，并且知识溢出与集聚相互强化而呈现内生的互动关系（Berliant et al.，2006）；另一方面，区际知识溢出又是一种强有力的离心力，虽然贸易成本的降低鼓励集聚，但地区间知识溢出的政策却能促进产业活动的扩散（Baldwin and Forslid，2000）。大量的研究均表明，邻近性对知识溢出具有重要意义，知识溢出对周边区域的影响呈现随距离增加而不断衰减的地理空间特征（Fischer and Varga，2003）。基于空间计量经济学，大量研究提供了此类证据。空间计量经济学强调样本之间的空间依赖性，通过空间权重矩阵的设定，能够更好地分析经济活动的空间溢出效应、距离衰减特征及“空间涟漪效应”（高鸣和宋洪远，2014），但此类模型的解释力同时依赖于明确的空间传导机制及恰当的空间尺度选择。

2.1.1　产业转移的经济效应与影响因素

区域间产业链的分工结构明确之后，就应对产业链分工体系进行实质性的调整，促进区域间的产业转移。下面通过建立数理分析模型，讨论资金、技术和劳动力三者对区域间产业转移的影响，探讨促进区域间产业转移的有效途径。区域产业转移理论，一般用于描述一国内部某些产业从一个地区转移到另一个地区的过程，它是产业生命周期理论、产业梯度理论和产业区位理论的结合。

在区域经济发展理论中，产业生命周期理论说明了产业转移的可能性，产业梯度理论说明了产业转移的一般性方向，而产业区位理论是通过分析劳动、资本、技术这三种要素的综合指标体系及地区要素密集程度，得出各种要素的分布综合指数，合理优化布置产业的过程。中国的东部地区有一些产业已进入标准化阶段和衰退阶段，加之新兴产业的替代性不断加剧，促使其必须向西部转移。西部在一些产业上又具有优势，并且也有产业结构升级的要求。因此，我国区际产业转移不仅是可行的，而且是合理的，是必然要发生的。本章以 C-D 生产函数为基础，重新解释变量的含义并加入一些变量，构造出产业转移效应模型，对产业转移相关外部条件进行分析。

已知 C-D 生产函数为 $Y = AK^{\alpha}L^{\beta}$。其中，K 为区域资本投入；L 为区域劳动力投入；A 为区域生产技术系数。通常，区域生产技术系数 A 主要与区域劳动力素质、区域资本投入的技术水平，以及区域生产组织方式、规模效应等因素有关。劳动力素质、生产组织方式和规模效应等对区域增长的作用都直接或间接地与区域资本投入的技术水平相关联，故可抽象地认为：区域生产技术系数 A 主要体现在区域资本技术水平（记为 T）上，即 A 是区域资本技术水平 T 的函数，即有 $A=A$（T）。于是，区域生产函数可表示为

$$Y = A(T)K^{\alpha}L^{\beta}$$

这样，可设产业转入前转入区生产函数为 $Y_0 = A(T_0)K_0^{\alpha}L_0^{\beta}$。其中，$K_0$ 表示产业转入前转入区的资本投入；L_0 表示产业转入前转入区的劳动力投入；A（T_0）表示产业转入前转入区的生产技术系数；T_0 表示产业转入前转入区的资本平均技术水平。又设，产业转入后将导致转入区生产函数变动，且新生产函数为

$$Y_1 = A_{\text{in}}(T_1)K_1^{\alpha}L_1^{\beta}$$

其中，A_{in}（T_1）表示产业转入后转入区的生产技术系数；T_1 表示产业转入后转入区的资本平均技术水平；K_1 表示产业转入后转入区的资本投入。一般地，产业转入将有可能在造成转入区原有部分产业被“挤出”的同时，扩大另一部分产业的规模。因而在理论上，可以假定 K_1 大于或等于 K_0。L_1 表示产业转入后转入区的劳动投入。它会随着产业转入而导致的资本规模的扩大而增加，因而可以认为 L_1 为产业转移数量 N 的函数，即 $L_1=L$（N）。不过在理论分析时，我们仍然可以假定 L_1 可能大于等于 L_0。

另外，产业转移会带来转入区相应的额外支出，如产业转入导致的额外费用、政策优惠性支出、对环境造成的压力，以及对当地产业可能造成的冲击等。这些都可以概括为产业转移成本 C。通常，该成本与产业转移数量（N）、转出区和转入区间的平均利润率差异（P_d-P_f），以及产业转出引起的转入区资本平均技术水平的变化幅度（T_1-T_0）相关。在理论上，可以认为：转移成本随转移数量增加而增加；随两区域间平均利润差异增大而增加，也随转入区资本技术水平变化幅度的增大而增加。这样，产业转移成本 C 可以表示为

$$C = C(N, P_d - P_f, T_1 - T_0)$$

为了便于分析，进一步简化效应函数。即假设转入产业平均技术水平为 t，与转入区经济间存在一定的技术梯度，即有 $t>T_0$，则有关系式 $T_1=T_0+(t-T_0)/K_1$。这

里，通常可以认为 $K_1<K_0+N$，即转入产业基于较高技术水平，往往具有相对较强的竞争力，从而会对转入区相应产业产生某种程度的“挤出效应”，造成转入区有部分资本投入的暂时闲置。显然，资本“挤出效应”的大小与产业转移的数量直接相关，故可以近似地认为，K_1 为产业转移数量（N）的函数，即 $K_1=K$（N）。于是 $T_1-T_0=(t-T_0)/K(N)$，说明 T_1-T_0 仍然为 N 和 t 的函数。这样，产业转移的效应函数可以表达为

$$U = A_{\text{in}}(t,N)K^{\alpha}(N)L^{\beta}(N) - A(T_0)K_0^{\alpha}L_0^{\beta} - C(N,P_{\text{d}}-P_{\text{f}},t)$$

由于 $A(T_0)K_0^{\alpha}L_0^{\beta}$ 由产业转入前转入区的状况决定，属于外生变量，故影响 U 变化的内生变量只有 N、t 和 $P_{\text{d}}-P_{\text{f}}$。所以产业转移效应可以简化为 $U=U(N, t, P_{\text{d}}-P_{\text{f}})$。上式表明，产业转移效应取决于产业转移的数量、转移产业的平均技术水平（即转移产业的技术层次），以及转出区与转入区之间的平均利润差异。为了探究产业转移效应 U 与转移数量 N 之间的关系，将上式两边对产业转移数量 N 求导，有

$$\frac{\mathrm{d}U}{\mathrm{d}N} = K^{\alpha}(N)L^{\beta}(N)\cdot\frac{\mathrm{d}A_{\text{in}}(N,t)}{\mathrm{d}N} + \alpha A_{\text{in}}(N,t)K^{\alpha-1}(N)L^{\beta}(N)\cdot\frac{\mathrm{d}L(N)}{\mathrm{d}N} - \frac{\mathrm{d}C(N,P_{\text{d}}-P_{\text{f}})}{\mathrm{d}N}$$

一方面，产业转移成本 C 会随着产业转移数量 N 的增大而以较快速度上升。另一方面，随着外来产业的不断进入，转入区相应产业的市场结构将发生变化，相应资源的可充分利用程度得以大幅度提高，从而使得区域产业的增长逐步受到限制。这样，两因素的综合作用将产业转移效应 U 随着产业转移数量 N 的增加而以递减的速度增大，从而产业转移数量将不能无限增大，而是有一定的限制，即存在一个产业转移的最佳规模 N，当 $N=N^*$ 时，U 达到最大。也就是说，有效的产业转移数量 N 满足：

（1）$\mathrm{d}^2N/\mathrm{d}N^2 \leqslant 0$；

（2）$\mathrm{d}U/\mathrm{d}N \geqslant 0$，且存在一个最佳的产业转移数量 N^*，当 $N=N^*$ 时，产业转移的效应 U 达到最大，记为 U^*，即 N^* 应满足条件 $\left.\frac{\mathrm{d}U}{\mathrm{d}N}\right|_{N=N^*}=0$。

同理，将产业转移效应函数对转移产业的平均技术水平 t 求导有

$$\frac{\mathrm{d}U}{\mathrm{d}t} = K^{\alpha}(N)L^{\beta}(N)\cdot\frac{\mathrm{d}A_{\text{in}}(N,t)}{\mathrm{d}t} - \frac{\mathrm{d}C(N,P_{\text{d}}-P_{\text{f}},t)}{\mathrm{d}t}$$

转入区通常会对转移产业有所选择。这种选择涉及诸多因素，其中最重要的是转入产业的平均技术水平 t。一般地，被接受转入的产业其平均技术水平 t 应大于转入区原有的生产技术水平 K_0，即应有 $t>K_0$。当然，t 也不是越高越好。这有两个原因：一是转入产业技术水平过高将可能造成转入产业与转入区原有经济之

间的技术断层，从而使转入产业作为增长极对转入区经济本应具有的推动作用难以有效发挥，结果反而减弱产业转移效应；二是转入产业技术水平过高，将有可能导致产业转移成本快速上升，从而可能使产业转移的边际效应小于零。因此，转移产业的技术水平 t 应满足两个条件：

（1）$t > T_0$；

（2）$\mathrm{d}U/\mathrm{d}t \geqslant 0$。

为了解产业转移效应，须对其内部结构进行分析。为此，将（1）式作如下变形，以分解转移效应：

$$
\begin{aligned}
U &= A_{\text{in}}(t,N)K_1^{\alpha}(N)L_1^{\beta}(N) - A(T_0)K_0^{\alpha}L_0^{\beta} - C\left(N,P_d - P_f,t\right) \\
&= \mathrm{d}\left(AK^{\alpha}L^{\beta}\right) - C\left(N,P_{\mathrm{d}} - P_{\mathrm{f}},t\right) \\
&= \left(Y_1 - Y_0\right) - C\left(N,P_{\mathrm{d}} - P_{\mathrm{f}},t\right) \\
&= \mathrm{d}Y - C\left(N,P_{\mathrm{d}} - P_{\mathrm{f}},t\right) \\
&= K^{\alpha}L^{\beta}\mathrm{d}A + \beta\bullet AK^{\alpha}L^{\beta-1}\mathrm{d}L + \alpha\bullet AK^{\alpha-1}L^{\beta}\mathrm{d}K - C\left(N,P_{\mathrm{d}} - P_{\mathrm{f}},t\right) \\
&= \left[K^{\alpha}L^{\beta}\mathrm{d}A - C\left(N,P_{\mathrm{d}} - P_{\mathrm{f}},t\right)/3\right]_1 + \left[\beta\bullet AK^{\alpha}L^{\beta-1}\mathrm{d}L - C\left(N,P_{\mathrm{d}} - P_{\mathrm{f}},t\right)/3\right]_2 \\
&\quad + \left[\alpha\bullet AK^{\alpha-1}L^{\beta}\mathrm{d}K - C\left(N,P_{\mathrm{d}} - P_{\mathrm{f}},t\right)/3\right]_3
\end{aligned}
$$

由上式可知，产业转移效应 U 可分解为三个部分。

（1）假定产业转移不引起转入区资本投入与劳动力投入增加，而只是导致转入区生产系数 A 变动所带来的效应 U_1。理论上，这部分效应是较高技术水平的转入产业替代原有等量产业，从而引起转入区产业层次提升所引致的，可称这部分效应为产业"优化效应"。

（2）假定产业转移不引起转入区资本投入 K 与生产技术水平系数 A 变动，而只引起转入区劳动投入 L 增加所带来的效应 U_2。理论上，这部分效应是高质量产业的进入引起转入区就业扩大，从而进一步引起产出增加所引致的。因此，这部分效应可称为就业"扩大效应"。

（3）假定产业转移不引起转入区劳动投入 L 与生产技术水平系数 A 变动，而只导致转入区资本投入 K 增加。则这种情况下所产生的效应 U_3 是高质量产业进入带动了转入区关联产业发展，从而拉动区域产出增长所致。故该部分效应可称为产业"发展效应"。

综上，产业转移效应总体上有三个来源，即由产业替代带来的产业"优化效应"、转移产业所引致的就业"扩大效应"，以及转移产业关联带动所导致的产业"发展效应"。影响这些产业转移效应的主要因素有以下方面。

（1）转入产业的技术先进程度。产业转移往往伴随着技术转移，因而按照技术先进程度，产业转移可以分为"先进产业"转移、"适宜产业"转移和"传统产业”转移三类。不同类别的转移，其效应有所差别。一般而言，“适宜产业”是指技术上能适应转入区经济环境条件，易于实现产业当地化，又相对先进的产业。这种产业与转入区关联产业的对接能力比较强，能发挥的增长带动作用比较大，从而转移的效应比较大。

（2）转入产业的关联度。产业关联是指产业之间存在的广泛、复杂而密切的技术经济联系。产业关联度就是刻画这种联系的定量指标。关联度的大小，因不同产业链中位置不同而有所差别。通常，转入产业关联度越大，它对转入区相关产业的前后及旁侧波及作用就越强，从而产业转移效应也越显著。

（3）产业转移的具体方式。从微观角度分析，产业转移主要有三种实现方式，即外商独资经营、内外合资经营及内外合作经营。不同的转移实现方式，其效应有所不同。一般而言，内外合资经营实现的转移，多属适宜产业，比较适合于转入区经济发展条件。同时，这种转移方式也容易使转入产业与转入区相关产业形成对接，发挥较大的关联带动作用。

（4）转入区的市场结构。在一个非完全竞争的市场结构里，产业转出区向转入区转移技术的新旧程度及转移速度，从根本上说取决于转入区市场竞争的压力，即其他区域同类转入产业的先进程度及转入区同类产业的技术吸收、改进和革新能力。因此，一个介于完全垄断与完全竞争之间的市场结构，将有利于产业转移效应的发挥。

（5）转入区产业的模仿、创新能力。转入区内产业模仿、创新能力强弱，对产业转移效应的影响，主要通过两条途径实现：一是它将影响转入区内产业的竞争力，从而影响转入区市场结构；二是它将影响转入区内产业与转入产业间开展协作的能力、空间及程度，从而影响到内外产业间的关联程度。

此外，转入区对产业转移的政策姿态、转入区对外开放及市场化程度、转入区要素质量与资源状况、基础设施水平，以及转入区与转出区之间的传统联系程度等，都对产业转移有所影响。

新经济地理学的研究表明，地区间工资和要素价格的相对差异受区域间贸易成本的影响，在“本地市场效应”和“价格指数效应”的机制作用下，贸易成本的下降引发的经济要素区域转移将带来区域空间结构的收敛或发散。市场整合对产业空间结构的影响首先来自对生产要素的空间再配置。一方面，贸易成本的下降将显著降低产品价格，形成“价格指数效应”；另一方面，贸易成本的降低也提高了区域的市场潜力，扩大了产品的市场需求，形成“本地市场效应”。两种产业集聚机制共同诱发劳动力、技术和资金等创新要素在区域之间进行新的区位选择，以获得更高的工资和要素收益，且两种效应都具有循环累积和自我强化特征。为了更好地说明市场整合对产业转移的影响，基于新经济地理学的理论构建了市场整合通过集聚效应促进产业转移的数理模型。

2.1.2 基于新经济地理学的模型分析

1. 基本假设

本小节的模型假设是建立在 Paluzie（2001）和 Crozet 等（2004）基础之上的，这一模型框架是 Krugman（1991）的拓展。本小节在已有研究的基础上，将经济活动作为一个完整的投入产出过程，涉及经济要素的投入、组织与产出，市场分割通过影响经济行业的经济成本和市场需求，进而影响经济活动的区位选择。因此，在已有模型的基础上，本小节构建基于市场分割的区域经济空间结构演化机理模型，以研究国内一体化水平的变动对经济活动的时空动态影响。

模型框架包含三个地区，即本国的两个地区——地区 1 和地区 2，以及除了本国之外的国外地区 0。假设地区 1 和地区 2 分别对应于我国的东部沿海地区和中西部内陆地区。世界经济包括两个生产部门：一个是规模报酬不变、完全竞争的农业部门，而且农业产品是同质的；另一个是规模报酬递增、具有垄断竞争市场结构的工业部门，工业部门的产品是多样化的。假设生产活动只需要劳动力这一种生产要素。其中，劳动力无法进行跨国和跨部门的流动。

假设国外地区 0 是完全外生的：包含 L_{A0} 个农民和 L_0 个工人，并且是不可以流动的。假设在国内农业部门中，工人个数是固定不变且在国内也是不可流动的，即在地区 1 和地区 2 分别有 L_{A1} 和 L_{A2} 个工人；对于国内的工业部门，工人的总数 L 是固定的，$L=L_1+L_2$，然而工人可以在国内工业生产部门自由流动。工人在区域间的分布是内生的，这是由于劳动工人会根据区域间工资收入的差异在区域间流动。我们将国内劳动工人的总数标准化为 1，并且把地区 1 的劳动工人份额记为 λ，因而，$L_1=\lambda$，$L_2=1-\lambda$。

假设工业产品在国内或国家间的运输都是无成本的，因此，各国工业产品价格都是相等的，$p_{A1}=p_{A2}=p_{A0}$。进一步假设 1 单位工业产品的生产需要 1 单位的劳动力，当工业产品市场是完全竞争时，各地区农业产品的价格将等于工人的工资，即 $p_A=w_A$。将工业产品的价格标准化为 1，则各地区工人的工资率为 1，即 $w_A=1$。与核心–边缘模型一样，假设工业产品在各区域间的流动存在萨缪尔森“冰山运输成本”，而区域内部的经济产品流动却无成本。在此次研究中，“冰山运输成本”不仅包括运费、保险费、关税和非关税壁垒等一系列显性的贸易成本，还包括其他隐性的贸易成本。例如，中国国内各区域的地方保护主义所引致的商品价值损失也是一种“冰山运输成本”。在类似框架的研究中，冰山运输成本也作为广泛意义上的运输成本。

令国内两区域间和两国之间的贸易成本分别为 T_d 和 T_f，即如果将 1 单位经济产品从国内地区 1 向地区 2 或从国内地区 1 或地区 2 向国外地区 0 流动，那么仅有$1/T_d$和$1/T_f$的部分能运送到目的地，而其余的在流动中损耗了。因此，若目的地需要 1 单位的经济产品，那么生产地必须发出T_d和T_f的产品。

2. 消费者和经济行为

（1）消费者行为。假设所有的消费者具有相同的偏好，且该偏好由 C-D 函数形式来表示：

$$U = M^{\mu}G^{1-\mu}$$

其中，$0<\mu<1$；M、G分别为农产品和工业产品的消费量；μ为支出中用于经济产品消费的份额；$1-\mu$为支出中用于普通工业产品消费的份额。工业产品即对经济产品的消费是若干多样化经济产品消费的加总，假设服从不变替代弹性（constant elasticity of substitution，CES）生产函数：

$$M = \left(\sum_{i=1}^{n} c_i^{\frac{\sigma-1}{\sigma}}\right)^{\frac{\sigma}{\sigma-1}}$$

其中，消费者有n种差异化的产品可以消费，而这些多样化产品之间的替代弹性为常数σ。该参数σ反映了消费者对经济多样性的偏好程度。当σ接近于无穷时，则差异化产品是完全可替代的；当σ趋近于 1 时，则消费者对产品多样化程度的需求越来越强烈。

假设该消费者的收入为E，产品c_i的价格为p_i，那么消费者的问题就是在下面的预算约束条件下实现其效用最大化：$G+\sum_{i=1}^{n} p_i c_i = E$。和核心–边缘模型的求解一样，我们利用两步法来解决这一问题。

第一步，不论经济产品消费集合M是多少，我们都需要确定各c_i，使得获得经济产品消费集合M的成本最小化。即

$$\min \sum_{i=1}^{n} p_i c_i$$

$$\text{s.t.} \left(\sum_{i=1}^{n} c_i^{\frac{\sigma-1}{\sigma}}\right)^{\frac{\sigma}{\sigma-1}} = M$$

成本最小化问题的一阶条件是产品的边际替代率等于其价格比率，即

$$\frac{c_i^{-\frac{1}{\sigma}}}{c_j^{-\frac{1}{\sigma}}} = \frac{p_i}{p_j},\ \forall i,j$$

因此，$c_i = c_j \left(\frac{p_i}{p_j} \right)^{-\sigma}$。

将其代入成本最小化问题的约束条件：$\left(\sum_{i=1}^{n} c_i^{\frac{\sigma-1}{\sigma}} \right)^{\frac{\sigma}{\sigma-1}} = M$，可得

$$c_j = \frac{p_j^{-\sigma}}{\sum_{i=1}^{n} p_i^{1-\sigma}} M$$

第 j 种经济产品的支出为 $p_j c_j$，经济产品集合的总支出为

$$\sum_{j=1}^{n} p_j c_j = \left(\sum_{j=1}^{n} p_j^{1-\sigma} \right)^{\frac{1}{1-\sigma}} M$$

将上式与 M 相乘的那一项定义为价格指数，因为该指数乘以消费组合的乘积等于经济产品的总支出。具体地，价格指数为

$$P = \left(\sum_{i=1}^{n} p_i^{1-\sigma} \right)^{\frac{1}{1-\sigma}}$$

因此，消费者对产品 i 的需求可以表达为 $c_i = \left(\frac{p_i}{P} \right)^{-\sigma} M$。

第二步，消费者需要决定如何将总收入在普通工业产品和经济产品之间进行分配，从而实现效用最大化，即

$$\begin{aligned} &\min\ U = M^{\mu} G^{1-\mu} \\ &\text{s.t.}\ \ PM + G = E \end{aligned}$$

得出：$M = \mu E / P, G = (1-\mu) E$。因此，各种经济产品的消费量为

$$c_i = \mu E \frac{P_i^{-\sigma}}{P^{1-\sigma}}$$

（2）生产者行为。假设所有地区经济主体仅使用劳动这一生产要素，并且具有相同的生产函数。企业生产 q 单位产品所需要的劳动投入 l 由两部分组成：固定投入 a 及边际投入 c，即

$$l = a + cq$$

也就是说，经济是规模报酬递增的，在这一假设下，每种经济产品仅会由一个特定的企业进行生产，即市场上经济产品的个数与企业个数是相同的。这是由于一个潜在的进入企业发现市场上不存在的新的产品会更加有利可图。

假设企业所在地劳动工人的工资水平为 w，那么利润最大化函数为

$$\pi = pq - w(a + cq)$$

在 Dixit-Stiglitz 模型框架下，产品价格由边际成本按固定比例加成得到，即

$$p(1-1/\sigma)=wc$$

从而，企业的利润为

$$\pi=w\left(\frac{qc}{\sigma-1}-a\right)$$

在垄断竞争市场结构下，企业可以自由进入或退出，因此，在均衡条件下，企业的利润为 0，企业的产出和投入分别为

$$q^*=a(\sigma-1)/c,\ l^*=a\sigma$$

由于所有企业的产量及投入需求是确定的常数，并且各地区劳动工人的投入是恒定的，因此，各地区企业个数（也是该地区生产的产品种类）与该地区劳动力投入是成比例的。即各地区经济的产品种类为

$$n=\frac{L}{\alpha\sigma}$$

其中，L 为该地区制造业行业中的劳动力人数。

3. 市场均衡

（1）短期均衡。短期内，生产要素不能及时进行跨区域的调整，在这种条件下实现的市场出清条件被称作短期均衡，或瞬时均衡。短期均衡包括劳动力市场出清条件和产品市场出清条件。

劳动力市场均衡。在生产中仅有劳动力这一要素投入，劳动收入是各地区的唯一收入来源。因此，各地区的收入为劳动力投入量和工资的乘积：

$$Y_0=w_0L_0+L_{A0}$$
$$Y_1=w_1\lambda+L_{A1}$$
$$Y_2=w_2(1-\lambda)+L_{A2}$$

根据企业定价法则可知，$p(1-1/\sigma)=wc$，对该式进行标准化处理使得 $p=w$，即经济产品在当地销售的价格等于当地的工资水平。在要素流动成本的假设下，如果一种产品在生产地的价格为 p，那么该产品在消费地的到岸价为 pT。因此，根据前文的价格指数表达式可得三个地区价格指数为

$$P_0=\left(n_0w_0^{1-\sigma}+n_1w_1^{1-\sigma}T_f^{1-\sigma}+n_2w_2^{1-\sigma}T_f^{1-\sigma}\right)^{1/(1-\sigma)}$$
$$P_1=\left(n_0w_0^{1-\sigma}T_f^{1-\sigma}+n_1w_1^{1-\sigma}+n_2w_2^{1-\sigma}T_d^{1-\sigma}\right)^{1/(1-\sigma)}$$
$$P_2=\left(n_0w_0^{1-\sigma}T_f^{1-\sigma}+n_1w_1^{1-\sigma}T_d^{1-\sigma}+n_2w_2^{1-\sigma}\right)^{1/(1-\sigma)}$$

其中，n_0、n_1 和 n_2 分别表示国外市场、国内地区 1 市场和国内地区 2 市场所生产的经济产品种类。从价格指数的表达式可以看出，企业的数量越多、地区间知识

传播的成本越低，那么区域价格指数越低。

产品市场均衡。消费者对产品 i 的需求表达式 $c_i = \mu E \frac{P_i^{-\sigma}}{P^{1-\sigma}}$，因而可得处于国内地区 1 的企业所生产产品在地区 0、地区 1 和地区 2 所面临的需求分别为 $\mu Y_0 \left(w_1 T_{\mathrm{f}}\right)^{-\sigma} P_0^{\sigma-1}$、$\mu Y_1 w_1^{-\sigma} P_1^{\sigma-1}$ 和 $\mu Y_2 \left(w_1 T_{\mathrm{d}}\right)^{-\sigma} P_2^{\sigma-1}$。

由于冰山运输成本的存在，国内地区 1 的企业要满足国外地区 0 和国内地区 2 1 单位的产品需求，必须生产和运输 T_f 和 T_d 单位的产品。因此，国内地区 1 的每个厂商的产量的表达式为

$$q^* = \mu Y_0 \left(w_1 T_{\mathrm{f}}\right)^{-\sigma} P_0^{\sigma-1} T_{\mathrm{f}} + \mu Y_1 w_1^{-\sigma} P_1^{\sigma-1} + \mu Y_2 \left(w_1 T_{\mathrm{d}}\right)^{-\sigma} P_2^{\sigma-1} T_{\mathrm{d}}$$

国内地区 1 的名义工资的表达式为

$$w_1 = \mu^{1/\sigma} \left(Y_0 T_{\mathrm{f}}^{1-\sigma} P_0^{\sigma-1} + Y_1 P_1^{\sigma-1} + Y_2 T_{\mathrm{d}}^{1-\sigma} P_2^{\sigma-1}\right)^{1/\sigma} q^{*-1/\sigma}$$

由于单个企业的产量 $q^* = a(\sigma-1)/c$，设 $q^* = \mu$，则国内地区 1 的名义工资为

$$w_1 = \left(Y_0 T_{\mathrm{f}}^{1-\sigma} P_0^{\sigma-1} + Y_1 P_1^{\sigma-1} + Y_2 T_{\mathrm{d}}^{1-\sigma} P_2^{\sigma-1}\right)^{1/\sigma}$$

根据类似的推导可得国内地区 2 的名义工资为

$$w_2 = \left(Y_0 T_{\mathrm{f}}^{1-\sigma} P_0^{\sigma-1} + Y_1 T_{\mathrm{d}}^{1-\sigma} P_1^{\sigma-1} + Y_2 P_2^{\sigma-1}\right)^{1/\sigma}$$

从劳动工人的工资函数可以看出，地区收入 Y_i 越高、价格指数 P_i 越高，则厂商能支付更高的劳动工人工资。通过上面对劳动力市场和产品市场均衡条件的描述，经过对企业行为的分析可知，各地区所生产的产品种类与该地区劳动力数量成比例，出于计算方便考虑，将各地区所生产的创新产品种类标准化为该地区劳动力投入量，即 $n=l$。我们可以得出短期均衡由如下函数刻画：

$$\begin{cases}
Y_0 = w_0 L_0 + L_{\mathrm{A}0} \\
Y_1 = w_1 \lambda + L_{\mathrm{A}1} \\
Y_2 = w_2 (1-\lambda) + L_{\mathrm{A}2} \\
P_0 = \left(L_0 w_0^{1-\sigma} + \lambda w_1^{1-\sigma} T_{\mathrm{f}}^{1-\sigma} + (1-\lambda) w_2^{1-\sigma} T_{\mathrm{f}}^{1-\sigma}\right)^{1/(1-\sigma)} \\
P_1 = \left(L_0 w_0^{1-\sigma} T_{\mathrm{f}}^{1-\sigma} + \lambda w_1^{1-\sigma} + (1-\lambda) w_2^{1-\sigma} T_{\mathrm{d}}^{1-\sigma}\right)^{1/(1-\sigma)} \\
P_2 = \left(L_0 w_0^{1-\sigma} T_{\mathrm{f}}^{1-\sigma} + \lambda w_1^{1-\sigma} T_{\mathrm{d}}^{1-\sigma} + (1-\lambda) w_2^{1-\sigma}\right)^{1/(1-\sigma)} \\
w_0 = \left(Y_0 P_0^{\sigma-1} + Y_1 T_{\mathrm{f}}^{1-\sigma} P_1^{\sigma-1} + Y_2 T_{\mathrm{f}}^{1-\sigma} P_2^{\sigma-1}\right)^{1/\sigma} \\
w_1 = \left(Y_0 T_{\mathrm{f}}^{1-\sigma} P_0^{\sigma-1} + Y_1 P_1^{\sigma-1} + Y_2 T_{\mathrm{d}}^{1-\sigma} P_2^{\sigma-1}\right)^{1/\sigma} \\
w_2 = \left(Y_0 T_{\mathrm{f}}^{1-\sigma} P_0^{\sigma-1} + Y_1 T_{\mathrm{d}}^{1-\sigma} P_1^{\sigma-1} + Y_2 P_2^{\sigma-1}\right)^{1/\sigma}
\end{cases}$$

（2）长期均衡。在短期均衡中，劳动工人不能及时地在国内两区域间进行迁

移。但在长期中，劳动工人在国内两区域间可以自由流动。作为理性经济人，劳动工人根据各地区实际工资的高低进行区域选择决策。因此，我们关注的是在长期条件下某一均衡是否稳定，主要基于这一考虑：如果一名劳动工人从国内一个地区迁移到另一个地区，其实际工资水平会如何变化？

假设地区 1 的一名劳动工人迁移到地区 2，会扩大地区 2 的市场需求，由工资函数可知，地区 2 的企业能够支付更高的工资，这就是需求的外部性，也称作市场接近效应；一个大的市场能够生产更多种类的经济产品，由价格指数函数可知，该地区的价格指数将下降，提高了地区 2 的实际购买力，从而使得地区 2 相对于地区 1 更具有吸引力，这就是成本的外部性，也称作生活成本效应。这两种效应被称作向心力，分别对应于前向联系和后向联系，都倾向于使得企业和消费者聚集在同一个区域。然而，企业向地区 2 的迁移同时也加剧了地区 2 的市场竞争。从工资函数可以看出，地区竞争加剧会降低该地区的名义工资，这会促使企业向竞争较小的区域转移。这种经济活动集中于某一区域而导致的要素市场和产品市场的竞争被称作市场拥挤效应，是一种离心力，它倾向于经济活动的分散。地区实际工资为名义工资与当地价格指数的比值，即

$$\omega_1=\frac{w_1}{P_1^{\mu}},\omega_2=\frac{w_2}{P_2^{\mu}}$$

如果地区 1 的实际工资高于地区 2（$\omega_1>\omega_2$），则劳动工人会从地区 2 转移到地区 1；如果地区 2 的实际工资高于地区 1（$\omega_2>\omega_1$），则劳动工人会从地区 1 转移到地区 2。在均衡情况下，国内两个地区的实际工资是相等的，此时劳动工人没有跨区域流动的动力。但这一均衡在某些情况下可能是局部不稳定的。如果劳动工人从地区 2 向地区 1 的迁移会导致地区 1 的实际工资的相对提高，那么该短期均衡则为不稳定的，劳动工人会继续从地区 2 向地区 1 迁移；反之，该短期均衡是稳定的。我们假设国内地区 1 和地区 2 的劳动工人人数的调整遵从简单的马歇尔调整机制：

$$\frac{\mathrm{d}\lambda}{\mathrm{d}t}=\omega_1-\omega_2$$

本小节主要通过研究区域间实际工资的差异与劳动工人的空间分布之间的关系，以识别这个模型的空间均衡。在均衡状态下，劳动工人不能通过区域间的流动获得更高的实际工资。因此，劳动工人的空间分布$(\lambda,1-\lambda)$，即部门的空间分布有如下三种可能的均衡状态：①$\omega_1=\omega_2$，$0<\lambda<1$；②$\omega_1>\omega_2$，$\lambda=1$；③$\omega_1<\omega_2$，$\lambda=0$。和核心–边缘模型一样，在该模型框架下，国内两地区之间的实际工资差异$\omega_1-\omega_2$与λ之间并不是简单的函数关系。因此，本小节利用

MATLAB 软件对上述系统进行模拟[①]，以揭示区域间的贸易成本、区域间实际工资差异及经济区域分布之间的关系。

4. 模型分析

国内区域间贸易成本较高时的情形，如图 2-1 所示。此时，国内贸易成本为 $T_d = 2.1$，这表明 1 单位经济产品从国内一个地区运送到另一个地区时，仅有 0.476 单位的产品到达目的地，说明国内区域之间的贸易较为困难。从模拟的结果可以看出，两地区的工资差异随着工人的份额单调增加，也就是说，一个地区经济的份额越大，该地区就越有吸引力。因此，分散是不稳定的均衡，这是由于当 1 单位劳动工人从地区 2 向地区 1 转移时，地区 1 的实际工资相对地区 2 将有所提高。因此，当国内贸易成本较高时，经济活动将集中于国内某一个地区。

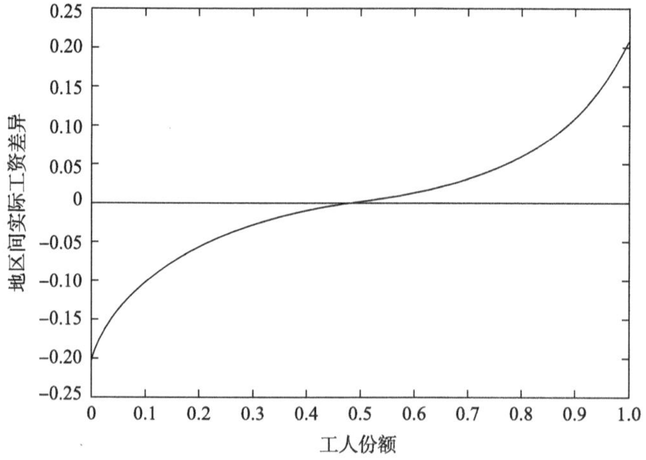

图 2-1　要素流动较难时的产业活动空间布局（T_d=2.1）

图 2-2 显示了国内贸易成本为中等时的情形。此时，$T_d = 1.5$，这表明 1 单位经济产品从国内一个地区运送到另一个地区时，有 0.667 个单位的产品到达目的地，这高于当 $T_d = 2.1$ 时的 0.476 个单位，说明国内市场一体化的能力有所提高。从模拟结果可以看出，有 5 个均衡，但仅有 2 个均衡是稳定的，即平均分布及经济集聚。至于最终经济的空间布局将收敛于哪一个均衡状态将取决于布局的初始均衡状态。

图 2-3 显示了国内贸易成本较低时的情形。这里，国内贸易成本下降到 $T_d = 1.2$，当 1 单位经济产品从国内一个地区运送到另一个地区时，有 0.833 个单位到达目的地，知识流动的水平相对于 $T_d = 1.5$ 进一步提高。从模拟结果可以看出，

① 模拟设置参数为：$\sigma = 4, T_r = 1.75, L_0 = 4, \mu = 0.4$。

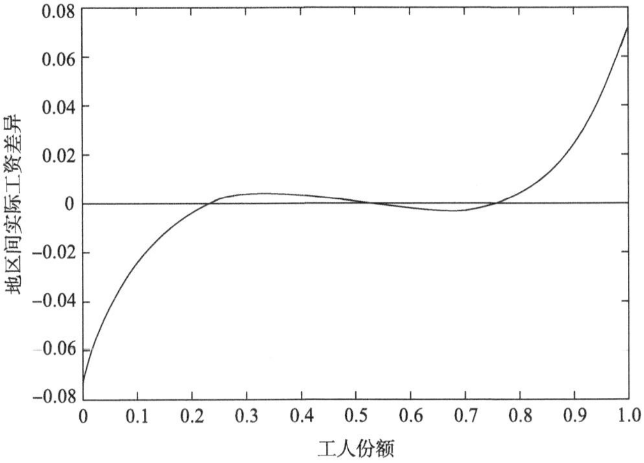

图 2-2　要素流动较难时的产业活动空间布局（T_d=1.5）

在国内贸易效率较高时，平均分布成为经济空间布局的唯一稳定均衡。当地区 1 劳动工人的份额小于 1/2 时，工资差额就为正，反之为负。这说明如果一个地区的劳动工人的份额一旦超过半数的总劳动力，那么该地区对劳动工人的吸引力就比不上另一个区域。即当一名劳动工人从地区 2 向地区 1 转移时，地区 1 的实际工资相对地区 2 将下降。因此，当国内贸易成本较高时，经济活动将呈现分散的分布格局。

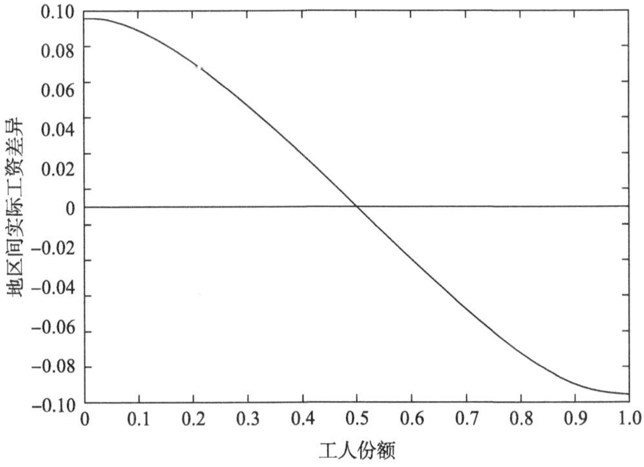

图 2-3　要素流动较易时的经济活动空间布局（T_d=1.2）

5. 模型结论

由以上 3 种情形的模拟结果可知，随着国内交易效率的不断提高，经济的空间布局会强化原先的集聚格局，其后则会走向分散的空间布局。图 2-4 用分叉图来表示国内贸易成本的变动对国内经济活动空间布局的影响（其中，实线表示稳定均衡，虚线表示不稳定的均衡）。分别令 T_B 和 T_S 为国内经济活动达到空间均衡时的两个贸易成本临界值。在国内贸易成本较高时，仅有一个稳定均衡，即经济集中于国内某一区域；随着贸易成本下降到某一临界值 T_B 以下时，新的均衡点出现了：稳定的平均分布均衡及不稳定的非平均分布均衡；当国内贸易成本进一步下降到临界值 T_S 以下时，平均分布均衡变成唯一的稳定均衡（图 2-4）。

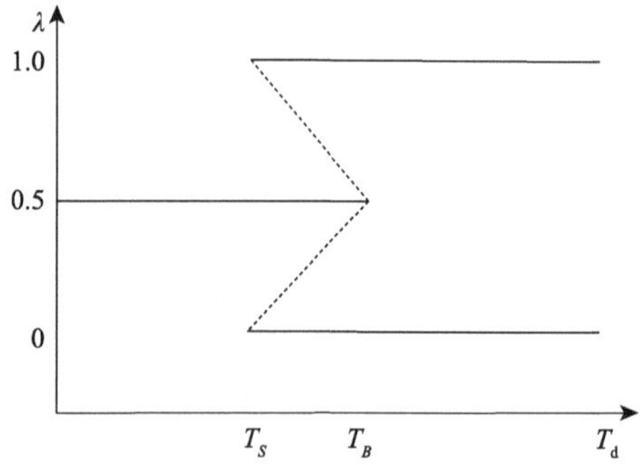

图 2-4　经济活动空间布局分叉图

经济活动空间格局变化的过程事实上是向心力和离心力的力量发生变化的过程。在国内工业经济发展阶段的初期，经济的前后向关联导致的循环累积效应促进了要素和经济活动的集中，而国内知识流动的程度则强化了这一过程。然而，随着国内知识流动成本的不断降低，如区域间交通运输成本的降低、区域壁垒的下降、互联网与信息化水平的提高等，贸易成本会趋于下降，此时的市场拥挤效应大到足以抵消向心力，则经济会趋于向其他地区扩散。

这一模拟分析结果与近年来我国经济活动空间格局的变化是吻合的。回顾我国的经济发展路径总体上分为两个阶段。在第一阶段，对外开放使得我国工业和产业向东部沿海地区集聚。到 20 世纪 90 年代中后期，特别是在加入 WTO 之后，对内开放的重要性被不断强调，西部大开发、中部崛起战略相继被提出，国内市场的分割局面有所改善。在国内市场整合的初期，东部地区具有更大的市场潜力，在接近最终消费市场的作用下，经济会进一步向东部集中。也就是说，在这一阶段，国内贸易障碍强化了产业和经济活动的集聚。在第二阶段，对外开放已发展到一定水平，而对内开放得到了进一步的深化，区域之间的差异相对缩小，商品流动的难度降低；同时，东部沿海地区产业集聚达到一定程度，离心力会超过向心力成为主导，从而使得我国产业向中西部转移。经济活动的前后向联动关系和程度也发生变化，即向心力和离心力的此消彼长，使得经济活动和经济产出也呈现分散的变化过程。这一过程如图 2-5 所示。

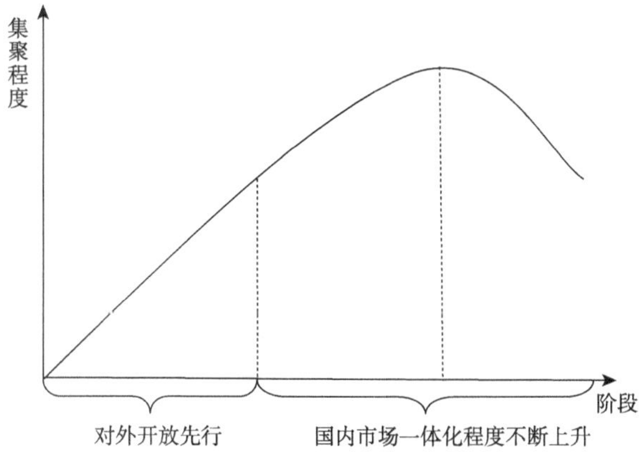

图 2-5　不同发展阶段对应的经济活动集聚

2.2　制造业转移与创新的互动机制：空间溢出视角

在我国经济增长进入“新常态”以来，创新驱动增长成为各地促进经济发展的主攻方向，各省市县纷纷编制创新发展规划、出台创新鼓励政策，以追求产业高端化、创新化，腾退低端制造作为实现可持续发展的重要手段。向创新驱动经济转型指明了我国制造业发展的方向，然而大国背景下如何平衡资源配置的地理空间关系至关重要。无论是各地区普遍相似的工业化进程，还是分散一致的创新战略实施，都将造成激励机制扭曲和研发资源错配。随着全球化和信息化的深入，传统因素对制造业区域选择的吸引效应虽然存在，但实际上已经进入边际效应递减阶段，特别是近年来，随着经济体制改革的深入和市场配置资源功能的完善，劳动力、资本、技术等可移动要素的流动性增强，地区间产业发展和创新活动的溢出效应日益强烈。区域创新水平和知识溢出效应逐渐成为影响制造业区位选择的重要因素。

与已有研究相比，本节的研究贡献主要体现在如下三个方面：①研究区域创新水平与制造业转移的互动机制，尤其是将空间因素引入区域创新和制造业区域转移的分析之中。随着地区间交通条件改善、信息技术的发展及制度障碍的消除，我国各地区间的联系更为密切，如果仅仅研究当地因素对创新和制造业转移的影响，很可能高估本地影响，从而导致政策偏差和机制扭曲。②采用更为合理的计量方法对各地区的知识溢出进行测度。LeSage 和 Pace（2008）曾指出空间计量模型依赖于来源地和目的地之间的距离函数，也依赖于适合用于描述来源地和目的地的特征解释变量，本节采用空间杜宾模型（spatial Durbin model，SDM）对各地区的知识溢出进行数量测度，分别构建城市间人口流动矩阵、社交网络联系矩阵和空间临界矩阵，评估直接影响和空间溢出效应。③选择我国地级及以上地理单元进行制造业区域转移及空间溢出效应的分析。空间数据分析过程中不可避免地要处理空间尺度效应，如果空间尺度过于宏观，将使得溢出效应不可测及区域内部差异被忽略，从而降低分析的准确性，而更细的空间单元则更能揭示经济活动的地理关联和互动。

2.2.1 中国制造业区域转移与创新的空间特征

1. 中国区域创新产出的空间演进特征：省级尺度

本节采用发明专利申请受理量来衡量各地区的创新产出，同时使用工业总产值衡量制造业规模，因为工业总产值数据能够更好地反映生产规模。本节使用的制造业数据来源于 2002~2012 年的《中国工业经济统计年鉴》[①]，研究的地域单元包括我国 29 个省区市（海南、西藏除外），不含香港、澳门和台湾。2001~2014 年，我国区域创新产出空间分布呈现显著的地区差异。创新产出主要集中在东部沿海地区，江苏、北京、广东、山东、浙江和上海六省市的创新水平最高，这些地区的创新总量远高于其他省份。在中部地区，安徽的创新总量最高，2014 年发明专利申请受理数量接近 5 万件，河南和湖北次之，2014 年发明专利申请数为 2 万件左右。在西部地区，四川、重庆、广西和陕西的创新产出水平较高，除四川的发明专利申请数在 2014 年接近 3 万件，广西、重庆和陕西均在 2 万件左右，处于中等水平。整体上，我国区域创新产出在空间上呈现较为明显的梯度分布规律，东部地区的创新水平最高，而中西部的大部分地区的创新产出则长期处于较低水平[②]。

虽然从总体上看，东部地区的创新产出长时间在全国范围占有绝对优势，但在考察期内，各区域专利产出的份额（反映集聚程度）却经历了不同的变动轨迹。具体来看，2001 年东部、中部、西部和东北地区专利产出的份额分别是 63.05%、

---

①《中国工业经济统计年鉴》自 2013 年开始对工业企业规模的统计口径发生变化，为了保证研究的严谨性，本节仅使用 2001~2011 年的制造业统计数据，选取 21 个制造业行业。

② 本节对东部、中部、西部的划分：东部地区包括北京、天津、河北、山东、上海、江苏、浙江、福建和广东；中部地区包括山西、安徽、江西、河南、湖北和湖南；西部地区包括内蒙古、广西、重庆、四川、云南、贵州、陕西、甘肃、青海、宁夏和新疆；东北地区包括辽宁、黑龙江、吉林。

14.00%、12.39%和 10.57%，但随后东部地区创新产出的份额不断增加，而中部、西部和东北地区的份额则总体呈现下降的变动趋势。2007 年，东部地区创新产出的份额达到最大，为 74.66%，中部、西部和东北地区的份额分别为 9.99%、8.58%和 6.77%。随后，东部地区创新产出的份额开始呈现下降趋势，中部和西部地区创新产出的份额则呈现增加的变动趋势。2014 年，东部、东北、中部和西部地区创新产出的份额分别为 65.05%、4.71%、14.89%和 15.35%。总体上，东部地区创新产出占全国的份额在考察期内以 2007 年为分界经历了先增大后减小的倒“U”形变动，相应地中部地区和西部地区的创新产出份额以 2007 年为分界经历了先减小后增大的“U”形变动，而东北地区创新产出的份额在考察期内则呈现下降的变动趋势（图 2-6）。

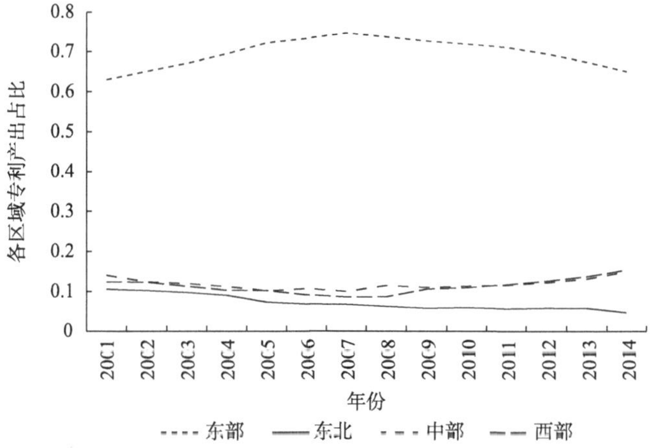

图 2-6　各地区创新产出份额变动趋势

2. 中国制造业区域转移的时空特征：省级尺度

对于制造业区域转移的测度，可以采用份额变动的方法①。假设某地区第 i 个行业的总产值在 t 期和 t+1 期的份额分别为 Si_t 和 Si_{t+1}，那么如果 $Si_t < Si_{t+1}$，则表明在 t 期到 t+1 期内，该地区第 i 个行业存在产业转入；相反，如果 $Si_t > Si_{t+1}$，则表明该地区第 i 个行业存在产业转出。通过计算可以发现：在 2001~2004 年和 2004~2011 年两个时间段，制造业区域转移的方向有所变化。2001~2004 年，东部地区制造业份额从 67.50%上升到 70.86%，表明制造业向东部地区转移；中部、西部和东北地区的制造业份额则分别从 2001 年的 13.41%、10.69%和 8.40%下降到 2004 年的 12.10%、9.70%和 7.34%，表明制造业从以上三个地区转出。2004~2011

① 在对国内产业转移进行实证分析时，由于缺乏企业跨区域迁移的数据，很难按照产业转移的定义来衡量产业转移。本节参照范剑勇（2004）、冯根福等（2010）的研究，用各地区制造业份额变动衡量产业转移。

年的情况却恰好相反：东部地区的制造业份额下降到 60.65%，制造业发生转出；中部、西部和东北地区的制造额份额则分别上升到 18.56%、12.51%和 8.28%，发生了制造业的转入（图 2-7）。考察期内，我国制造业在空间上经历了先向东部地区转移，后向中部、西部地区和东北地区转移的变动，即东部地区制造业份额以 2004 年为分界，呈现先增加后减小的倒“U”形变动，中部地区、西部地区和东北地区的制造业份额则以 2004 年、2005 年为分界大致经历了先减小后增大的“U”形变动（图 2-8 和图 2-9）。同样地，2001~2011 年，我国创新产出在空间上经历了先向东部地区转移，后向西部和中部转移的变动（图 2-10 和图 2-11）。

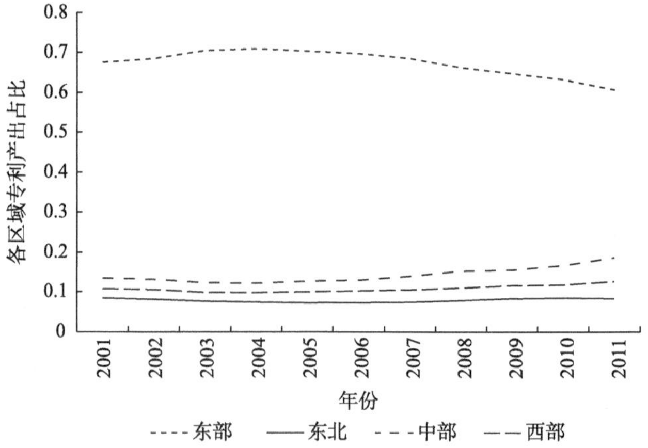

图 2-7　各地区制造业份额变动趋势

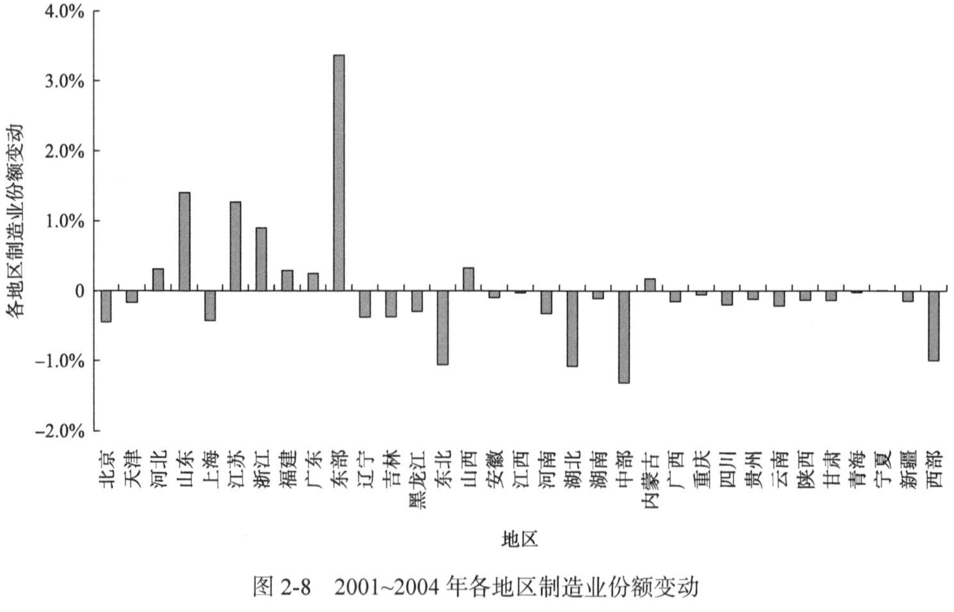

图 2-8　2001~2004 年各地区制造业份额变动

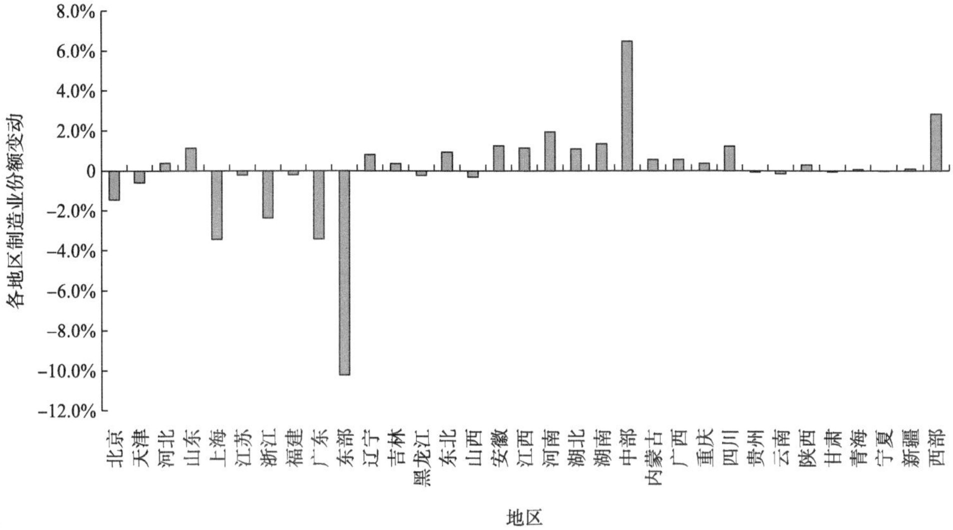

图 2-9　2004~2011 年各地区制造业份额变动

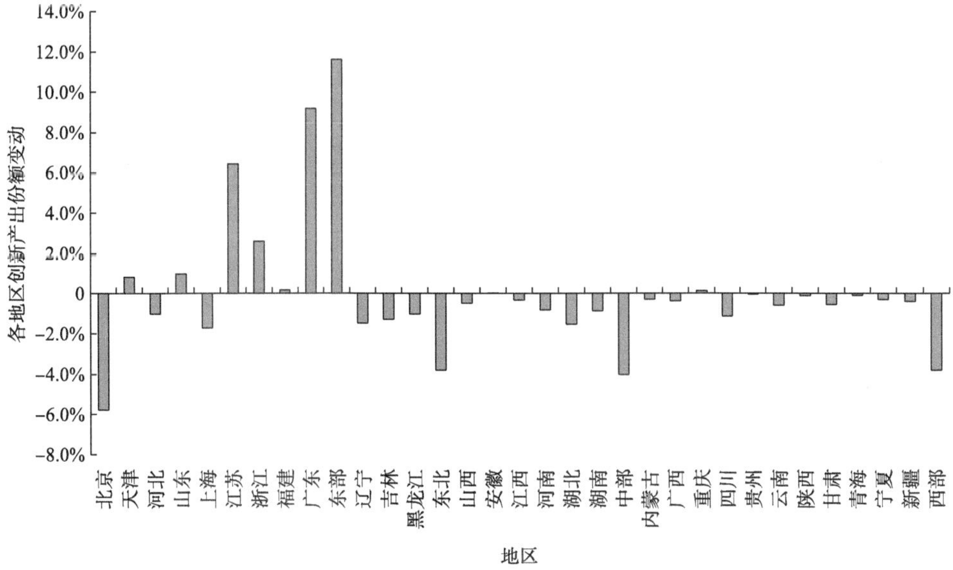

图 2-10　2001~2007 年各地区创新产出份额变动

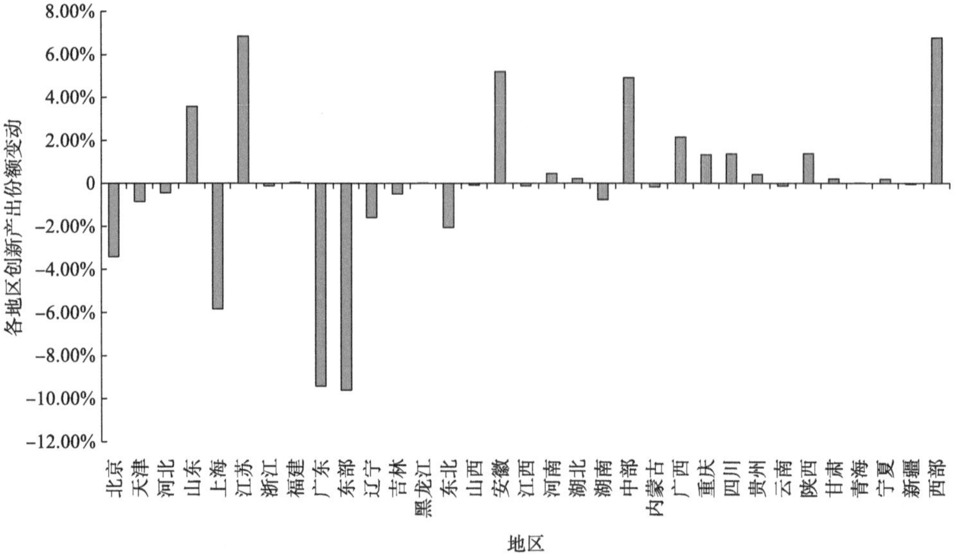

图 2-11　2007~2014 年各地区创新产出份额变动

从产业转移的行业特征来看，2001~2004 年，转入东部地区份额较大的行业包括烟草制品业、纺织业、有色金属冶炼及压延加工业、通信设备计算机及其他电子设备制造业等；2004~2011 年，东部制造业中转出份额最大的行业为原材料密集型行业和劳动密集型行业，资金密集型行业次之，技术密集型行业最小。在所考察的制造业行业中，无论是从发生产业转移的制造业行业数量来看，还是从制造业转移的相对规模来看，中部地区都是承接产业转移的主要地区。制造业的区域转移，势必影响地区集聚经济效应的发挥及知识溢出的类型和强度，并对地区创新产出产生影响，进而影响区域创新的空间结构演进。

3. 中国制造业区域转移的时空特征：地级尺度

改革开放以来，依托于地理区位优势，制造业主要分布在我国东部沿海地区；但随着西部大开发和中部崛起战略的实施，以及区域之间比较优势的动态转变，制造业区域分布发生了较为明显的变化，制造业区域转移的特征较为明显。2005~2011 年，在所考察的 340 个地级城市当中，发生制造业转出的城市有 187 个，制造业份额总体减少 22.47%；发生制造业转入的城市有 153 个，制造业份额总体增加 22.47%。分区域来看，发生制造业转入即份额增加的城市主要分布在江苏（5.55%）、浙江（5.22%）、上海（1.06%）、安徽（0.70%）、北京（1.05%）、天津（0.90%）、河北（1.07%）、福建（1.20%）、山西（0.55%）、江西（0.42%）、内蒙古（0.31%）和辽宁（2.69%）等省区市；发生制造业转出即份额减少的城市主要分布在广东（−9.49）、山东（−4.10）、河南（−2.94）、湖北（−1.99%）、湖南（−1.11%）、云南(−0.42%)、新疆(−0.31%)、贵州(−0.12%)、吉林(−0.10%)和黑龙江(−0.10%)等省区。此外，变化不大的城市（转出或者转入变化低于 0.1%）主要分布在广西、重庆、四川、西藏、陕西、甘肃、青海、宁夏和海南。

总体上，在考察期内，我国制造业继续向长三角地区和京津冀地区转移的地理空间特征十分明显，占制造业转入份额的 70%；广东和山东两地制造业转出的特征最为明显，超过制造业转出份额的一半。中部地区制造业转出份额大于转入份额，制造业外流，而整个西部地区制造业的转入和转出特征并不明显，维持原有分布格局。同时，在我国地级空间尺度上，制造业产出与创新分布在地理空间上呈现较为显著的相关性。从 2005~2011 年我国发明专利授权数的地埋分位图来看，我国的创新产出主要分布在东部沿海地区，以及中部、西部的省会城市及省会邻近城市。同样，在考察期间，创新产出的地理分布也呈现出明显的变化特征，与制造业产出的变动特征呈现较为明显的空间一致性。从发明专利与制造业产值的散点图来看，二者呈现较强的相关性，即以发明专利衡量的创新产出较多的地区，同时也是制造业较为发达的地区（图 2-12）。

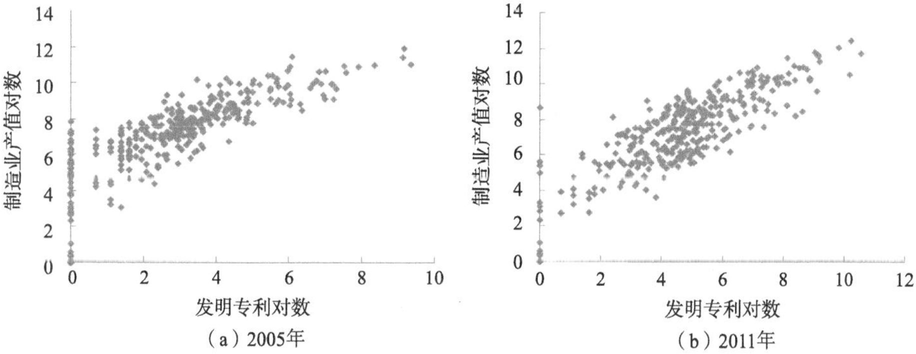

图 2-12　我国发明专利对数与制造业产值对数散点图

与此同时，我国制造业分布与创新产出分布在地级空间尺度上表现出明显空间依赖特征。一方面，我国制造业总产值和创新产出各自呈现出显著的空间依赖性，且随时间呈现不断增加的变动趋势。基于地理邻接矩阵，制造业总产值在 2005 年和 2011 年的空间自相关 Moran’s I 指数分别为 0.590 和 0.642；创新产出在 2005 年和 2011 年的空间自相关 Moran’s I 指数分别为 0.422 和 0.524。另一方面，制造业产出和创新产出之间也呈现明显的空间依赖性：2005 年和 2011 年两个变量交叉的空间相关 Moran’s I 指数分别为 0.482 和 0.527（表 2-1）。如图 2-13 所示，除了受各地区自身因素的影响，地区制造业还与邻近地区的经济特征相关；特别是，制造业产出不仅与本地的创新产出水平相关，而且与邻近地区的创新产出水平呈现显著的空间相关和空间依赖特征。结果表明邻近区域的创新产出通过知识溢出可以影响本地区制造业产出的变动，宏观上主要表现为制造业的区位选择和区域转移，进一步说明从知识溢出考察制造业空间格局变动的合理性。

表2-1　2005年和2011年制造业产值和发明专利空间相关Moran's I指数

变量	制造业总产值	发明专利授权数	制造业总产值
空间滞后变量	制造业总产值	发明专利授权数	发明专利授权数
2005 年	0.590***	0.422**	0.482***
2011 年	0.642***	0.524***	0.527***

和*分别表示变量在 5%和 1%水平上显著

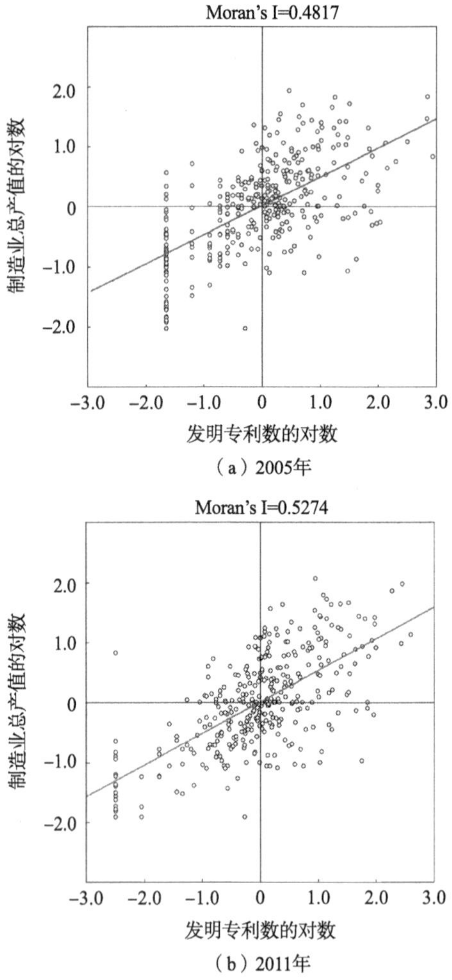

图 2-13　中国发明专利对数与制造业产值对数 Moran 散点图

2.2.2　制造业区域转移、溢出效应与创新产出

1. 计量模型设计与变量说明

本节基于 Griliches（1979）和 Jaffe（1986）设计的知识生产函数（knowledge production function，KPF）对区域创新空间特征进行计量分析。参考 Bode（2004）的模型，并加入其他因素，用于分析制造业区域转移及其带来的知识溢出效应对区域创新空间演进的影响。函数的基本形式为

$$\mathrm{INV}_{it} = K_{i,t}^{\alpha} L_{i,t}^{\beta} Z^{\lambda}{}_{i,t} \varepsilon_{i,t} \tag{2-1}$$

其中，INV 为区域的创新产出；K 为 R&D 资本投入；L 为 R&D 人员投入；Z 为影响创新产出的其他变量；α、β、λ 为参数；ε 为随机误差项。在影响区域创新的其他因素中，本节认为制造业转移所引发的份额变动和知识溢出是至关重要的，因此，在式（2-1）的基础上，结合 Marshall（1890）与 Jacobs（1969）等的外部性思想理论，并借鉴 Feldman 和 Audretsch（1999）等的实证计量模型，构建包含制造业集聚和知识溢出因素的计量方程：

$$\begin{aligned}\ln\left(\mathrm{INV}_{j,t}\right) = {} & \alpha_0 + \alpha_1 \ln\left(\mathrm{RDE}_{j,t-l}\right) + \alpha_2 \ln\left(\mathrm{RDP}_{j,t-l}\right) + \beta_1 \ln\left(\mathrm{SHA}_{j,t-l}\right) + \beta_2 \ln\left(\mathrm{MAR}_{j,t-l}\right) \\ & + \beta_3 \ln\left(\mathrm{JAC}_{j,t-l}\right) + \varphi \ln\left(X_{j,t-l}\right) + a_{j,t-l} + \mu_{j,t-l}\end{aligned} \tag{2-2}$$

其中，j 表示地区；t 表示时间；l 表示影响因素与产出结果之间的时滞期；RDE 表示地区 R&D 经费支出总量，反映创新的资本投入；RDP 表示地区 R&D 人员全时当量，反映创新的人员投入；SHA、MAR 和 JAC 分别为制造业份额、产业的专业化程度和多样化程度；$X_{j,t}$ 表示其他控制变量，包括反映地区发展水平的人均地区生产总值（PGDP）、反映技术市场活跃程度的技术市场成交额（TMA）及反映地区开放程度的外商直接投资（FDI）。MAR 和 JAC 的计算方法如下：

$$\mathrm{MAR}_{ij} = \frac{1}{2}\sum_{j=1}^{J}\left|\left(\frac{Q_{ij}}{Q_I}\right) - \frac{Q_{Nj}}{Q_N}\right| \tag{2-3}$$

$$\mathrm{JAC}_i = 1\Big/\sum_{j=1}^{J}\left(\frac{Q_{ij}}{Q_I}\right)^2 \tag{2-4}$$

式（2-3）为克鲁格曼地区专业化系数，取值在 0~1 变动，系数越大，说明地区的专业化程度越高。专业化系数预期为正的，表明产业的专业化水平的提高会有益于创新活动。式（2-4）为赫芬达尔集中性指数的倒数，其值越大，说明地区的多样化程度越高，反之，则地区的多样化程度越低。多样化系数预期为正，表明产业的多样化水平越高，就越有益于创新活动。Q_{ij} 为 i 地区 j 产业的制造业总

产值；Q_i为 i 地区制造业总产值；Q_{Nj} 为全国 j 产业的制造业总产值；Q_N 为全国所有制造业的总产值。

研究表明，区域创新存在空间相关性，即一个区域创新产出除了取决于自身的影响因素，同时还受到其他区域研发活动的影响。地区间的知识溢出效应，除了可被观测到的空间相互作用，还包括其他非观测的空间异质性及遗漏变量，因此需要构建考虑空间效应的计量模型（LeSage and Pace，2008）。本节构建了空间滞后面板模型和空间误差面板模型。

空间滞后面板模型：

$$\begin{aligned}\ln\left(\mathrm{INV}_{j,t}\right)&=\alpha_0+\rho\boldsymbol{W}\ln\left(\mathrm{INV}_{j,t}\right)+\alpha_1\ln\left(\mathrm{RDE}_{j,t-l}\right)+\alpha_1\ln\left(\mathrm{RDP}_{j,t-l}\right)+\beta_1\ln\left(\mathrm{SHA}_{j,t-l}\right)\\&+\beta_2\ln\left(\mathrm{MAR}_{j,t-l}\right)+\beta_3\ln\left(\mathrm{JAC}_{j,t-l}\right)+\varphi\ln\left(X_{j,t-l}\right)+a_j+\mu_{j,t-l}\end{aligned} \tag{2-5}$$

空间误差面板模型：

$$\begin{aligned}\ln\left(\mathrm{INV}_{j,t}\right)&=\alpha_0+\alpha_1\ln\left(\mathrm{RDE}_{j,t-l}\right)+\alpha_1\ln\left(\mathrm{RDP}_{j,t-l}\right)+\beta_1\ln\left(\mathrm{SHA}_{j,t-l}\right)+\beta_2\ln\left(\mathrm{MAR}_{j,t-l}\right)\\&+\beta_3\ln\left(\mathrm{JAC}_{j,t-l}\right)+\varphi\ln\left(X_{j,t-l}\right)+a_{j,t}+V_{j,t}\\V_{j,t}&=\lambda\boldsymbol{W}v_{j,t}+\mu_{j,t}\end{aligned} \tag{2-6}$$

在模型（2-5）中，$\boldsymbol{W}\ln(\mathrm{INV}_{j,t})$为邻近省域创新产出的加权空间滞后变量，$\rho$ 为系数，反映周围相邻省份创新产出对本地区创新产出的影响。在模型（2-6）中，$\boldsymbol{W}v_{j,t}$为反映在随机扰动项中的加权空间滞后影响，λ 为系数。$\boldsymbol{W}$ 为空间权重矩阵，相邻区域取值为 1，不相邻区域取值为 0；α、β 和 φ 分别为各个解释变量的系数；$a_{j,t}$为个体固定效应；$\mu_{j,t}$为随机误差；l 在此次研究中取 3，即影响因素与产出结果之间的时间滞后期为 3 年①。数据来源于《中国统计年鉴》（2002~2015 年）和《中国科技统计年鉴》（2002~2015 年）。

2. 计量结果分析

根据 Hausman 检验选择固定效应模型，对无固定效应、地区固定效应、时点固定效应、地区与时点双固定效应四种空间面板计量经济模型运用 ML 进行估计，估计结果如表 2-2 所示。比较 SLM 模型和 SEM 模型的估计结果，综合自然对数似然函数值（Log-likelihood）、赤池信息准则（Akaike Information Criterion，AIC）和调整后 R^2 来看，SLM 双固定效应模型要优于其他模型和 SEM 各模型，对于计量结果的分析主要基于 SLM 模型的估计结果。同时，鉴于在双固定效应模

① 本节经过反复的对比测算，发现 3 年的时间滞后最能反映投入因素的影响，且在我国发明专利从申请到公布需要 18 个月的时间，加上企业的研发活动，3 年的时间滞后是比较合理的。

型中多数变量的影响没有通过显著性检验，而时点固定效应模型的经济意义较好，因此结合几种效应模型进行结果的解释和分析。

表2-2　计量结果（被解释变量为lnINV）

变量	面板 SLM 模型				面板 SEM 模型			
	模型（1）	模型（2）	模型（3）	模型（4）	模型（5）	模型（6）	模型（7）	模型（8）
	无固定效应	地区固定效应	时点固定效应	地区与时点双固定效应	无固定效应	地区固定效应	时点固定效应	地区与时点双固定效应
lnSHA	0.296***	0.165	0.262***	0.434**	0.218***	−0.023	0.280***	0.434**
	（0.082）	（0.141）	（0.055）	（0.174）	（0.084）	（0.150）	（0.052）	（0.175）
lnMAR	0.748***	0.610***	0.594***	0.544**	0.793***	0.692***	0.511***	0.562**
	（0.202）	（0.232）	（0.151）	（0.233）	（0.215）	（0.247）	（0.138）	（0.237）
lnJAC	0.358***	0.237	0.292***	0.208	0.418***	0.195	0.279***	0.201
	（0.137）	（0.158）	（0.103）	（0.158）	（0.145）	（0.164）	（0.095）	（0.156）
lnRDP	0.285**	0.178	0.005	0.207*	0.240*	0.195	0.047	0.196
	（0.118）	（0.117）	（0.132）	（0.120）	（0.125）	（0.125）	（0.125）	（0.122）
lnRDE	0.429***	0.100	0.728***	0.030	0.532***	0.174	0.687***	0.028
	（0.111）	（0.110）	（0.114）	（0.116）	（0.113）	（0.113）	（0.105）	（0.115）
lnPGDP	0.388***	0.708***	0.040	0.238	0.595***	0.766***	0.183**	0.201
	（0.115）	（0.151）	（0.073）	（0.269）	（0.126）	（0.149）	（0.083）	（0.275）
lnTMA	0.117***	0.067**	0.154***	0.048	0.113***	0.072**	0.126***	0.050*
	（0.028）	（0.030）	（0.028）	（0.030）	（0.029）	（0.031）	（0.026）	（0.030）
lnFDI	−0.091	−0.045	−0.032	−0.061	−0.051	−0.045	−0.040	−0.057
	（0.062）	（0.063）	（0.048）	（0.064）	（0.065）	（0.067）	（0.049）	（0.064）
*W*ln（PAT）	0.248***	0.374***	0.096***	0.245***				
	（0.055）	（0.074）	（0.035）	（0.084）				
Wv					0.186*	0.240***	0.348***	0.230***
					（0.096）	（0.082）	（0.078）	（0.088）
常数项	−8.912***				−9.758***			
	（0.890）				（0.883）			
观测量	232	232	232	232	232	232	232	232
调整后 R^2	0.937	0.801	0.948	0.852	0.938	0.715	0.946	0.831
Log-likelihood	5.173	69.096	−50.412	76.280	−3.206	61.814	−45.722	75.580
AIC	13.653	−118.191	120.823	−132.559	30.412	−103.629	111.443	−131.161

***表示在 1%的水平上显著，**表示在 5%的水平上显著，*表示在 10%的水平上显著

注：括号内为标准误；本节所有估计采用软件 Stata 13.0

第一，由制造业区域转移所引起的地区制造业份额的相对变动对区域创新具有显著的正向影响。从回归结果来看，无论是 SLM 模型还是 SEM 模型，制造业份额

的系数大部分显著为正；从模型（4）的回归结果来看，一个地区的制造业份额增加 1%，会使得该地区创新产出增加 0.43%左右，并且这种影响效应在 5%的统计水平上显著。这说明，自我国实施西部大开发、中部崛起战略之后，同时随着东部、中部、西部各地区生产要素成本的相对变化，在 2004 年后制造业开始向中部、西部地区转移，而在中部、西部地区制造业份额持续增长的同时，集聚经济和知识溢出效应逐渐得以发挥，并显著促进区域创新增长，从而在一定程度上缩小了东部地区和中部、西部地区在创新产出方面的巨大差距。从模型（2）、模型（3）和模型（4）估计结果的比较来看，当选择地区固定效应时，制造业份额对地区创新的影响为正，但不具统计意义上的显著性；当选择了时点固定效应和地区与时点双固定效应时，制造业份额的影响则显著为正。这在一定程度上说明，地区之间制造业份额的差异对创新产出差异的影响并不直接也不显著，实际上大量研究和特征事实也已经证明了创新的空间集聚程度要比企业的空间集聚程度更为强烈；对于某个特定的地区来说，制造业份额的提升，则可以明显地拉动地区创新产出的增长，如 2004 年之后制造业转入中部、西部地区。

第二，地区制造业行业专业化对地区创新具有显著的正向溢出效应，制造业行业多样化对地区创新的溢出效应也较为显著。从模型（4）的估计结果来看，地区专业化指数（MAR）对地区创新产出的回归系数显著为正，且在 5%的显著水平上显著，即一个地区的专业化指数提高 1%，会使得该地区创新产出增加 0.54%左右；在模型（3）中的显著性更高，系数也更大。此结论非常支持 MAR 外部性理论中关于地区产业专业化能够促进地区创新的观点，即同一产业的企业在地理空间上集聚规模（或者份额）的增加，能够有效地促进该产业内企业间的“面对面交流”和知识溢出，进而推动创新产出在地理空间上的报酬递增。从模型（4）的估计结果来看，多样化指数（JAC）对地区创新产出的回归系数为正，但不具统计意义上的显著性。当仅考虑时点固定效应时，模型（3）的估计结果显示，产业多样化对创新产出是具有显著的正向溢出效应的：一个地区多样化指数提高 1%，会使得该地区创新产出提高 0.29%左右，验证了 Jacobs 外部性理论，说明同一地理空间内的产业越多样，越能促进不同知识主体间的互动交流，从而有利于该地区的创新增长。

第三，其他变量对创新产出的影响基本与预期保持一致。一是地区研发资本投入对创新产出增长的影响在模型（1）、模型（3）、模型（5）和模型（7）中均具有显著的正向作用，而地区劳动工人投入除了在模型（1）中具有 5%的显著影响外，在其他模型中的影响不明显。模型（3）的估计结果表明，研发投入增长 1%，使得创新产出增加 0.73%左右，这表明在地区创新产出的生产函数中，研发资本的贡献要大于劳动工人的贡献，此结论与李志宏等（2013）、徐德英和韩伯棠（2015）、吴玉鸣（2015）等已有研究结论相一致。二是反映地区发展水平的变量人均地区生产总值对创新产出的影响在模型（2）中表现出显著性，说明当考虑地区差异时，地区发展水平对创新产出的影响较为明显，人均地区生产总值越高的地区，创新产出的增长越快。三是反映市场活跃程度的技术市场成交额对区域创新的回归系数在模型（2）和模型（3）中均显著为正，说明技术市场越发达，越有利于区域创新，市场化程度越高，越能有效促进创新成果转化，进而促进区域创新增长。四是外商直接投资对区域创新产出的影响在模型（1）~模型（8）中均不显著。其原因在于 FDI 渠道对技术进步的促进作用与当地的经济、科技发展水平有着密切关系（陈继勇和盛杨怿，2008）。技术吸收能力较弱和技术缺口甚至会带来负向影响（王红领等，2006）。

此外，反映空间效应的回归系数在 SLM 模型和 SEM 模型中均显著为正，经济意义上说明一个地区的创新产出除了取决于本地区的创新投入和产业结构特征，同时还受到其他邻近地区创新活动的影响，即存在区域间的知识溢出效应和创新的地理溢出效应。同时，本节基于空间面板计量模型对创新产出的估计，相比不考虑空间效应的普通面板计量模型，在估计结果上更具准确性和说服力。

本节在对我国制造业区域转移和区域创新空间特征进行测度的基础上，实证分析了制造业区域转移及其带来的知识溢出效应对我国区域创新空间演进的影响。研究结果表明，由制造业区域转移所引起的地区制造业份额的相对变动对区域创新具有显著的正向溢出影响。2004 年后，随着东部、中部、西部各地区生产要素成本的相对变化，制造业开始向中部、西部地区转移，在中部、西部地区制造业份额持续增长的同时，集聚经济和知识溢出效应逐渐得以发挥，并显著促进区域创新增长，从而在一定程度上缩小了东部地区和中部、西部地区在创新产出方面的巨大差距。同时，地区制造业专业化和多样化对区域创新的溢出效应显著为正，研发资本投入、地区发展水平、技术市场活跃度对区域创新的影响较为显著，而外商直接投资对区域创新产出的影响并不明显。

2.2.3　区域创新、溢出效应与制造业区域转移

1. 计量模型的构建

本节计量模型的构建基于开放经济条件下的新经济地理学框架，除了重点考察区域创新水平对制造业区域转移的影响，其他重要的影响因素还包括：反映“本地市场规模效应”的经济规模，反映“价格指数效应”的要素成本，以及反映国内外一体化水平的对外开放程度和本地基础设施建设水平，基础模型设定如下：

$$\begin{aligned}\ln\mathrm{MAN}_{it} = {} & \beta_0 + \beta_1\ln\mathrm{INV}_{it} + \beta_2\ln\mathrm{MARK}_{it} + \beta_3\ln\mathrm{OPEN}_{it} + \beta_4\ln\mathrm{COST}_{it} \\ & + \beta_5\ln\mathrm{INF}_{it} + \mu_i + \lambda_t + \varepsilon_{it}\end{aligned}$$

其中，$\ln MAN_{it}$ 表示第 t 年 i 地区制造业份额的自然对数；$\ln INV_{it}$ 表示第 t 年 i 地区创新水平的自然对数；$\ln MARK_{it}$ 表示第 t 年 i 地区市场潜力的自然对数；$\ln OPEN_{it}$ 表示第 t 年 i 地区开放程度的自然对数；$\ln COST_{it}$ 表示第 t 年 i 地区劳动力成本的自然对数；$\ln INF_{it}$ 表示本地基础设施水平的自然对数；β_0 为截距项；β_1 ~ β_5 为待估计参数；μ_i 和 λ_t 分别为空间和时间特定效应；ε_{it} 为随机扰动项。

本小节研究重心在于搭建起区域创新差异影响制造业转移的"空间桥梁"，即特别需要考察其他地区创新水平对本地区制造业份额产生的影响。考虑到制造业和区域创新分布均存在显著的空间依赖性，本小节构建包含自变量空间滞后效应的 SDM 模型，据此捕捉区域创新的空间溢出效应（LeSage and Pace，2008；Beer and Riedl，2012）。SDM 模型的优点在于：无论真实数据生成过程是空间滞后模型还是空间误差模型（spatial error model，SEM），均可基于此模型得到系数的无偏估计；同时，其对潜在空间溢出效应的规模并未预先施加任何限制（Elhorst，2010），这也使得模型及其对溢出效应的估计更具一般性。

具体而言，本小节的 SDM 模型设定的具体形式如下：

$$\begin{aligned}\ln MAS_{it} &= \beta_0 + \beta_1 \ln INV_{it} + \beta_2 \ln MARK_{it} + \beta_3 \ln OPEN_{it} + \beta_4 \ln COST_{it} \\ &\quad + \beta_5 \ln INF_{it} + \rho_1 W \times \ln INV_{it} + \rho_2 W \times \ln MARK_{it} + \rho_3 W \times \ln OPEN_{it} \\ &\quad + \rho_4 W \times \ln COST_{it} + \rho_5 W \times \ln INF_{it} + \mu_i + \lambda_t + \varepsilon_{it}\end{aligned}$$

其中，$\boldsymbol{W}$ 表示空间权重矩阵，在本小节分别为基于地理邻接、城市间人口流动和城市间社交联系三种不同的空间权重矩阵，空间权重矩阵与变量相乘则构成空间变量，利用空间权重加权的创新自变量加总（$\boldsymbol{W} \times \ln INV_{it}$）和其他控制变量加总以反映其他地区创新能力和影响因素对本地制造业的空间溢出效应；β_0 为截距项；ρ_1 ~ ρ_5 和 β_1 ~ β_5 为待估计参数；μ_i 和 λ_t 分别为空间和时间特定效应；ε_{it} 为随机扰动项。

2. 指标选择与数据说明

本小节运用中国地级及以上城市面板数据，实证分析地区创新水平与制造业区位转移之间的关系，在实证分析之前需要解决三个问题：①知识溢出的测度问题。通过设定三种空间权重矩阵，最终测算出基于三种不同渠道的知识溢出效应，并进行比较分析。②区域创新水平和制造业区域转移的评价问题。区域创新是一个多维度的综合概念，基于国内外已有研究，同时考虑数据的可获得性，采用发明专利数作为创新水平的替代变量；同时参照国内外相关研究，选择制造业份额变动衡量制造业的区域转移。③计量模型的设定问题。知识溢出与制造业区位选择存在复杂的空间交互关系，普通计量得到的估计结果将是有偏的，鉴于此，通过构建 SDM 模型来检验区域创新与制造业区位转移的空间交互关系，并区分直接效应与空间溢出效应。

知识的溢出效应是由知识的外部性特征决定的，但知识的流动和扩散是无形的，因此对知识溢出效应的测度存在较大难度（赵勇和白永秀，2009）。尽管如此，随着空间统计和计量经济分析工具的发展，许多学者将空间计量模型应用于知识溢出的测度中，使得知识溢出的衡量越来越科学、准确。在构建空间计量模型时，需要选择恰当的空间权重矩阵。通过设定不同的空间权重矩阵，就意味着对知识溢出的传导机制和作用机理做了不同的假设。根据我国区域间知识溢出的特征，并参考空间计量建模的惯常做法，本小节选择三种空间权重矩阵，并对基于不同权重矩阵的空间计量模型分别进行估计。空间权重矩阵基本设定如下：

$$\boldsymbol{W}=\sum_{j=1}^{N} w_{ij}=\begin{pmatrix} w_{11} & w_{12} & \cdots & w_{1N} \\ w_{21} & w_{22} & \cdots & w_{2N} \\ \vdots & \vdots & & \vdots \\ w_{N1} & w_{N2} & \cdots & w_{NN} \end{pmatrix}$$

其中，$\boldsymbol{W}$ 为空间权重矩阵；w_{ij} 为地区 j 特征变量变动对地区 i 影响的空间权重，空间权重矩阵与其他区域相应的变量相乘则为其他区域变量的加权加总。本小节设定的三种空间权重分别为：基于城市间人口流动联系的空间权重矩阵、基于城市间社交网络联系的空间权重矩阵和基于城市地理邻接的空间权重矩阵。随着空间权重矩阵的设定，就形成了区域间三种知识溢出的传导机制。

具体来说，基于城市间人口流动联系空间权重矩阵的知识溢出设定，即假设地区之间的人口流动规模会影响知识和技术溢出大小。知识植根于个体，人口流动是知识尤其是隐性知识溢出的主要途径，特别是公司技术人员、高校和科研机构研究人员之间跨地区正式或非正式的学术活动、学术会议能够促进知识的转移和扩散；跨区域就业岗位的提供、企业家跨区域创业、从事贸易投资的人员往来也会带来非常显著的知识溢出效应。基于城市间社交网络联系空间权重矩阵，假设地区间的信息交流频率和规模影响知识溢出的大小。信息化和数字化时代，通信技术和互联网的发展使得信息传递不再仅依赖于面对面的交流，信息传播和扩散的距离、速度和效率都大幅提高，通过社交网络的交流和传递信息，可以促进知识在不同地区的传播和扩散。基于城市地理邻接空间权重矩阵，假设城市间的地理邻接关系影响知识溢出的大小。由于知识和技术本身的属性，其在跨区域传播过程中容易发生扭曲和失真，特别是那些难以被编码的默会知识更需要面对面的交流，因而知识溢出的效果往往呈现出随距离衰减的特性，距离仍是关键的决定因素。通过三种空间权重矩阵的设定，评估不同传导机制下的知识溢出效应，并进行对比以识别何种机制最为有效。

知识溢出效应。科学衡量其他区域的创新水平对本地制造业发展的影响，关键在于如何测度其他地区与本地区的关系以明确传导机制。本小节分别选择城市地理邻接空间权重矩阵、城市间人口流动联系空间权重矩阵和城市间社交网络联系空间权重矩阵来构建其他区域对本地区的空间溢出效应。城市地理邻接空间权重矩阵为对称矩阵，由 GeoDa 软件生成，而城市间人口流动联系空间权重矩阵和城市间社交网络联系空间权重矩阵分别来自百度年底人口流动数据和北京大学地理信息系统软件（Geosoft）实验室提供的中国城市间社交媒体交互数据，为带有起始地和目的地流向的非对称矩阵。空间权重矩阵与相应的变量相乘得出的空间变量是其他区域变量的加权总和。

制造业转移。本小节以各地区制造业总产值份额变动来衡量制造业转移，需要说明的是，产业转移会导致产业地理分布变迁，但地区产业份额变动并不一定是产业转移的结果，还包括地区之间生产规模的相对扩大或相对缩小，这一过程也许并未涉及企业在空间上的转移。然而，在对国内产业转移进行实证分析时，由于缺乏企业跨区域迁移的数据，很难按照产业转移的定义来衡量产业转移，本小节参照范剑勇（2004）、冯根福等（2010）及张公嵬和梁琦（2010）的研究，以各地区制造业份额的变动作为衡量制造业区域转移的指标，同时基于两点考虑：一是产业转移体现在产业地理分布变迁中；二是产业地理分布变迁是产业转移的前奏，体现了区域间比较优势或竞争优势的相对变化。

地区创新水平。参考国内外此类研究的惯常做法及数据的可获得性，本小节以发明专利授权数量来衡量区域创新能力。一般来说，创新活动的过程可以分为创新投入、创新组织和创新产出三个主要环节，而发明专利作为创新的产出反映了创新活动的最终效果，并且专利数据具有可比性和易获得的特征，是目前国内外最经常使用的衡量指标（Jaffe，1986；吴玉鸣，2007）。基于此，本小节选择专利申请授权数作为区域创新能力的衡量指标。本小节使用的发明专利数据均来自国家知识产权局的在线专利检索系统。

控制变量方面，本小节以本地经济规模来衡量市场潜力；以地区出口总额来衡量地区开放程度；以职工平均工资水平来衡量地区劳动力成本；以区域交通里程数来衡量地区基础设施水平。通过对获取的数据进行梳理，删除缺失比较严重的部分地区数据，最终构建了全国 304 个地级及以上城市 2005~2011 年的面板数据用于计量分析，除了空间权重矩阵数据和发明专利数据之外，其他数据均来自相应年份的中国工业企业数据库、《中国城市统计年鉴》和《中国区域经济统计年鉴》。

3. 实证结果分析

首先对不考虑空间相关性的面板数据模型进行 Hausman 检验，以判断应该选择固定效应模型还是随机效应模型进行估计。结果表明，Hausman 检验结果在 1%

的显著性水平上拒绝了原假设，因此，本小节的模型估计方法采用固定效应模型。表 2-3 给出了计量模型的估计结果，其中，模型（1）是普通面板回归模型，即没有考虑创新的空间溢出效应；模型（2）~模型（4）是考虑了区域间溢出效应的 SDM 模型，空间权重矩阵依次选择城市地理邻接空间权重矩阵、城市间人口流动联系空间权重矩阵和城市间社交网络联系空间权重矩阵，模型（2）~模型（4）的估计采用极大似然法（maximum likelihood，ML）。

表2-3　估计结果（被解释变量：lnINV）

变量	模型（1） 无矩阵	模型（2） 城市地理邻接空间权重矩阵	模型（3） 城市间人口流动联系空间权重矩阵	模型（4） 城市间社交网络联系空间权重矩阵
lnINV	0.360*** （0.023）	0.317*** （0.034）	0.282*** （0.021）	0.348*** （0.024）
lnMARK	0.161*** （0.024）	0.127*** （0.037）	0.221*** （0.039）	0.139*** （0.031）
lnCOST	−1.175*** （0.060）	−0.588*** （0.090）	−0.091 （0.083）	0.089 （0.086）
lnINF	0.084** （0.036）	0.048 （0.051）	0.039 （0.039）	0.155*** （0.040）
lnOPEN	0.200*** （0.018）	0.100*** （0.026）	0.110*** （0.017）	0.132*** （0.019）
W × lnINV		−0.139*** （0.013）	−0.193*** （0.044）	−0.207* （0.119）
W × lnMARK		−0.030*** （0.009）	−0.134*** （0.032）	−0.112*** （0.027）
W × lnCOST		0.381*** （0.026）	−0.573*** （0.114）	−0.706*** （0.181）
W × lnINF		−0.037** （0.018）	0.050 （0.065）	0.061 （0.111）
W × lnOPEN		0.002 （0.009）	−0.037 （0.034）	−0.339*** （0.067）
常数项	−1.593*** （0.176）	−1.871*** （0.264）	0.108 （0.199）	1.938*** （0.350）
观测数	1 824	1 824	1 824	1 824
拟合优度	0.700	0.645	0.713	0.617
区域样本	304	304	304	304

***为 $p<0.01$，**为 $p<0.05$，*为 $p<0.1$

注：括号内为标准误

从模型的估计结果来看，在模型（1）中，当不考虑其他地区创新产出对本地区制造业份额的影响时，本地区创新产出对本地区制造业份额具有显著的正向影响，即本地区创新有利于吸引制造业向本地区转移，本地区制造业份额增加。本地区创新产出每增加 1%，会使得本地区的制造业份额增加 0.36%，呈现明显的直接影响。在模型（2）~模型（4）中，当考虑其他地区创新产出对本地区制造业份额的影响时，无论是基于地理邻接关系、人口流动关系还是社交网络关系，发现其他地区创新产出（$W\times\ln\mathrm{INV}$）对本地区制造业份额将产生显著的负影响。从空间滞后（$W\times\ln\mathrm{INV}$）系数的大小来看，城市地理邻接空间权重矩阵、城市间人口流动联系空间权重矩阵和城市间社交网络联系空间权重矩阵加权的其他地区创新产出对本地区制造业份额的影响依次增加（系数分别为−0.139、−0.193 和−0.207），说明与本地区社交联系和人口流动越频繁的地区，其创新产出的增长对本地区制造业份额的负效应就越强，说明其他地区创新水平的增加，将不利于本地区吸引制造业转移，地区之间呈现明显的“产业空间竞争”特征。反过来也说明，提高区域创新水平不仅可以通过直接效应增加本地区制造业份额，同时可以通过“空间竞争效应”促进其他地区的制造业向本地区转移。计量结果表明，一个地区的创新产出水平能够显著促进制造业向本地区转移从而提高本地区制造业份额，区域创新水平是制造业区域转移的重要影响因素。同时，区域创新产出呈现出显著的区际负溢出效应，地理邻接、人口流动和社交网络均是重要的知识溢出机制。

由以上估计结果可知，区域创新水平除了对吸引制造业向本地区转移有明显的直接影响，同时还存在明显的空间溢出效应。需要特别指出的是，前述 SDM 模型的估计参数仅仅是提取了变量影响系数中基于空间权重矩阵的最大公约数，还不能得出解释变量对被解释变量的直接影响和空间溢出效应的实际大小，因而无法进行准确的数值比较分析。LeSage 和 Pace（2009）运用偏微分方法将变量间相互作用拆分为直接效应和间接效应，因此参照 LeSage 和 Pace（2009）的方法，可以将构建的 SDM 模型改写为

$$Y_{it}=\left(I_N-\rho W\right)^{-1}\alpha l_N+\left(I_N-\rho W^{-1}\right)\left(X\beta+WX\theta\right)+\left(I_N-\rho W\right)^{-1}\varepsilon$$

其中，I 为单位向量，在偏微分矩阵下，对所有空间单元而言，本小节所考察的创新对区域制造业份额的影响程度可表示为

$$\begin{bmatrix}\dfrac{\partial Y}{\partial x_{1k}} & \cdots & \dfrac{\partial Y}{\partial x_{Nk}}\end{bmatrix}=\left(I_N-\rho W\right)^{-1}\left(I\beta_K+W\theta_K\right)$$

其中，直接效应为对角线元素平均值，而间接效应即空间溢出效应，为每行和每列中非对角线元素之和的均值。本小节区域创新水平对本地制造业份额的空间溢出效应即其他区域的创新产出通过三种空间权重矩阵进行加权而对本地制造业份

额产生影响。参考 LeSage 和 Pace（2009）的计算方法，直接效应和空间溢出效应的计算结果如表 2-4 所示。

表2-4　直接效应和空间溢出效应

lnINV	直接影响	空间溢出效应	总体效应
城市地理邻接空间权重矩阵	0.362***	0.357**	0.719***
	（0.082）	（0.140）	（0.123）
城市间人口流动联系空间权重矩阵	0.282***	0.040**	0.322**
	（0.022）	（0.153）	（0.163）
城市间社交网络联系空间权重矩阵	0.349***	0.493	0.841
	（0.024）	（0.906）	（0.911）

表示在 5%的水平上显著，*表示在 1%的水平上显著

注：括号内为标准误

结果表明，本地创新产出水平对制造业份额增加具有显著为正的直接影响，其他区域的创新产出与知识溢出共同作用，除城市间社交网络联系空间权重矩阵外，对制造业份额增加有显著为正的空间溢出效应，产生的总体效应也是正向显著的。具体而言，在基于城市地理邻接空间权重矩阵的模型中，本地创新产出水平每增加 1%，那么本地制造业份额将增长 0.362%；如果相邻区域创新产出增加 1%，本地制造业份额将增长 0.357%，带来的最终的总效应为 0.719%。此结果几乎是没有考虑空间溢出效应的创新产出影响的 2 倍[在模型（1）中，创新产出的估计系数为 0.360]。这说明未考虑空间溢出效应的结果低估了创新对制造业份额的总体影响。区域创新水平包括其他区域的创新水平，二者均对本地制造业份额的增长具有显著的影响。同样，在基于城市间人口流动联系空间权重矩阵和基于城市间社交网络联系空间权重矩阵的模型中，本地创新产出每增加 1%，将使得制造业份额分别增长 0.282%和 0.349%，而基于社交网络矩阵得到空间溢出效应和总效应的系数为正但不显著，但同样表明了空间溢出效应的重要性。

值得说明的是，创新产出对制造业份额的系数显著为正，体现了空间溢出效应的双向性所带来的"累积效应"。创新产出不仅可以促进本地区制造业份额的增加，还可以通过空间溢出效应对其他地区的制造业份额产生影响。初始阶段，其他区域创新产出对本地区制造业份额产生负向影响，同时也意味着，本地区创新产出的增加对其他地区也将产生负向影响，表现出创新产出对制造业份额影响的"空间竞争性"，而这种双向的空间竞争所带来的间接溢出效应通过累积效应，最终呈现出正向的总溢出效应。在我国制造业区域转移和区位选择的过程中，区域创新水平成为重要的影响因素，这不仅是因为其对本地制造业

增长的关键作用，同时显著的空间溢出效应也决定了制造业转移的大小和方向。如前所述，知识溢出效应呈现随距离增加而不断衰减的特征，知识溢出的局域性特征促进了产业集聚和增长。以上的实证结果说明，创新的空间溢出效应使得制造业区域转移呈现非均衡的空间特征，在地级空间尺度下，创新和知识溢出效应引发了制造业的空间转移和集聚，而空间知识溢出的扩散作用（离心力）还十分薄弱。

2.3 高铁网络建设、人口流动与区域创新发展

高速铁路，正史无前例地重塑中国的城市与区域空间格局。截至 2019 年底，中国的高铁营业里程已经达到 35 388 千米，超过全国铁路营业里程的 25.3%。目前，中国是世界上高铁运营里程最长、网络规模最大、运输密度最高的国家。高速铁路的出现从根本上改变了传统的时空观念，不仅极大地改变了人们的出行方式和频率，更提供了一种知识经济时代背景下城市与区域治理的新视角。进入 21 世纪以来，中国把建设创新型国家作为国家发展战略的核心和提高综合国力的关键，创新日益成为引领区域发展的第一动力，是建设现代化经济体系的战略支撑。各地区纷纷出台科技和产业发展规划并提供各类优惠政策，力图在新一轮产业竞争中赢得先机，而人才则是各地区积极争取的发展要素。近年来，愈演愈烈的“人才争夺战”就已经明示当今城市的增长逻辑：人的流向最终决定城市的发展命运。因此，如何借助高铁优化创新资源特别是高技术人员的空间配置并有效促进创新主体的技术创新，是政策制定者和科技管理者面临的崭新命题。自 2008 年京津城际铁路通车运营以来，中国十余年的高铁建设史为研究交通基础设施与区域空间结构之间的关系提供了前所未有的叙事背景。但是，以往研究在考察高铁与区域发展之间的关系时，却忽视了高铁建设对区域创新活动空间分异的影响，更缺乏对高铁影响下生产要素区际流动特征变化的关注。

高铁对城市与区域经济的影响是近年来国内外学术界关注的热点问题，但高铁对区域空间结构的影响研究主要集中在传统的产业活动领域，少有研究关注高铁对创新要素流动、知识溢出及区域创新空间结构的影响。事实上，高铁作为政府提供的“公共品”不仅促进了面对面交流层面的知识流动和知识溢出，而且通过影响人力资本迁移、贸易投资、产业转移等引发区域创新活动的空间集聚或扩散（林晓言和罗燊，2017）。据统计，在中国高铁和动车受众人群中，本科及以上学历人群占比分别达到 58.7%和 51.4%，而在高铁受众人群中，企事业单位/公司

中高层管理人员高达 33.5%，在动车受众人群中，政府、企事业/公司中高层管理人员占比达到 24.3%，且乘客中以公务出差为目的的占比最高①。高铁不仅能够促进创新要素在区域间的流动，同时还提高了沿线城市的人才吸引力和就业水平（杜兴强和彭妙薇，2017）。可见，知识经济时代，高铁网络的兴起为跨区域人才流动和迁移提供了舒适和便利，而高速流动的人才和知识必将引发传统技术创新时空观的变革，催生出新的区域创新空间形态。当前，我国正处于新旧动能转换的关键期，被寄予厚望的高铁网络能否优化创新要素和资源的空间配置，从而促进产业升级并加速落后地区新型工业化进程有待实践的检验。同时，中国地域辽阔，各地区经济社会发展的水平和特征差异显著，使得高铁对中国城市与区域的影响必然与其他发达国家不同，并且存在显著的异质性特征。科学把握我国区域创新空间规律，着实回答上述问题有助于指导政府和企业合理配置创新资源，促进区域创新空间优化与区域协调发展，减少高铁对区域发展所孕育的各种不确定性。

基于此，本节在对当前中国高铁网络背景下区域创新格局演变的经验事实进行刻画的基础上，从高铁建设影响跨区域研发要素迁移的视角，构建一个三部门、三区域的新经济地理学模型，详细论述高铁开通对区域创新空间结构的作用机理。在此基础上，采用百度人口迁移数据和 2001~2016 年中国 285 个地级及以上城市的面板数据，对高铁开通与区域创新空间结构演化的关系进行实证检验，并对人口迁移作为中间机制的中介效应进行识别。本节接下来的内容安排如下：梳理相关文献，介绍相关研究进展及本节的主要贡献；对中国高铁建设与区域创新空间结构演化的特征事实进行描述；构建高铁影响区域创新空间结构演进的新经济地理学模型，阐述高铁影响人口迁移并进而影响区域创新空间结构的作用机理；介绍实证研究方法和数据来源，构建评估高铁空间效应和作用机制的计量经济学模型；对实证结果进行分析并进行稳健性检验；本节的基本结论、政策含义、研究的局限和展望。

在空间经济理论中，交通基础设施建设一直被认为是促进区域经济增长和再造区域空间结构的关键因素。近年来，随着高速铁路建设规模的不断增加，高速铁路对可达性、人口和要素流动的影响是学术界关注的焦点。这些研究多采用实证的方法，从各个层面评估了高铁开通对区域经济带来的积极影响。高铁建设改善了沿线地区的可达性，高铁建设可以压缩核心与边缘地区之间的时空距离，特别是增加边缘地区的通达性（冯长春等，2013），这将有利于促进区域间的协调发展（Gutiérrez，2001）。但与此同时，高铁也扩展了高铁城市的等时圈范围，从而扩大了中心城市的腹地范围（蒋海兵等，2010）。高铁开通强化了城市之间的联系，

① 资料来源：《CTR 媒介专项研究部与铁道部联合调研报告》《AC 尼尔森市场研究中国铁路列车平面广告媒体调研分析报告》。

改变了人口的流向和流量，并使得高铁沿线城市的人口吸附能力显著提升（周靖祥，2015）。高铁建设通过降低城市间的通勤成本，成为重塑区域空间结构的重要因素（王姣娥等，2014；孙阳等，2016）。高铁开通使得经济要素向高铁站点周边及所在城市集聚，通过发挥集聚经济效应进而促进经济增长（Brotchie，1991）。研究表明，那些大城市之间的中等城市在高铁开通后获益明显，高铁的开通使这些地区获得新的区位优势（Allport and Brown，1993），并吸引会议、咨询及旅游等服务业从大城市向这些地区转移（Ureña et al.，2009）。邓涛涛等（2017）对长三角地区的研究表明，高铁引致的空间效应每提高 1%，高铁沿线城市服务业的就业密度提高 0.3%~0.4%。同样，Shao 等（2017）运用连续 DID 模型的研究表明，高铁网络的建设不仅导致服务业资源从远离高铁沿线的城市向高铁沿线城市集中，还将使服务业资源从核心城市外扩到铁路沿线的中小城市。王雨飞和倪鹏飞（2016）则通过构建纳入高铁的空间权重矩阵，实证检验了高铁对跨区域经济增长的溢出效应。

然而，交通基础设施的改善也并不总是会带来增长，事实上，伴随高铁开通和交通运输成本的下降，经济要素的区际流动和转移也面临诸多不确定性。有研究表明，高铁可能更多地促进沿线大城市的经济发展，导致了沿线中小城市经济要素外流并扩大地区之间的经济差距。高铁建设扩大了高铁城市与非高铁城市之间的工资差距和经济增长差距，但表现出明显的区位异质性（董艳梅和朱英明，2016）。为了更好地消除内生性，张俊（2017）运用夜间灯光数据对从未有火车经过的县级市进行分析，结果发现高铁建设对县级市经济增长的贡献达到 34.64%，但对普通县经济增长的影响却不显著。李红昌等（2016）的研究表明，高铁在中国西部地区促进了经济向高铁沿线城市集聚，但在东部和中部地区的高铁城市却呈现出较为明显的经济扩散效应。Qin（2017）使用 DID 法评估了火车提速的分配效应，结果发现火车提速使得沿途各县地区生产总值及人均地区生产总值下降 4%~6%。高铁网络的扩张反而使得大都市圈集聚扩张的特征更为明显，Sasaki 等（1997）分析了日本新干线网络等高速铁路对经济活动和人口空间分散的影响，然而结论却是集中的特征更为明显，这来源于边远地区的线路建设也增加了中心城市的可达性。Kim（2000）对韩国首都地区的研究也表明，首尔和釜山之间的高铁开通使得人口有向首尔及其周边地区集中的变化趋势。王春杨等（2018）基于多期 DID 模型的实证结果表明，高铁对不同城市群空间结构演化的影响存在显著差异。

从创新活动的空间特征来看，高铁开通后城市的知识可达性发生了显著变化，说明高铁对区域创新系统及其空间结构将产生重要影响（赵云，2017）。知识可达性是指区域与其他相关区域之间，知识流动和溢出的便捷程度（拜琦瑞和杨开忠，2008）。高铁通过提高地区间的知识可达性，通过面对面交流促进了隐性知识的流动，促进了区域之间的知识溢出（罗燊和林晓言，2018），而且降低了企业创新的社会成本（Donaldson and Hornbeck，2016）和投资风险（龙玉等，2017）。郭进和白俊红（2019）基于上市公司数据的实证研究发现，高铁提升了企业的专利产出水平并提升了专利对于企业全要素生产率的边际贡献。高铁能够促进创新要素在区域间的流动，并由此带来创新增长（卞元超等，2019），同时还提高了高铁沿线地区的人才吸引力（林晓言等，2015）。Chen 和 Hall（2011）的研究表明连接大城市的高铁使得沿线的传统工业区向知识型工业区转型，进而促进分工与经济增长。沪宁城际铁路通车促进了城市之间的技术扩散，沿线城市之间的创新合作和技术溢出是重要的扩散渠道（申文青，2019）。基于知识可达性构建空间权重矩阵，运用空间计量方法的研究发现，2009~2016 年，长三角地区高铁带来的知识溢出显著促进了沿线城市第三产业的空间集聚（韦功鼎和李雪梅，2019）。基于我国 285 个城市的实证研究表明，高铁建设能够显著提高城市的创新水平，但这种促进作用呈现明显的空间异质性特征（杨思莹和李政，2019）。总体上，已有文献为揭示高铁对城市创新的影响机理奠定了良好基础，但文献主要以定性描述为主，缺乏系统的理论分析，并且实证方面的研究证据多是间接的，由于中间过程的复杂性和数据获取的难度，缺乏直接且有针对性的定量分析。

区域创新空间结构的形成与演化是经济地理学、区域经济学的研究重点，对其影响因素的分析历经传统因素到集聚经济、知识溢出等地理空间因素的过程演变，研究方法也从静态比较到包含动态刻画的综合分析。近年来，空间相互作用成为解释区域创新空间演化的重要变量，并且由于距离是重要的影响因素，要素流动与创新往往呈现内生的互动关系（Rahko，2017），因而需要动态框架来进行描述。系统揭示高铁对我国区域创新空间演化的影响机理是一项探索性研究，而优化我国区域创新空间结构的对策研究必须建立在充分认识其微观机理和宏观尺度空间分异的基础之上。在已有研究基础上本节拟在以下方面做出贡献：第一，针对现有文献较少关注高铁对创新活动的影响并且缺乏理论分析，本节构建一个包含研发活动的三区域三部门新经济地理学理论模型，用于阐述高铁影响研发要素流动并进而影响区域创新空间演化的内在机理。三区域包括两个高铁沿线城市和一个非高铁城市，这样的模型设定也更加符合现实。第二，实证方面，相比已有研究通过构建空间权重矩阵研究高铁的溢出效应，间接评价高铁对区域创新能力的影响，本节将人口迁移作为中间变量，构建高铁影响人口迁移进而影响区域创新的计量模型，对高铁影响城市创新的作用机制和影响效果进行实证检验，并考察高铁对创新影响的空间异质性。第三，本节使用城市创新指数作为地区创新能力的度量，相比被广泛使用的城市专利申请数量指标，创新指数指标更能准确地反映一个地区的创新能力，使得模型估计的结果更加准确。

2.3.1 高铁建设与城市创新的特征事实

历史上，中国铁路经历过六次大提速。2007 年 4 月，时速 200 千米的“和谐号”投入运行，拉开了中国高铁时代的序幕。自此，中国的高速铁路建设快速向网络化的空间格局演进。2004 年，在中国历史上第一个《中长期铁路网规划》中，就确立了超过 1.2 万千米的“四纵四横”的客运铁路专线网。为了进一步扩大规模、完善结构和提高质量，国家于 2008 年调整了《中长期铁路网规划》，提出到 2020 年全国铁路营业里程达到 12 万千米以上，其中客运专线达到 1.6 万千米以上，并明确重点规划“四纵四横”等客运专线及经济发达和人口稠密地区城际客运系统。然而，到 2015 年底，全国铁路营业里程就已经达到 12.1 万千米，其中高速铁路更是达到了 1.9 万千米，均提前实现原规划目标。2016 年 7 月，国务院审议并通过了新修订的《中长期铁路网规划》，在该规划中首次提出了建设高速铁路网、普速铁路网的国家铁路“两张网”，同时明确划分了高速铁路的建设标准。按照规划，未来高速铁路将形成以“八纵八横”主通道为骨架、区域连接线衔接、城际铁路补充的网络格局。高速铁路网基本连接省会城市和其他 50 万人口以上大中城市，实现相邻大中城市间 1~4 小时交通圈，城市群内 0.5~2 小时交通圈。截至 2016 年，“四横四纵”的高铁网络架构已经建成，高铁的时空压缩效应凸显。根据测算，中国 285 个城市两两之间的平均旅行时间由 2008 年的 14 小时，压缩到了 2016 年的 8.5 小时。

根据经典的引力模型，城市间人口流动强度取决于起点城市和终点城市的经济和人口规模，同时受两地之间距离（或称摩擦成本）的影响，而高铁则可以通过时空压缩效应促进城市间的人口迁移。以 285 个城市两两城市间最短铁路通行时间为横坐标，城市间人口迁移数量为纵坐标，可以发现二者显著的负相关关系。图 2-14（a）显示了高铁建设通过压缩时间距离促进了跨区域的人口迁移。当前，高铁客运量和旅客周转量占全国铁路客运总量和旅客周转总量的比重均超过 40%，而这两个指标在 2008 年高铁建设之初还不到 1%，高铁建设带动了铁路客运总量的快速增长。从人口迁移数量来看，那些开通高铁的城市比没有开通高铁的城市拥有更多的人口迁移数量。根据测算，2016 年，三线、四线和五线城市中，拥有高铁城市比没有高铁城市的平均人口迁入数量分别多出 11.6 万人、2.7 万人和 6.1 万人。但是，高铁网络的时空压缩效应在空间上也呈现出较大的非均衡性。至 2016 年底，在已开通高铁的城市中，位于东部、中部、西部和东北地区的城市分别为 68 个、54 个、34 个和 17 个，说明东部地区分布着更为密集的高铁线路和站点。并且，与普通铁路网“南疏北密”的空间分布特征不同，长江流域和东南沿海地区拥有更多没有普通铁路而直接纳入高铁网络的城市（王列辉等，2017）。总体上，东南地区的高铁线路和车次密度要明显大于其他地区，基于高铁的人口流动联系呈现南强北弱、东强西弱，且南北联系明显强于东西联系的空间特征。

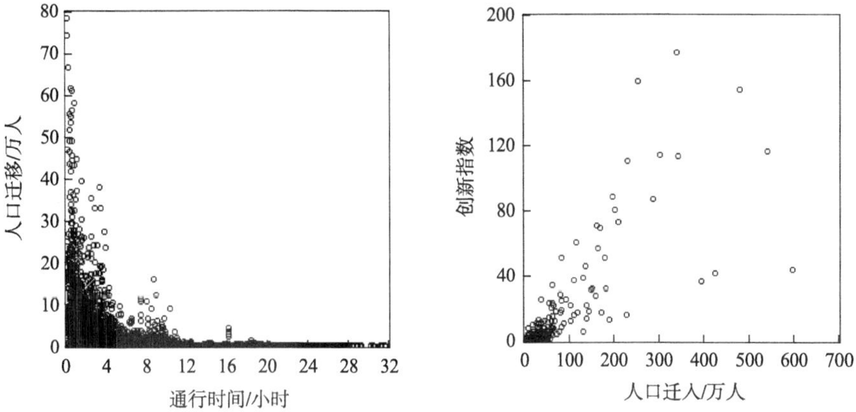

（a）　（b）

图 2-14　城市创新指数与人口迁移数量及铁路通行时间的关系

交通基础设施改变了人口的流向和流量，城市随之走向兴旺或者衰退，从某种角度来说，城市体系的发展史也是一部城市交通史。从创新产出的空间分布特征来看，以创新指数度量的区域创新产出集中分布于我国的东部地区，这在空间上与高铁网络大体一致，同样呈现了东部、中部、西部和东北地区依次递减的梯度分布特征。自 2008 年以来，随着高铁网络的持续推进，东部地区创新产出的份额也在持续增加。截至 2016 年底，东部地区的创新产出份额达到了 72%，中部、西部和东北地区的创新份额则依次减小到 12%、11%和 5%。其中，东北地区创新产出的衰减速度最快，与其他地区的创新差距不断扩大。创新产出的另一个空间特征是，创新产出主要集中分布在交通条件较为发达的大城市，并且与城市规模等级呈现显著的正相关，空间分布上则集中在“四横四纵”主干上且较早开通了高铁线路。这些城市绝大多数为人口净流入城市或者人口迁入较多的城市。2016 年，创新产出排名前 30 位的城市，其创新产出的总量超过全国创新产出的 75%。可见，创新的地理集中程度非常高，城市间的创新差距较大。以城市人口迁入数量为横坐标，创新指数为纵坐标，图 2-14（b）的散点图显示了二者之间显著的正相关关系。人口迁入数量多的地区，其创新指数往往也较高，说明人口迁移对城市创新可能具有显著的正向影响。

高铁背景下，高铁城市与非高铁城市间的创新差距不断扩大。自 2008 年以来，开通运营高铁的地区和城市数量也在不断增长，由 2008 年的 8 个上升至 2016 年的 180 个。高铁开通促进了资源和生产要素的跨地区流动和迁移，促进了区域之间的信息、技术和知识交流，进而带来区域的创新增长。将所有城市分为高铁城市和非高铁城市两个组别，采用开通高铁城市的创新指数均值减去未开通高铁城市的创新指数均值，以此衡量开通和未开通高铁城市之间创新指数的差距。由图 2-15 可知，无论是全国范围的研究样本，还是分地区的结果均可看出，开通高铁城市和未开通高铁城市的创新指数存在显著差异。分地区来看，东部地区开通和未开通高铁城市之间的创新指数差距最高，且高于全国水平。东北、中部和西部地区开通高铁和未开通高铁城市之间创新指数的差距相对较小，低于全国各地区的平均差异水平，且在整体上的上升趋势也小于东部地区和全国的平均水平；中部地区开通高铁和未开通高铁城市之间创新指数的差距最小。从时间维度上来看，以 2008 年为分界，前后两个时间段区域创新差距表现出不同的增长趋势：2008 年之前，两组城市的创新差距变化较为平缓；2008 年之后，两组城市的创新差距则呈现非常明显的扩大趋势，在一定程度上反映了高铁对创新产出的影响。

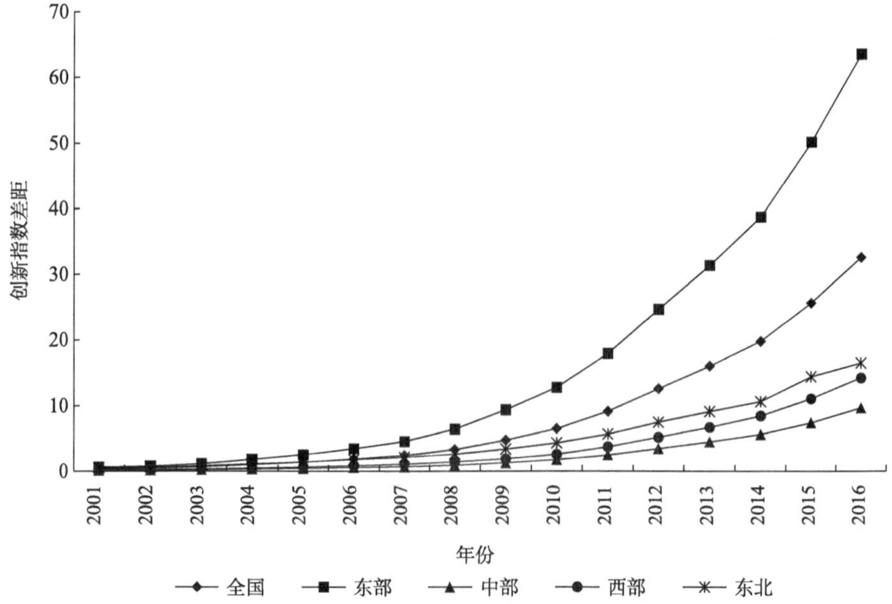

图 2-15　全国和分地区高铁城市与非高铁城市创新差异变动趋势

2.3.2　基于新经济地理学模型的机理分析

高铁具有显著的时空压缩效应，将通过影响经济要素的区位选择而重塑区域经济的空间结构。新经济地理学的研究表明，地区间工资和要素价格的相对差异受交通运输成本的影响，在“本地市场效应”和“价格指数效应”机制作用下，交通运输成本下降引发的经济要素区域转移将带来区域空间结构的收敛或发散（Fujita et al.，1999）。创新作为一个投入产出过程，高铁对区域创新空间结构的影响首先来自对创新要素的空间再配置。一方面，高铁压缩了城市间的时间距离，交通运输成本的下降将显著降低产品价格，形成"价格指数效应"；另一方面，高铁提高了沿线城市的市场潜力，扩大了产品的市场需求，形成"本地市场效应"。两种机制共同诱发研发人员、技术和资金等创新要素在高铁沿线不同城市间进行新的区位选择，以获得更高的工资和要素收益。并且，两种效应都具有循环累积和自我强化特征，区域之间创新活动相对份额的变动又会反过来强化工资和要素价格差异。同时，对于没有开通高铁的城市来说，高铁城市区位条件的改善要明显大于非高铁城市，这将促进创新要素向高铁沿线城市集聚，由此带来创新要素在高铁城市与非高铁城市间的重新配置。以上两种区位选择和资源配置效应共同重塑区域创新的空间结构。

为突出高铁建设的网络化特征，并刻画不同城市纳入高铁网络的时序差异对区域创新空间结构的影响，本节运用新经济地理学建模框架，纳入"高铁建设"因素和知识生产部门，构建一个包含三区域、三部门的空间经济学模型，该模型包含了三区域间的商品贸易成本、知识产品的生产和跨区域的研发人员迁移，运用这一模型研究高铁网络建设对区域创新空间结构演化的作用机理。具体模型构建如下。

1. 模型基本假设

考察由三区域（$i=1,2,3$）组成的一个封闭经济体系，经济体中存在三个部门，即传统农业部门（A）、现代制造业部门（M）和知识生产部门（K）。劳动力（消费者）消费三种产品，即农产品、制造业产品和住房产品。其中传统农业部门仅使用普通劳动力（L）生产同质化产品，知识生产部门则利用研发人员生产差异化知识。知识生产部门的下游为现代制造业部门，其使用规模报酬递增的技术，利用普通劳动力和差异化知识生产差异化产品。具体而言，创建一个新的企业需要一种新知识投入，新知识本身具有异质性，直接导致了制造业产品的差异化，新制造业企业通过新知识研发不断地被创造出来。区际产品贸易符合"冰山成本"假定[①]，在未开通高铁状态下，三区域间商品贸易自由度为ϕ。住房供给遵循Helpman（1998）模型设定，住房供给量设为外生给定的$\bar{H}$，且住房产品完全同质。研发人员可跨区域自由流动，而普通劳动力则无法跨区域流动，但可以在农业部门和制造业部门间自由流动。研发人员在三个区域分布如下：区域 1 的研发人员假定为λ，区域 2 为$1-\lambda$，区域 3 为$\bar{\lambda}$，普通劳动力均匀分布于三个区域，

① 人口流动是城市间物质流、信息流、资本流、技术流的重要载体，人口在城市之间高速自由地流动迁移，尤其是在创新经济背景下，各种形式的面对面交流和知识的传播学习已经成为城市创新联系的关键角色，推动区域内物质、资本、信息等生产要素的加速流动、优化。

每个区域普通劳动力供给量均设定为ρ。

2. 基本模型

1）消费者

假设三区域内所有消费者具有相同的效用函数，且代表性消费者效用函数形式为 Pfluger（2004）的拟线性形式：

$$U = \alpha \ln C_X + \beta \ln C_H + C_A \tag{2-7}$$

其中，C_X表示差异化制造业产品消费；C_H表示地区住房、公共服务等“舒适物”供给量；C_A表示农产品消费；α,β分别表示排除农产品消费后，两类消费品相对支出份额，$\alpha > 0,\beta \geqslant 0$。$C_X$定义为制造品种类连续体上的子效用函数，由 CES 函数定义：

$$C_X = \left(\int_{i=0}^{n} m(i)^{\frac{\sigma-1}{\sigma}} \mathrm{d}i \right)^{\frac{\sigma}{\sigma-1}} \tag{2-8}$$

其中，$m(i)$表示每一种可得差异化制造业产品种类的消费；n为生产的差异化制造业产品种类范围，也被称作可得产品种类的“数量”；参数σ表示任意两种制造业产品之间消费替代弹性，反映消费者对制造业产品多样化的偏好程度，且$\sigma > 1$。代表性消费者最大化其效用函数服从预算约束条件：

$$PC_X + p_H C_H + C_A = w \tag{2-9}$$

其中，w表示居民收入水平；p_H表示地区房价；P表示制造业产品价格指数，即

$$P_i = \left[n_i p_{ii} (c_i)^{1-\sigma} + n_j p_{ji} (c_j)^{1-\sigma} \right]^{\frac{1}{1-\sigma}} \tag{2-10}$$

2）生产者

农产品在完全竞争条件下生产，且单位产品需要 1 单位普通劳动力投入。设定农产品为标准计价物，则三城市普通劳动力工资均为 1。

知识生产方面，根据内生增长理论（Romer，1990；Grossman and Helpman，1991），研发要素的生产力随着知识资本的积累而增长。设定区域 1 和区域 2 的知识总量为 K，区域 3 的知识总量为$\bar{K}$，每位研发人员拥有的特定知识量为$l(j)$，不失一般性，假设$l(j) = M = 1$，即每位研发人员均具备 1 单位的知识量。由此可得各区域拥有的知识总量分别为

$$K_1 = \left[\int_0^{\lambda} l(j)^{\eta} \mathrm{d}j \right]^{\frac{1}{\eta}} = \lambda^{\frac{1}{\eta}} \tag{2-11}$$

$$K_2 = \left[\int_0^{1-\lambda} l(j)^{\eta} \mathrm{d}j \right]^{\frac{1}{\eta}} = (1-\lambda)^{\frac{1}{\eta}} \tag{2-12}$$

$$K_3 = \left[\int_0^{\bar{\lambda}} l(j)^{\eta} \mathrm{d}j \right]^{\frac{1}{\eta}} = \bar{\lambda}^{\frac{1}{\eta}} \tag{2-13}$$

其中，η 为研发人员创新时的互补参数，反映了研发要素的多样化程度，$0 < \eta < 1$。

在制造业产品生产方面，假定创建一个新的制造业企业需要一个新的专利知识，新企业通过知识的研发不断地被创造出来，即任一时点，制造部门的企业数目、制造品种类数和知识数量三者是一致的。企业购买专利知识的费用转化为它的固定成本，这也成为报酬递增的来源。一旦企业购买了这个专利，就在该种制造品的生产上享有永久的垄断权。这样，制造业部门就具有了斯宾塞（Spence，1976）和迪克西特–斯蒂格利茨（Dixit and Stiglitz，1977）所提出的水平差异化特征。假设 i 区域制造业企业生产 1 单位制造业产品 $X_i(x_i)$，需要 1 单位专利知识投入和 $\beta X_i(x_i)$ 单位的普通劳动力投入，其中购买专利知识的成本为 R_i，那么该企业的总成本方程为

$$\mathrm{TC}_i(x_i) = R_i + W_i \beta X_i(x_i) \tag{2-14}$$

制造业产品是区际可贸易性产品，贸易满足冰川交易成本条件（Samuelson，1954），即意味着 1 单位可贸易差异性产品出口到另一地区，仅部分产品达到，达到的单位数量为 $1/\tau$，其中，$\tau > 1$。市场出清条件意味着某种制造业产品供给量 X_i 与三个区域对该制造业产品总需求量相等，由此可知区域 1 代表性厂商的利润函数为

$$\Pi_{i,1} = (p_{i,1} - c)(\rho + \lambda)x_{i,1} + (p_{i,2} - c)(\rho + 1 - \lambda)\tau x_{i,2} - R_1 \tag{2-15}$$

同时垄断竞争的企业根据溢价规则进行定价，因此自产自销和自产他销制造业产品定价分别为

$$\bar{p} \equiv p_{ss}(x) = w_{iL} \frac{c\sigma}{\sigma - 1} = \frac{c\sigma}{\sigma - 1} \tag{2-16}$$

$$p_{sr}(x) = \tau_{sr} \frac{c\sigma}{\sigma - 1} = \tau_{sr} \bar{p} \tag{2-17}$$

其中，ss 表示区域 s 内；sr 表示区域 s 和区域 r 之间；iL 表示区域 i 的普通劳动力。

本节所构建的新经济地理学模型将"高铁开通"视为有效降低区际交易成本或提升区际交易效率的手段，在未开通高铁状态下，三个区域间商品贸易自由度为 ϕ，假设在某个时点，三个区域中区域 1 和区域 2 率先开通高铁，则区域 1 和区域 2 两区域间的贸易自由度将提升 $\phi + \Delta\phi$，$\Delta\phi$ 为高铁对区际贸易自由度提升的贡献，$0 < \phi < 1$，$0 < \phi + \Delta\phi < 1$。根据市场出清条件及制造业产品定价方程，可以求得三个区域价格指数分别为

$$P_1 = \bar{p}\left[\lambda^{1/\eta} + (\phi + \Delta\phi)(1 - \lambda)^{1/\eta} + \phi \bar{\lambda}^{1/\eta} \right]^{\frac{1}{1-\sigma}} \tag{2-18}$$

$$P_2 = \overline{p}\left[\left(\phi+\Delta\phi\right)\lambda^{1/\eta} + \left(1-\lambda\right)^{1/\eta} + \phi\overline{\lambda}^{1/\eta}\right]^{\frac{1}{1-\sigma}} \tag{2-19}$$

$$P_3 = \overline{p}\left[\phi\lambda^{1/\eta} + \phi\left(1-\lambda\right)^{1/\eta} + \overline{\lambda}^{1/\eta}\right]^{\frac{1}{1-\sigma}} \tag{2-20}$$

由于知识生产部门中所有专利知识收益均用于支付研发人员工资，对于给定研发人员、普通劳动力在三个区域空间分布条件下，由以上条件可以得出各区域研发人员的工资水平：

$$R_1 = \frac{\alpha}{\sigma}\left[\frac{\rho+\lambda}{\lambda^{1/\eta}+\left(\phi+\Delta\phi\right)\left(1-\lambda\right)^{1/\eta}+\phi\overline{\lambda}^{1/\eta}} + \frac{\left(\phi+\Delta\phi\right)\left(\rho+1-\lambda\right)}{\left(\phi+\Delta\phi\right)\lambda^{1/\eta}+\left(1-\lambda\right)^{1/\eta}+\phi\overline{\lambda}^{1/\eta}} + \frac{\psi\left(\rho+\overline{\lambda}\right)}{\phi\lambda^{1/\eta}+\phi\left(1-\lambda\right)^{1/\eta}+\overline{\lambda}^{1/\eta}}\right] \tag{2-21}$$

$$R_2 = \frac{\alpha}{\sigma}\left[\frac{\left(\phi+\Delta\phi\right)\left(\rho+\lambda\right)}{\lambda^{1/\eta}+\left(\phi+\Delta\phi\right)\left(1-\lambda\right)^{1/\eta}+\phi\overline{\lambda}^{1/\eta}} + \frac{\rho+1-\lambda}{\left(\phi+\Delta\phi\right)\lambda^{1/\eta}+\left(1-\lambda\right)^{1/\eta}+\phi\overline{\lambda}^{1/\eta}} + \frac{\phi\left(\rho+\overline{\lambda}\right)}{\phi\lambda^{1/\eta}+\phi\left(1-\lambda\right)^{1/\eta}+\overline{\lambda}^{1/\eta}}\right] \tag{2-22}$$

$$R_3 = \frac{\alpha}{\sigma}\left[\frac{\phi\left(\rho+\lambda\right)}{\lambda^{1/\eta}+\left(\phi+\Delta\phi\right)\left(1-\lambda\right)^{1/\eta}+\phi\overline{\lambda}^{1/\eta}} + \frac{\phi\left(\rho+1-\lambda\right)}{\left(\phi+\Delta\phi\right)\lambda^{1/\eta}+\left(1-\lambda\right)^{1/\eta}+\phi\overline{\lambda}^{1/\eta}} + \frac{\rho+\overline{\lambda}}{\phi\lambda^{1/\eta}+\phi\left(1-\lambda\right)^{1/\eta}+\overline{\lambda}^{1/\eta}}\right] \tag{2-23}$$

其中，ρ 表示每个区域普通劳动力供给量。

3）研发人员流动的长期均衡条件

从长期看，由于仅研发劳动力可跨区域迁移，而跨区域迁移决策则取决于任意两区域（区域 s 和区域 r）代表性消费者间接效用区际差异 $V_s - V_r$，$V_s - V_r = \left(w_s - w_r\right) - \alpha\ln\left(P_s / P_r\right) - \beta\ln\left(p_{Hs} / p_{Hr}\right)$，其中，$w_s$ 和 w_r 分别表示区域 s 和区域 r 的研发人员工资水平；P_s 和 P_r 分别表示区域 s 和区域 r 的制造业产品价格指数；P_{Hs} 和 P_{Hr} 分别表示区域 s 和区域 r 的房价水平，即代表性消费者效用差异受研发人员工资水平、地区价格指数和房价水平差异三重影响。如果求解出的技能工人效用不满足空间均衡条件 $V_s - V_r = 0$，则根据如下原则调整研发人员在各地区之间的分布：技能工人效用较低地区的研发人员会向效用较高的区域流动，这样会形成一个新的研发人员空间分布均衡，此时重复这一过程，直至最终达到空间均衡。本节基本假设已经给定了劳动力初始空间分布，即城市 1 的研发人员假定为 λ，城市 2 为 $1-\lambda$，城市 3 为 $\overline{\lambda}$，且每个区域普通劳动力供给量均设定为 ρ，据此可得到三个区域间的效用差异：

$$V_1-V_2=\frac{\alpha(1-\phi-\Delta\phi)}{\sigma}\left[\frac{\rho+\lambda}{\lambda^{1/\eta}+(\phi+\Delta\phi)(1-\lambda)^{1/\eta}+\phi\bar{\lambda}^{1/\eta}}-\frac{\rho+1-\lambda}{(\phi+\Delta\phi)\lambda^{1/\eta}+(1-\lambda)^{1/\eta}+\phi\bar{\lambda}^{1/\eta}}\right]$$
$$-\frac{\alpha}{1-\sigma}\ln\left[\frac{\lambda^{1/\eta}+(\phi+\Delta\phi)(1-\lambda)^{1/\eta}+\phi\bar{\lambda}^{1/\eta}}{(\phi+\Delta\phi)\lambda^{1/\eta}+(1-\lambda)^{1/\eta}+\phi\bar{\lambda}^{1/\eta}}\right]-\beta\ln\left[\frac{\rho+\lambda}{\rho+1-\lambda}\right] \tag{2-24}$$

$$V_1-V_3=\frac{\alpha}{\sigma}\left[\frac{(1-\phi)(\rho+\lambda)}{\lambda^{1/\eta}+(\phi+\Delta\phi)(1-\lambda)^{1/\eta}+\phi\bar{\lambda}^{1/\eta}}+\frac{\Delta\phi(\rho+1-\lambda)}{(\phi+\Delta\phi)\lambda^{1/\eta}+(1-\lambda)^{1/\eta}+\phi\bar{\lambda}^{1/\eta}}-\frac{(1-\phi)(\rho+\bar{\lambda})}{\phi\lambda^{1/\eta}+\phi(1-\lambda)^{1/\eta}+\bar{\lambda}^{1/\eta}}\right]$$
$$-\frac{\alpha}{1-\sigma}\ln\left[\frac{\lambda^{1/\eta}+(\phi+\Delta\phi)(1-\lambda)^{1/\eta}+\phi\bar{\lambda}^{1/\eta}}{\phi\lambda^{1/\eta}+\phi(1-\lambda)^{1/\eta}+\bar{\lambda}^{1/\eta}}\right]-\beta\ln\left[\frac{\rho+\lambda}{\rho+\bar{\lambda}}\right] \tag{2-25}$$

4）高铁开通条件下区域创新空间结构的仿真模拟

在新经济地理学中，几乎所有的模型均存在两种临界状态的贸易自由度（或称经济开放度），一个是开始打破对称均衡的贸易自由度，亦即“突破点”，另一个是开始出现并能够维持“中心外围”均衡时的贸易自由度，亦即“维持点”。在长期均衡变化中，刻画两种均衡转换路径是观察经济系统动态变化的有效途径。本节模型核心旨在搭建起高铁开通背景下区际交易成本与研发人员空间分布之间的桥梁，不同区域研发人员瞬时效用差异为迁移动因，因此通过数值模拟的方式考察初始均衡被打破时的突破点与区际贸易自由度间的关系尤为必要，即需要在确定初始研发人员分布的条件下考察$\partial(Vs-Vr)/\partial\lambda$的性状，在此，突破点是指分散均衡稳态被打破时的贸易自由度点。

就区域 1 和区域 2 而言，当$\partial(V_1-V_2)/\partial\lambda<0$时，初始创新空间结构是稳定均衡的，因为迁移者将后悔其迁移行为并返回原区域；当$\partial(V_1-V_2)/\partial\lambda>0$时，对称均衡是非稳定的，因为更多的研发劳动力将被这些较高的效用吸引。由$\partial(V_1-V_2)/\partial\lambda=0$，可以得出初始均衡被打破的贸易自由度（$\hat{\phi}$）值。同理，我们可以得到区域 1 和区域 3 初始均衡被打破的贸易自由度$\tilde{\phi}$。$\hat{\phi}$和$\tilde{\phi}$数值模拟结果如图 2-16 所示，在此我们的参数选值为$\alpha=0.6$，$\beta=0.3$，$\sigma=2$，$\rho=0.4$，$\eta=0.4$。由于初始假定三个区域在贸易自由度为ϕ的条件下，三个区域生产要素空间分布处于均衡状态，因此ϕ恒小于初始要素分布下的$\tilde{\phi}$，为更有利于模型模拟，在此假定在模型动态演化过程中，未开通高铁的区域 3 与其他区域间的贸易自由度ϕ恒小于$\tilde{\phi}$。在此条件下，通过 Mathematica 软件我们可以绘制区域 1 和区域 2 间贸易自由度与两地研发人员（创新份额）间关系的“战斧图”，分散均衡被打破的“突破点”和重新回归分散均衡的“分散点”分别为$\hat{\phi}$和$\bar{\phi}$。（参数选值为α=0.6，β=0.5，σ=2，ρ=0.4，η=0.4，λ=0.5，ϕ=0.5），同时还可以通过比较V_1和V_3的大小判断未开通高铁区域 3 的研发劳动力迁移动机及创新差异演变趋势（图 2-17 中最右侧虚线为V_1=V_3曲线）。

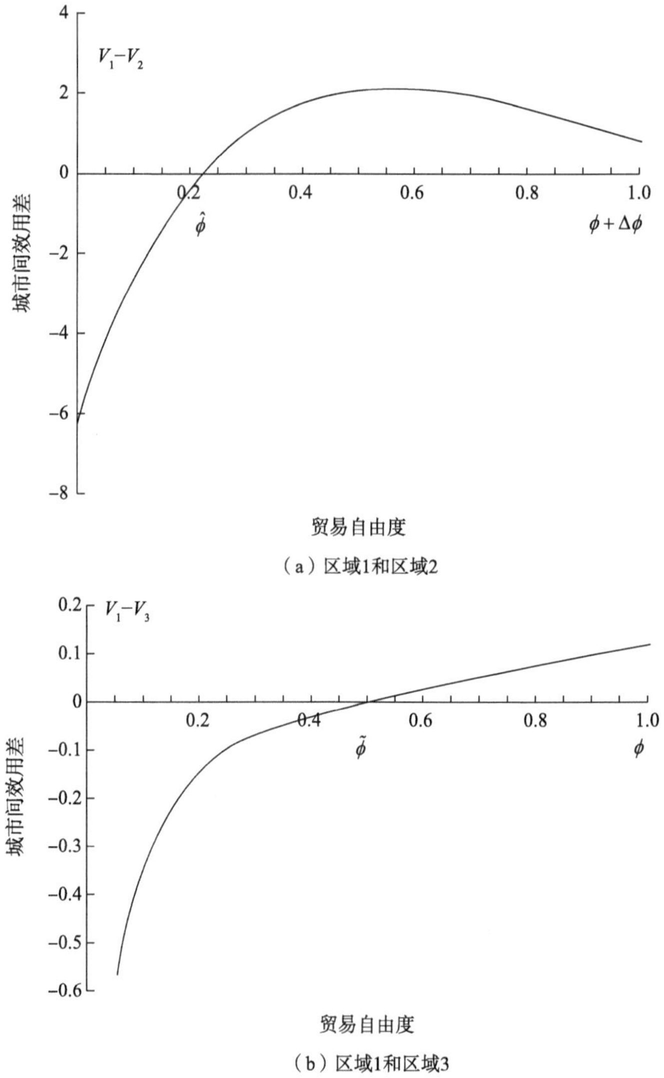

图 2-16　城市间的效用差异随贸易自由度变动趋势

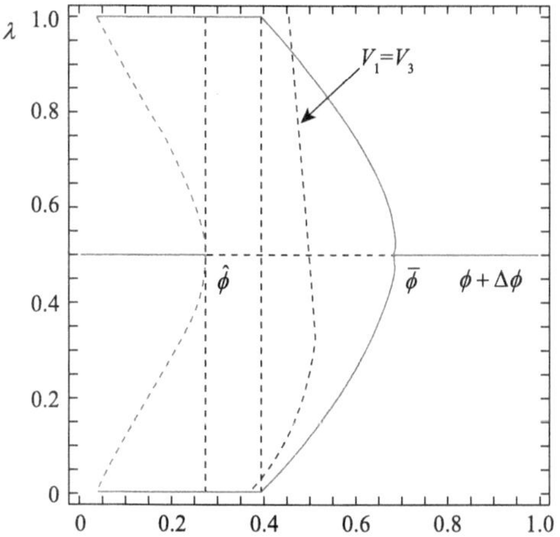

图 2-17　均衡状态的研发人员空间分布分叉图

图 2-17 中，当 $\tilde{\phi}<\phi+\Delta\phi<\hat{\phi}$ 时，分散均衡为稳定均衡，即不管开通高铁与否，经济系统三个区域间交易成本均过大，从而使得研发劳动力初始分布始终处于均衡状态，此时三个区域间的创新差异将长期稳定在一定水平。当 $\bar{\phi}>\phi+\Delta\phi>\hat{\phi}$ 时，区域 1 和区域 2 之间交易成本大幅降低，且两地研发劳动力人员开始重新配置，研发人员的空间集聚均衡为稳定均衡，高铁沿线区域 1 与区域 2 创新差异开始逐渐增大。当 $\phi+\Delta\phi>\bar{\phi}$ 时，即当高铁促使区域 1 和区域 2 间交易成本进一步下降时，价格指数效应和住房成本效应又将驱使 1 和 2 两个区域研发人员重新趋向分散布局，两个区域的创新差异又趋向减小。

命题 2-1：高铁开通带来的贸易自由度的降低，高铁沿线城市之间研发人员份额可能会呈现一个由“分散均衡”到“集聚均衡”再到“分散均衡”的过程，亦即高铁沿线城市间的创新分布将呈现一个倒“U”形的演化过程。根据高铁对贸易自由度的影响程度，高铁沿线城市之间的创新差异可能增大也可能缩小。

在图 2-17 中，最右侧虚线表示 $V_1=V_3$，两侧区域则表示在区域 1 和区域 2 处于均衡状态下区域 1 和区域 3 之间的效用差异，该虚线右侧表示 $V_1>V_3$，该曲线左侧表示 $V_1<V_3$。在区域 1 和区域 3 间贸易自由度为 ϕ 的条件下，由于高铁开通后，区域 1 和区域 2 之前的贸易自由度要高于 ϕ，这使得区域 1、区域 2 两个区域研发人员空间迁移的长期均衡曲线均落在 $V_1>V_3$ 的区间范围内，即相对于未开通高铁的城市而言，高铁的开通将提升高铁沿线城市研发人员的效用水平，进而造成高铁城市与非高铁城市间研发人员效用差，这种效用差将可能产生非高铁城市研发人员向高铁沿线城市的迁移倾向。由此我们得到：

命题 2-2：高铁开通使得高铁沿线城市与非高铁城市之间出现效用差，非高铁城市研发人员有向高铁沿线城市迁移的倾向，当贸易自由度降低到某一程度，非高铁城市的研发人员将向高铁城市转移，从而加大高铁城市与非高铁城市间的创新差距。

根据模型的分析，虽然原有的区域创新空间结构将在高铁网络的冲击下进行重新调整而达到新的均衡，但是对于嵌入高铁网络的个体城市来说，其创新产出的变化取决于高铁对创新集聚效应和扩散效应的综合叠加。当贸易自由度较低，研发人员在高铁沿线城市间的初始分布情况决定了城市之间创新差距的大小；当高铁开通，贸易自由度的提升程度则决定了未来高铁沿线城市间的均衡走向。根据图 2-17 可知，在分散均衡的“支撑点”和集聚均衡的“突破点”之间存在两种均衡的重叠区域，即在这个区间，区域间的创新差异可能缩小、扩大或不变；当贸易自由度的提升大于“支撑点”，那么区域创新则向集聚的方向演化；当贸易自由度超过$\overline{\phi}$，那么区域间的创新差异则缩小或者不变。如果贸易自由度的提升落在部分均衡区域，那么研发人员的初始分布状况则决定了高铁开通后的差异变化。于是得到：

命题 2-3：高铁开通导致贸易自由度的提高，决定了区域创新分布的均衡走向。然而，对于个体城市，其创新产出增加还是减少则取决于向心力与离心力的权衡，因此，高铁开通对城市创新产出的影响还取决于城市的初始规模特征，表现为影响的异质性。

2.3.3 基于 PSM-DID 的实证检验

1. 计量模型构建

在我国，高铁的规划和建设主要由国家主导，地方政府对于本地区是否开通高铁的决定力量较小。另外，高铁主要连接的是直辖市、省会和副省级城市等区域中心城市，因而沿途中小城市的经济规模并不是决定高铁是否从该地级市经过的直接原因（张克中和陶东杰，2016），因而也不会在高铁建设之前进行明显准备。因此，可以将高铁开通看作一项相对外生的冲击，并使用“倍差法”来估计高铁建设的影响。同时，在倍差法基础上，可以使用 PSM 方法对样本进行调整，以降低选择性偏误导致的内生性，并缓解处理组和控制组在高铁影响前不完全具备共同趋势假设所带来的问题。参考已有研究，本节选择各城市人均地区生产总值（PGDP）、常住人口（POP）、产业结构（SER）、距邻近大城市的距离（DIS）、知识可达性（ACC）和区位（REG）作为影响各城市高铁开通概率的协变量。本节构建了如下计量模型对高铁效应进行估计：

$$\mathrm{INV}_{it} = \alpha_0 + \beta_1 \mathrm{HSR}_{it} + \beta_2 X_{it} + \mu_i + \lambda_t + \varepsilon_{it} \tag{2-26}$$

其中，被解释变量 INV_{it} 为城市 i 在时期 t 的创新产出水平；HSR_{it} 表示高铁开通后的城市虚拟变量，即高铁开通当年（政策时间节点）及开通之后的年份取值为 1，高铁开通之前取值为 0，其系数的大小测度了高铁开通对城市创新产出的影响效果；X_{it} 为可能影响城市创新产出的其他控制变量；μ_i 和 λ_t 表示空间和时间固定效应；ε_{it} 为随机误差。

如理论模型所述，高铁建设对城市产出的带动效应得益于高铁开通后，高铁城市人口迁移量的显著提升，特别是拥有知识和技术的研发人员流量的显著增加。为了验证这一作用机制，我们在方程（2-26）的基础上，将高铁建设带来的效果表示成各个城市由于高铁通车所带来的人口迁移数量增长的函数。同时，高铁除了带来人口迁入量的增加，也可能对人口迁出数量产生影响。包含了高铁对人口迁移作用机制的方程如下：

$$\mathrm{INV}_{it} = \alpha_0 + \beta_1 \mathrm{HSR}_{it} + \beta_2 \mathrm{Migrant}_{it} + \beta_2 \mathrm{HSR}_{it} \times \mathrm{Migrant}_{it} + \theta X_{it} + \mu_i + \lambda_t + \varepsilon_{it} \tag{2-27}$$

其中，变量 $\mathrm{Migrant}_{it}$ 对创新产出的影响包括了人口迁入（MIG_{it}）和人口迁出（EMIG_{it}）两个维度的影响，因此，在回归中把二者与高铁变量的交互项分别代入回归方程。$\mathrm{HSR}_{it} \times \mathrm{MIG}_{it}$ 的系数反映了高铁建设带来的城市人口迁入数量的增加对创新的影响效应；交互项 $\mathrm{HSR}_{it} \times \mathrm{EMIG}_{it}$ 的系数则反映了高铁建设带来的城市人口迁出数量的增加对创新的影响效应。交互项 $\mathrm{HSR}_{it} \times \mathrm{MIG}_{it}$ 的系数为正表明高铁通车后，人口迁入数量的提升越高对当地创新产出的带动效应越大。

根据理论模型，研发人员的差异化会促进创新产出，城市文化研究证据也表明更具文化多样性的城市往往拥有更高的创新水平，移民带来的文化多样性的增长被视为创新的重要因素（Lee，2015）。同时，高技能移民带来的多元城市文化可能被视作一种有吸引力的城市环境，可以吸引更多的高技能劳动力。因此，文化多样性对城市创新存在正效应，而地缘关系对城市文化边界的形成起着重要作用（渠爱雪和孟召宜，2014）。为了验证这一作用机制，我们在方程（2-27）的基础上，加入迁入人口的地域文化多样性指标，如方程（2-28）所示：

$$\begin{aligned}\mathrm{INV}_{it} = {} & \alpha_0 + \beta_1 \mathrm{HSR}_{it} + \beta_2 \mathrm{MIG}_{it} + \beta_3 \mathrm{HSR}_{it} \times \mathrm{MIG}_{it} + \beta_4 \mathrm{DIV}_{it} + \gamma \mathrm{MIG}_{it} \times \mathrm{DIV}_{it} \\ & + \theta X_{it} + \mu_i + \lambda_t + \varepsilon_{it}\end{aligned} \tag{2-28}$$

其中，DIV_{it} 为地域文化多样化指数，交叉项 $\mathrm{MIG}_{it} \times \mathrm{DIV}_{it}$ 的系数反映了由于迁入人口的地域文化多样性特征对城市创新产出水平的影响。该交互项作为人口迁入量的调节变量，其系数为正表明迁入人口的文化差异越大，人口迁移数量的提升对当地创新产出的带动效应越大。

2. 指标选取与数据说明

1）被解释变量：区域创新产出

国内外此类研究的惯常做法是以发明专利数量来衡量一个地区的创新能力。一般来说，创新活动的过程可以分为创新投入、创新组织和创新产出三个主要环节，而发明专利数据作为创新的产出反映了创新活动的最终效果，并且专利数据具有可比性和易获得的特征，是目前国内外最经常使用的衡量指标①。但是，该数据在衡量一个区域的创新水平时仍然存在诸多缺陷，如专利的数量无法反映其真正的社会经济价值，这也使得不同行业的专利数据不具有水平方向上的可比性。由第一财经研究院和复旦大学共同出版的《中国城市和产业创新力报告 2017》中测算了我国 338 个城市 2001~2016 年的创新指数。该指数通过专利更新模型估算专利价值，并将专利价值加总到城市层面，得到城市创新指数，有效地解决了专利质量和价值异质性问题。因此，本节使用该报告中城市创新指数作为城市创新水平的测度指标，具体方法参见寇宗来等（2017）。

2）高铁开通

根据各年份铁路运行路线图和《中国铁道年鉴》，可以查到自 2008 年开始每年新增高铁线路及停靠站点所在城市。截至 2016 年底，我国 297 个地级及以上城市中共有 180 个城市新开通了高铁，剩余 117 个城市没有高铁停靠，这些“高铁城市”便是本节处理组选择的范围。180 个高铁城市中，高铁开通时间较为分散，2008~2016 年各年新增“高铁城市”数量分别为 8 个、22 个、19 个、16 个、25 个、25 个、36 个、21 个和 8 个。同时，由于新建高铁投入运行的影响效果往往具有一定的时滞性，特别是对于创新活动而言，因此，本节首先根据各个城市高铁开通的具体时间，对各城市高铁的实际开通时间进行调整，具体操作为：如果城市所在高铁线路的开通运营时间在 6 月 30 日之前，那么城市是否开通高铁的虚拟变量在当年取值为 1；如果线路开通运营时间在 7 月 1 日到 12 月 31 日之间，那么相应的高铁建设虚拟变量则在高铁开通的下一年开始取值为 1，在当年取值为 0。这样经过调整的各年份新增“高铁城市”数量分别为 2 个、11 个、25 个、25 个、2 个、25 个、27 个、40 个和 18 个（因为高铁在每年 7 月前后开通的赋值不同，2016 年，共开通 8 个城市，其中有 3 个城市在 7 月前开通，赋值在 2016 年统计数据中；另有 5 个城市在 7 月后开通，赋值在 2017 年统计数据中。所以，在 2008~2016 年经过时滞调整后的高铁城市为 175 个）。其次，考虑到高铁通过影响人口迁移促进城市创新的时滞性，在高铁开通虚拟变量设定好的基础上，在回

① 首先，专利数据公开、客观，被人为操纵的可能性也比较低；其次，专利信息更新及时，能够比较准确地反映技术变化趋势；最后，专利数据提供了专利技术类别与申请人等各种基本信息，可以直接使用专利数据对比不同城市、产业的结构差异。

归过程中再将高铁开通做滞后一期处理，以更加准确地研究高铁建设对城市创新的影响。

3）城市间人口迁移与多样性

目前中国高铁的主要功能为旅客输送，高铁开通后最直观的影响是促进了人口在区域之间的流动和迁移，故本节中的要素流动主要关注人口要素的流动和迁移。对于跨城市的人口流动和迁移，由于难以统计而缺乏非户籍迁移的人口统计数据。已有研究一般使用两种方式对城市间人口流量数据进行量化：一是采用引力模型对要素的流动进行预测，以观测区域之间的空间交互关系（白俊红等，2017）；二是使用调查方法获得城市间人口迁移数据，如人口普查数据和调查数据（吕拉昌等，2018）。然而，通过估计和询问获得的数据无法直接观测人的行为。大数据技术的发展使得对人口迁徙行为的直接观测成为可能，本节使用“百度迁徙”城市间真实人口流动数据，作为人口迁移的新型量度。“百度迁徙”是百度使用位置服务（location-based services，LBS），对我国手机用户定位信息进行挖掘、整合，从时间和空间两个维度，记录用户跨城移动信息，并实现人口空间位移可视化。在智能设备普及的大背景下，“百度迁徙”所收集的数据具有广泛的代表性，能够全面反映中国人口流动和迁移的实际状况。

本节使用“百度迁徙”2014~2016 年春节前后的人口流动统计数据，提取春节前和春节后两个时间段 285×285 城市间流动人口数据作为城市间人口迁移的度量指标①。本节选用 285 个地级及以上城市样本，每个城市都有向其他 284 个城市的人口迁移数据。考虑一个城市 i 和城市 j 的城市对，“春节前从 i 移动到 j”和“春节后从 j 移动到 i”这两个数据点，都指示了 j 市向 i 市的迁出人口②。考虑到两个过程之间的偏差，为加强数据的稳定性，参考徐腾和姚洋（2018）的做法，取“返乡”和“离乡”两个观测点的平均值作为 j 市向 i 市人口迁入的量度。同理，也可得到迁出数据。在此基础上，对单个城市的全部迁入和迁出数据进行加总，可以得到这一城市的总迁入和总迁出人口，这个数值可以反映一个城市在人口迁徙方面的吸引力，计算方法如下：

$$\text{Migrant}_{j\to i}=\frac{1}{2}\left(\text{POP\_flow}_{i\to j}\,|_{\text{春节前}}+\text{POP\_flow}_{j\to i}\,|_{\text{春节后}}\right)\tag{2-29}$$

① 春节返乡过年是中国的一项传统习俗，具有较强的地域普遍性。移居至外地的人员往往会选择在春节前返乡，而在春节后回到迁入城市，继续日常的工作和生活。此种具有普遍性的行为模式，可以作为人口迁移现象的替代指标（徐腾和姚洋，2018）。

② 考虑一个 $i\to j$ 城市对，当个人在春节前从城市 i 移动到城市 j，那么认为其是返乡过年，此时 i 是迁入城市，而 j 是迁出城市；当个人在春节后从城市 j 移动到城市 i，则认为其是返城工作和生活，此人属于从城市 j 向城市 i 的迁出人口。

$$\mathrm{MGR}_i = \sum_{i=1}^{n} \mathrm{Migrant}_{j \to i} \tag{2-30}$$

$$\mathrm{EMGR}_i = \sum_{i=1}^{n} \mathrm{Migrant}_{i \to j} \tag{2-31}$$

在考察人口迁移总量对区域创新产出影响的基础上，使用迁移人口来源城市和省份的多样性来表征迁入人口的文化多样性。参考已有研究，使用改进的赫芬达尔指数来测度迁入人口的地域文化多样性（Niebuhr，2010）。具体计算公式为

$$\mathrm{DIV}_{it} = 1 - \sum_{j=1}^{n} S^2_{ijt} \tag{2-32}$$

其中，DIV_{it}表示 i 城市 t 年份的地域文化多样性指数；S_{ijt}表示在 t 年份来自 j 城市或省（自治区、直辖市）的迁移人口数量占 i 城市总迁入人口的比重；其中，当考虑城市间地域文化差异时 n=284；当考虑省际的地域文化差异时，K=31（考虑到数据可得性，未包括中国香港、澳门和台湾地区）。

4）其他控制变量

本节还控制了其他一些可能影响区域创新产出的变量。参考已有研究，这些重要因素包括创新活动的投入因素，以及地区产业结构特征、地区创新环境和对外开放程度等因素，分别以地区财政科技支出（SCIEXP）、在校大学生数（STU）、人均地区生产总值（PGDP）、第三产业比重（SER）和城市当年实际利用外资数（FDI）来衡量。除了城市创新指数数据来自《中国城市和产业创新力报告 2017》之外，距大城市距离用各城市距四个直辖市、省会城市和副省级城市的最短距离表示。其他数据均来自相应年份《中国城市统计年鉴》和《中国区域经济统计年鉴》。表 2-5 介绍了上述各变量的含义和统计性描述结果。

表2-5 变量含义和统计性描述

变量名	变量含义	单位	均值	标准差	最小值	最大值
INV	城市创新指数	—	14.391	57.854	0.021	849.057
MGR	人口迁入总量	万人	51.799	96.854	1.916	821.644
EMGR	人口迁出总量	万人	51.799	42.936	0.880	329.441
POP	城市常住人口	万人	443.927	328.993	20.53	3 048.43
ACC	知识可达性	—	8.874	11.186	4.292	28.309
STU	在校大学生数	万人	9.334	16.631	0.231	104.322
SCIEXP	财政科技支出	亿元	8.822	26.340	0.142	287.796
FDI	实际利用外资数	亿美元	10.133	22.611	0.052	211.344
PGDP	人均地区生产总值	万元	5.084	3.683	0.841	46.775

续表

变量名	变量含义	单位	均值	标准差	最小值	最大值
SER	第三产业比重	—	38.624%	9.086%	16.44%	79.65%
DIS	距大城市距离	千米	177.010	120.367	18.8	1440.9

3. 计量结果的分析与讨论

1）全部样本的回归结果分析

首先，表 2-6 中模型（1）、模型（2）和模型（3）分别显示了高铁开通对城市创新产出（lnINV）、人口迁入（lnMGR）和人口迁出（lnEMGR）的影响。在模型（1）中，以城市创新指数作为被解释变量，我们发现模型中关键的解释变量（HSR）表现出对城市创新产出的显著影响，结果在 1%水平上显著为正，说明开通高铁的城市在高铁建设开通之后，其创新能力与非高铁城市相比表现出明显提高。同时，高铁开通显著提升了高铁城市的人口迁入总量和人口迁出总量，影响系数分别为 0.297 和 0.255，结果均在 1%水平上显著为正。结果表明，高铁通过降低区域之间的运输成本，显著促进了高铁城市之间、高铁城市与非高铁城市之间的人口迁移。从影响系数上来看，高铁开通对高铁城市人口迁入的影响要大于对人口迁出的影响。模型（4）在模型（1）的基础上加入人口迁入变量（lnMGR），二者均对区域创新产出表现为显著为正的影响，并且结果均在 1%水平上显著为正。前述理论分析已经表明，区域之间的人口迁移可以通过价格指数效应和本地市场效应改变城市间研发人员效用差异。人口迁入提高了高铁城市研发人员的真实效用，并形成正向的累计循环促进区域创新增长，因此人口迁入是高铁影响区域创新产出的重要机制。借鉴 Baron 和 Kenny（1986）的方法，由模型（1）、模型（2）和模型（4）可以计算出人口迁移作为中介变量所发挥的中介效应。根据回归结果计算出中介效应占总效应比为 0.821，表明在高铁影响区域创新产出机制中，高铁引发人口迁移发挥了非常重要的作用。

表2-6　全部城市样本的回归结果

变量	模型（1）	模型（2）	模型（3）	模型（4）	模型（5）	模型（6）	模型（7）	模型（8）
	lnINV	lnMGR	lnEMGR	lnINV	lnINV	lnINV	lnINV	lnINV
HSR	0.178^{***}	0.297^{***}	0.255^{***}	0.068^{***}	0.068^{***}	0.073^{*}	0.073^{***}	0.065^{***}
	（0.0305）	（0.0389）	（0.0378）	（0.023）	（0.023）	（0.051）	（0.023）	（0.022）
lnMGR				0.503^{***}	0.654^{***}	0.594^{***}	0.320^{***}	-0.483^{***}
				（0.024）	（0.057）	（0.058）	（0.048）	（0.153）

续表

变量	模型（1）	模型（2）	模型（3）	模型（4）	模型（5）	模型（6）	模型（7）	模型（8）
	lnINV	lnMGR	lnEMGR	lnINV	lnINV	lnINV	lnINV	lnINV
lnEMGR					−0.174***	−0.133**		
					（0.060）	（0.060）		
HSR × lnMGR						0.144***		
						（0.033）		
HSR × lnEMGR						−0.078**		
						（0.036）		
DIV_P							−0.964	
							（0.983）	
lnMGR × DIV_P							0.347***	
							（0.078 8）	
DIV_C								−1.171
								（2.099）
lnMGR × DIV_C								1.132***
								（0.175）
控制变量	是	是	是	是	是	是	是	是
观测值	814	814	814	814	814	814	814	814
R^2	0.661	0.725	0.737	0.831	0.826	0.837	0.837	0.838
样本数	276	276	276	276	276	276	276	276

***、**、*分别表示在 1%、5%、10%水平上显著

注：括号内数字为标准误

模型（5）在模型（4）的基础上加入人口迁出变量（lnEMGR），回归结果显示，在人口迁入对区域创新产出正向影响的同时，人口迁出对区域创新产出表现出显著的负影响，即表现出显著的抑制效应。人口迁出与人口迁入的作用及机制恰巧相反，人口迁出可以降低一个地区的研发资源份额，不利于发挥本地市场效应和价格指数效应，从而降低地区研发人员的真实效应，降低区域创新产出水平。模型（6）在模型（5）的基础上加入高铁和人口迁入的交互项（HSR × lnMGR）与高铁和人口迁出的交互项（HSR × lnEMGR），以反映二者对区域创新产出的联合作用机制和影响。回归结果表明，人口迁移对高铁影响创新作用程度具有显著的调节效应，具体表现为相比没有开通高铁的城市，迁入高铁城市的人口数量越

大，越能提高城市的创新水平，影响系数在 1%水平上显著为正（0.144）；反之，在高铁的影响下，人口迁出高铁城市的数量越大，越不利于城市的创新增长，影响系数在 5%水平上显著为负（−0.078）。从二者系数大小的比较来看，高铁通过人口迁入对城市创新的促进作用更大，而高铁带来的人口迁出对城市创新的抑制作用则较小。

模型（7）和模型（8）是在前面分析的基础上，加入了反映迁移人口文化差异的人口多样化指数，以探讨在人口迁移影响区域创新产出过程中，文化差异是否存在一定程度的调节作用。由于人口迁入的来源地可以按照省和市两个空间尺度进行统计描述，本节基于两个空间尺度的人口迁移数据分别计算了省级迁移人口多样化指数（DIV_P）和城市迁移人口多样化指数（DIV_C）。回归结果表明，无论是基于省级空间尺度计算的多样化指数还是基于城市空间尺度计算的多样化指数，均对区域创新水平的影响显著为正。具体来看，在模型（7）中，人口迁入与省域多样化指数的交互项（lnMGR × DIV_P）回归系数显著为正（0.347），说明省级空间尺度的文化差异对一个地区的创新水平起到了重要的调节作用，即迁移人口的省级多样化能够显著提高人口迁移对区域创新产出水平的影响。在模型（8）中，人口迁入与城市多样化指数的交互项（lnMGR × DIV_C）回归系数显著为正（1.132），说明城市空间尺度的文化差异对区域创新水平的提升也起到了重要的调节作用，即迁移人口的城市多样化程度越高，人口迁入对区域创新产出的影响就越大。

2）去除一线、二线城市的 PSM-DID 回归结果

由于在表 2-6 的回归分析中使用了全部城市样本，在 285 个城市中，有 88 个城市在 2014 年之前就已经开通了高铁，并且包含了绝大多数的一线、二线城市，使得高铁开通对城市创新的效应评价结果主要来自城市之间的横向比较，未能从时间和空间两个维度对高铁效应进行更为准确的评价。从开通高铁城市数量的时间维度来看，2014~2016 年的 3 年间，分别有 27 个、40 个和 18 个城市相继开通了高铁，并且绝大多数为三线及三线以下城市，这有利于从空间和时间两个维度来观测高铁开通对城市创新带来的实际影响。因此，计量分析的思路是：首先，去除 2016 年、2013 年和 2013 年之前开通高铁的城市样本。其次，将高铁开通时间向前滞后 1 期，以反映高铁对城市创新产出影响的时滞性，即 2014 年开通高铁的城市，高铁虚拟变量（HSR）在 2014 年当年取值为 0，在 2015 年和 2016 年取值为 1；同样，2015 年开通高铁的城市在 2015 年取值为 0，在 2016 年取值为 1，这样得到的处理组样本城市为 64 个，对照组城市为 105 个。最后，运用 PSM 方法选择新的对照组与处理组样本进行匹配，进行 DID 估计，PSM-DID 的回归结果如表 2-7 所示。

表2-7　PSM-DID估计结果

变量	模型（9）	模型（10）	模型（11）	模型（12）	模型（13）	模型（14）	模型（15）	模型（16）
	lnINV	lnMGR	lnEMGR	lnINV	lnINV	lnINV	lnINV	lnINV
HSR	0.039* （0.022）	0.148*** （0.045）	−0.058*** （0.010）	0.043* （0.022）	0.395 （0.290）	1.090*** （0.401）	1.028** （0.402）	0.990** （0.402）
lnMGR				0.189* （0.085）	0.163* （0.082）	0.123 （0.083）	0.128 （0.096）	−0.042 （0.195）
lnEMGR					−0.120 （0.123）	−0.179 （0.125）	−0.182 （0.126）	−0.167 （0.127）
HSR × lnMGR					0.058** （0.023）	0.053 （0.061）	0.059* （0.031）	0.059* （0.031）
HSR × lnMGR × MI						0.011** （0.005）		
HSR × lnEMGR						−0.022 （0.054）	−0.094** （0.042）	−0.091** （0.042）
lnMGR × DIV_P							0.0248 （0.0947）	
DIV_P							−0.987 （1.134）	
lnMGR × DIV_C								0.367* （0.219）
DIV_C								−4.040 （2.569）
控制变量	是	是	是	是	是	是	是	是
时间固定效应	是	是	是	是	是	是	是	是
空间固定效应	是	是	是	是	是	是	是	是
观测值	359	359	359	359	359	359	359	359
R^2	0.746	0.598	0.586	0.800	0.811	0.813	0.816	0.813
样本数	143	143	143	143	143	143	143	143

***、**、*分别表示在 1%、5%、10%水平上显著

注：括号内数字为标准误

模型（9）~模型（12）的结果分别反映了高铁对城市创新产出、城市人口迁

入和人口迁出及二者对城市创新的共同作用。结果显示：相比非高铁城市，高铁开通显著提高了高铁城市的创新产出水平，并且促进了人口的迁入，这与上一步的回归结果保持一致，说明高铁确实通过促进人口迁入而提高一个区域的创新产出水平，人口迁移是高铁影响城市创新产出的重要机制，中介效应占总效应的比为 0.717。同时，与第一部分回归结果不同的是，高铁对这些城市的人口迁出则表现出了一定的抑制作用，影响系数在 1%的水平上显著为负（−0.058）。在加入高铁与人口迁入和人口迁出交互项（HSR × lnMGR）和（HSR×lnEMGR）后，模型（13）~模型（15）回归结果显示，高铁和人口迁入共同促进了城市创新增长；高铁和人口迁出的共同作用在 5%的统计水平上显著为负，即相比没有高铁的城市，开通高铁的城市人口迁出将会抑制城市的创新增长。模型（14）在模型（13）的基础上加入了高铁、人口迁入与是否为人口净迁入（MI）的交互项，以反映高铁与人口迁移对不同城市的异质性影响，结果表明，相比人口净流出的城市，高铁开通与人口迁入共同作用，显著提高了人口净流入城市的创新产出水平，交互项（HSR×lnMGR×MI）的回归结果在 5%的水平上显著为正，说明高铁对人口净流入城市的创新产出具有显著的促进作用，而人口迁入则是重要的中间机制。模型（15）和模型（16）在模型（13）的基础上分别加入了反映地域文化差异性的人口地域多样化指数，回归结果表明，基于省级的人口多样化指数对城市创新产出没有表现出较为明显的促进作用，而基于城市的迁入人口地域多样性则表现出对城市创新显著的促进作用。

3）高铁影响城市创新的异质性分析

为了进一步研究高铁建设对不同类型城市的创新产出的异质性影响，首先要对城市类型进行划分，考虑到对城市等级的划分暂时没有一个公认的标准，行政级别和地区生产总值不能恰当地反映城市商业活力和经济增长潜力，本节参考《第一财经周刊》“新一线城市研究所”专栏发布的《城市商业魅力排行榜》，排行从“商业资源集聚度、城市枢纽性、城市活跃度、生活方式多样性和未来可塑性”这五个维度对城市进行分级，更能体现城市的综合发展水平和发展潜力。根据上述城市分类，对 285 个城市进行分类和整合（合并一线和准一线城市），得出一线至五线各线城市数目分别为 19、30、70、86 和 80。对不同类别城市回归的结果详见表 2-8，模型（17）~模型（20）为全部样本下的回归结果，其中，模型（17）表示综合发展水平和发展潜力在全国领先的二线城市，模型（18）~模型（20）分别为三线、四线和五线城市。模型（21）~模型（23）为基于 PSM-DID 方法分城市类型的回归结果，在去掉 2013 年及之前开通高铁的样本之后，大部分一线、二线城市就不在参与回归的样本中，而此阶段开通高铁的城市主要为三线、四线和五线城市。

表2-8 考虑城市异质性的估计结果（一）

变量	模型（17）	模型（18）	模型（19）	模型（20）	模型（21）	模型（22）	模型（23）
	FE	FE	FE	FE	PSM-DID	PSM-DID	PSM-DID
	二线	三线	四线	五线	三线	四线	五线
HSR	0.658*	0.898**	0.449	0.585	0.918	2.455***	−0.387
	（0.477）	（0.425）	（0.554）	（0.989）	（0.743）	（0.743）	（1.087）
lnMGR	0.425***	0.258***	0.481***	0.276*	−0.135	0.267**	−0.201
	（0.155）	（0.090）	（0.114）	（0.154）	（0.167）	（0.115）	（0.294）
lnEMGR	0.127	−0.215	−0.032	0.199	−0.349	−0.226	0.256
	（0.159）	（0.219）	（0.119）	（0.153）	（0.258）	（0.308）	（0.388）
HSR × lnMGR	0.114*	0.190***	0.105	0.036	0.166**	0.057	−0.118
	（0.063）	（0.054）	（0.071）	（0.159）	（0.063）	（0.066）	（0.134）
HSR × lnEMGR	0.111	−0.112**	−0.129**	0.021	−0.133*	−0.256***	0.147
	（0.125）	（0.050）	（0.065）	（0.146）	（0.071）	（0.081）	（0.140）
控制变量	是	是	是	是	是	是	是
时间固定效应	否	否	否	否	是	是	是
空间固定效应	是	是	是	是	是	是	是
观测值	90	209	258	200	107	138	88
R^2	0.909	0.877	0.843	0.799	0.915	0.895	0.887
样本量	49	70	86	71	41	52	41

***、**、*分别表示在 1%、5%、10%水平上显著

注：括号内数字为标准误

综合两部分的回归结果，在控制了城市人均地区生产总值等变量的情况下，高铁与人口迁移效应对二线、三线和四线城市的影响相对较大，而对五线城市的影响效果最弱，说明高铁建设对不同规模城市的创新产出的影响效应呈现出明显的异质性。对于三线城市而言，高铁开通显著促进了城市的创新增长，并且人口迁移具有十分显著的促进作用，交互项（HSR × lnMGR）在 1%的水平上显著为正，即相比没有开通高铁的城市，拥有高铁的三线城市人口迁入越多，创新产出的增长越快。同时，交互项（HSR×lnEMGR）在 5%的水平上显著为负，说明三线城市的人口流出则显著抑制了城市的创新增长。对于四线城市来说，高铁建设带来的人口迁移对其创新产出的影响并不显著，反而高铁带来的人口流出对该地区的创新产出具有显著的抑制作用。结果表明，高铁的开通使得城市之间可达性增强，对于二线城市来说，这些城市的人口集聚和创新持续增长，高铁和人口迁入共同

影响城市的创新产出水平；对于三线城市来说，高铁对城市创新产出的影响则取决于高铁开通之后人口流入和流出的差异，即有可能通过人口迁入而带动创新的增长，同时也面临着被大城市极化的可能，但计量结果总体仍支持对创新的促进作用；对于四线和五线城市而言，对其带来的极化效应可能要大于扩散效应，使得其总体创新水平偏离全国水平的程度不断增加，高铁使得创新向中等城市和大城市集聚的特征仍然明显。

4）使用 2001~2016 年面板数据的 DID 回归结果

由于数据的限制，无法在更长的时间维度检验高铁对人口迁移及其对区域创新产出的共同影响。因此，本节接下来利用 2001~2016 年的城市面板数据对高铁的影响进行实证检验，并与前面的结果相互印证。但由于缺乏实际的城市间人口迁移数据，本节将采用城市常住人口与城市户籍人口之差来衡量一个城市的人口迁入数量和人口迁出数量，如果二者之差大于 0，那么该城市为净迁入城市，反之则为人口的净迁出城市，回归结果如表 2-9 所示。

表2-9　考虑城市异质性的估计结果（二）

变量	模型（24）	模型（25）	模型（26）	模型（27）	模型（28）	模型（29）	模型（30）
	lnINV	lnINV	一线	二线	三线	四线	五线
HSR	0.205***	0.189***	0.216***	0.180***	0.203***	0.194***	0.186***
	（0.024）	（0.024）	（0.024）	（0.024）	（0.024）	（0.025）	（0.024）
MGR		2.021***	2.128***	2.054***	2.085***	2.028***	2.019***
		（0.685）	（0.681）	（0.682）	（0.684）	（0.685）	（0.685）
HSR×MGR		5.690***	17.74***	3.375***	4.783***	5.384***	5.780***
		（1.174）	（2.180）	（1.245）	（1.192）	（1.225）	（1.180）
HSR×MGR×1st			−16.35***				
			（2.499）				
HSR×MGR×2nd				16.22***			
				（2.992）			
HSR×MGR×3rd					25.50***		
					（6.216）		
HSR×MGR×4th						4.004	
						（4.565）	
HSR×MGR×5th							−10.66
							（13.58）

续表

变量	模型（24）	模型（25）	模型（26）	模型（27）	模型（28）	模型（29）	模型（30）
	lnINV	lnINV	一线	二线	三线	四线	五线
控制变量	是	是	是	是	是	是	是
时间固定效应	是	是	是	是	是	是	是
空间固定效应	是	是	是	是	是	是	是
观测值	4 205	4 205	4 205	4 205	4 205	4 205	4 205
R^2	0.906	0.907	0.908	0.907	0.907	0.907	0.907
样本数	282	282	282	282	282	282	282

***、**、*分别表示在 1%、5%、10%水平上显著

注：括号内数字为标准误

计量结果表明：高铁建设显著提升了全国各个地区高铁城市的创新产出水平，并且高铁开通对城市创新产出的影响受到人口迁移状况的影响，高铁开通与人口迁入的交互项（HSR×MGR）在 1%水平上显著为正，说明相比未开通高铁的城市，高铁城市的人口迁入量越大，城市创新的增长率越大。但与此同时，高铁开通对于不同发展情况的城市的影响则存在明显的空间异质性。具体来看，首先，对于一线大城市（包括准一线城市）而言，由于这些地区城市的创新能力较强，城市规模较大，高铁对这些城市创新增长率表现出显著的负向影响，即拉低了这些城市的创新增长速度。也即相比其他城市，开通高铁的一线城市，人口迁入对创新增长率表现出抑制效应，说明在高铁建设的影响下，这些大城市对创新的极化速度正在减弱，这为促进周边和高铁沿线城市创新带来了机会。其次，对于二线和三线城市来说，高铁开通和人口迁移共同作用，提高了这些地区创新产出的增长速度，交互项均在 1%的水平上显著为正。从二线城市和三线城市的回归系数大小来看，高铁对三线城市的影响要大于二线城市，说明高铁给沿线的三线城市带来了更多的增长机会。最后，对于四线城市和五线城市来说，高铁对这些城市的影响不显著，或者为负。这些城市多是人口净流出的城市，并且大多位于中西部的内陆地区，缺乏区域性的创新中心，高铁建设拉大了大中城市与这些城市的创新差距，表现为大中城市对这些城市的空间极化效应。总体上，此部分的实证结论与前面实证结果相一致。

在空间经济理论中，交通基础设施建设一直被认为是促进区域经济增长和再造区域空间结构的关键因素。然而，伴随交通运输成本的下降，经济要素的区际流动和转移却面临诸多不确定性。政策制定者希望通过铁路、公路等交通基础设施促进中心城市的资本、人才和技术等资源向规模较小的边缘城市扩散，从而带动落后地区的技术进步和经济增长。但是，交通运输成本的下降对中心城市边际

收益的贡献可能会更多，这反而使得边缘城市面临进一步空间极化的风险。高速铁路建设引发传统时空观的转变，必将催生新的空间形态，高铁网络下区域创新空间演化规律的研究契合国家创新发展的内在需求。以往研究在考察高铁与区域发展关系的过程中，忽视了高铁对区域创新活动的影响，也缺乏对高铁开通背景下要素在区域之间流动现象的关注。在对当前中国高铁开通背景下区域创新格局演变的经验事实进行分析的基础上，本节从研发要素流动的视角详细阐述了高铁开通对区域创新空间结构演进的作用机理，并采用百度人口迁移数据和 2001~2016 年中国 285 个地级及以上城市面板数据，对高铁开通与区域创新的关系进行实证检验。

理论研究发现，高铁带来的运输成本下降将引发高铁城市之间、高铁城市与非高铁城市之间研发人员的效用差异，高铁沿线城市间研发人员自由流动使得区域创新呈现空间分异，非高铁城市研发人员则倾向于向高铁城市迁移。实证结果表明，高铁通过影响人口迁入显著促进了城市创新，而人口迁出则抑制了城市创新。从空间异质性来看，高铁影响下的人口迁移主要提升了二线、三线城市的创新产出，而对四线、五线城市的影响不显著甚至为负；迁入人口的地域文化多样性对区域创新具有显著为正的调节中介效应，即地域文化多样性越高，人口迁移对城市创新的影响越大。总体上，知识经济时代，高铁能否提高一个地区的创新水平，取决于高铁带来的“集聚效应”和“溢出效应”的相对大小。中国快速推进的高铁网络，正在史无前例地重塑要素流动的方向和程度，能否在高铁网络中获得发展契机，还要结合城市自身发展特征和基础谨慎评估高铁的长短期空间效应，因地制宜利用高铁带来的积极影响。从高铁引发人口流动和人口迁移的角度来说，对于那些具有创新基础的大中城市来说，应积极营造良好的创新环境，提高地方品质，借助高铁等发达的交通网络，吸引高技术人才向本地转移，增强产业和就业的吸引力；对于创新能力较弱、创新环境有待提高的小城市来说，如何借助高铁增强与中心城市的联动发展尤为重要，通过交通基础设施的改善促进中心城市的技术和产业转移，避免盲目的研发投入所带来的研发资源错配。

本节从较为宏观的层面考察高铁开通对沿线城市创新水平的影响，并探讨了高铁网络下人口迁移作为高铁影响创新活动空间组织的中间变量，但也仅仅是从一个侧面反映了高铁重塑区域创新空间结构的微观机理。事实上，高铁也更多通过促进区域间的知识溢出而影响区域创新的空间结构。从知识溢出的内在形成机理看，知识的内在特性和区域间知识的互补性决定了知识在区域间的可转移性和溢出性；高铁建设则提高了高铁沿线城市的“知识可达性”，提高了人才流动和面对面交流的频率，降低了跨区域研发合作的交易成本和搜寻成本，从而对原有创新活动的空间依赖关系形成冲击，这些问题还有待于进一步的深入分析。同时，受数据获取的限制，本节对高铁带来的人口迁移效应的考察时间还较短，并不能反映高铁影响人口迁移进而影响区域创新的长期趋势，有必要进行更为长期的观察和研究。另外，本节使用百度人口迁移数据替代创新要素的迁移，也具有一定局限性，以期在后续研究中能采用更为恰当的数据完善此问题的研究。

2.4 本章小结

制造业的非均衡分布一直是学术界关注的重点，大量研究致力于识别影响制造业区位选择的因素，以寻找引发制造业地区非均衡分布的深层次原因，从而为各地区扩大制造业发展规模、拓宽引资渠道提供可行的政策建议。向创新驱动型经济转型指明了我国制造业的发展方向，然而大国背景下如何平衡制造业分布和创新资源配置的地理空间关系尤为重要。本章在对我国制造业区域转移和区域创新空间特征进行测度的基础上，实证分析了制造业区域转移及其带来的知识溢出效应对我国区域创新空间演进的影响。政策启示如下：

第一，重视区域创新能力建设在制造业发展和区位选择中的重要作用，并强调差异化的区域创新驱动战略。除了传统的影响因素，区域创新能力是制造业发展和区位选择的重要因素。一方面，各区域发展要因地制宜，结合自身要素禀赋，强化自身比较优势；另一方面，要加强区域创新能力建设，通过实施重点区域合作，突出有针对性的创新驱动战略，促进地区产业结构调整和升级，提升区域的竞争优势和动态比较优势。在当前供给侧结构性改革的过程中，尤其要强调实施差异化的区域推进政策，优化制造业空间分布格局，以提升制造业整体供给的质量和效率；差异化推动区域产业结构优化升级，促进制造业合理有序转移和区域协调发展。

第二，强化创新资源的空间配置和产业配置，优化区域创新的空间结构。创新活动的空间特征和产业特征表明，创新主要分布在大城市，虽然中小城市也有创新，但相对较少。创新的空间集聚倾向要求创新资源的配置不能过于分散，要集中于大城市，以提高创新的效率。既要继续强化东部地区创新在推动产业调整和升级中的重要作用，也要重视西部优势地区的创新能力建设，以推动产业的有序转移。在中西部地区强调研发投入，特别要重视缓解研发资源配置的地域失衡，尤其要重点加强中西部地区大城市创新能力建设，形成在一定区域范围内具有带动作用的“创新极”。

第三，注重区域联动发展，强化知识溢出在制造业空间结构优化中的作用。制造业发展与区域选择不仅与该地区的创新水平有关，还与其他区域相关，其他区域通过人口流动、社交网络、企业家创业的方式与本地区产生创新的交互和知识溢出，后者不仅与地区间的空间距离有关，同时还与地区间经济发展水平、技术差距有关，这也是形成产业梯度的根本原因。但是，地区间交通基础设施条件的大幅度改善，尤其是航空、高铁等快速交通方式的冲击，使得区域之间的联系更为密切，区域的联动发展成为可能和必然。因此，要强化知识溢出在区域联动中的作用，明确知识溢出的传导机制以充分发挥各种知识溢出对制造业空间格局优化的重要作用。

第四，从促进区域协调发展的角度，要充分发挥各地区的比较优势和竞争优势，进一步推动东部地区的产业向中西部地区转移，有利于中西部地区的产业集聚和发挥知识溢出效应，进而促进创新产出的增长。从促进区域创新增长的角度，首先要加强产业集群的建设，无论是同一产业内的集聚，还是多样化的产业集聚，都可以充分利用企业间、产业间的知识溢出效应；其次，要重视研发资本投入，提高中西部地区创新能力和知识吸收能力，这样才能更好地吸收国外和东部地区产业转移带来的知识溢出。

第 3 章　国家重大区域发展战略下区域市场合作机制研究

加强国内外区域市场合作是我国处在经济发展转型时期的重要途径和有效对策。“一带一路”倡议下，沿线国家间的区域双边市场合作是国际新合作模式及全球治理新模式的积极探索，区域范围内的国家共建“一带一路”有利于提高区域内要素自由流动速度、提升资源配置效率和促进区域市场融合进程，提供更加开放、更大范围、更深层次的区域市场合作。沿线国家应该充分利用其自身要素、资源优势，不断减小区域市场分割程度、优化国际物流运输通道、积极完善国际贸易合作机制，更大程度地实现与中国的互联互通，增强区域范围内基础设施的可达性、资源的多样化及运输通道的安全性和可持续性，全面推动区域协调发展，促进中国与沿线国家的经济发展、市场整合和产业调整。“一带一路”倡议主要促进中国同沿线国家的设施联通、贸易与资金融通、加强交流合作，积极建立起中国与广大发展中国家及新兴经济体的新区域经济合作模式，进一步实现中国与“一带一路”沿线国家间更有效率的区域市场合作。

目前，我国经济整体运行稳中有变，一些国家贸易保护主义逆流而动，世界经济不确定性加剧，外部环境发生明显变化，而国内改革已步入深水区，经济结构调整与产业结构优化升级成为我国发展的核心内容。自改革开放以来，随着贸易全球化与经济一体化的进行，我国已陆续加入了自由贸易协定与区域合作组织，大大增加了我国参与国际市场合作的机会；2011 年以来，我国（重庆）首次通过铁路通道实现与欧洲国家的互联互通，“渝新欧”国际铁路班列的建立，将带有重庆制造的电子产品、汽车用品、家具、服装等几大类产品，从重庆西站出发，境内段经过达州、安康、西安、兰州、乌鲁木齐等内陆铁路站点，途经阿拉山口口岸出境，境外段经哈萨克斯坦、俄罗斯、白俄罗斯、波兰等国家铁路站点，最终抵达德国杜伊斯堡，极大地促进了重庆与沿线国家间的贸易合作往来。

建立高效的区域市场合作机制，有利于打破国内外市场分割的制约，各区域间协调联动发展，实现要素在国内市场和国际市场的按需自由流动，实现中国的经济与产业结构升级，带动“一带一路”沿线国家以提升区域市场合作的运行效率。本章的研究内容安排如下：①基于传统贸易引力模型，从理论上分析区域市场一体化对中国对外开放合作的影响机制，并重点分析中国加入的自由贸易协定和区域合作组织对国际区域市场合作的影响；②鉴于中国各省际城市已经陆续开通与“一带一路”沿线国家的中欧班列事实，建立拓展的贸易引力方程，从各省际城市的中欧班列视角，重点分析其对“一带一路”倡议中设施联通及沿线国家间区域贸易合作的影响；③站在国际区域合作的视角，以中国重庆市为例，基于制度距离基本假设，实证分析重庆市制度距离因素在对外直接投资目标国区位选择上的影响；④基于边界效应理论和新经济地理学理论，运用相对价格指数法分析国内各省份间市场分割状况，并应用计量回归模型分析外商直接投资、地方政府财政支出及交通基础设施等对国内省际市场合作的影响；⑤以中国重庆市为例，探讨重庆市融入“一带一路”倡议的区域合作机制，分析“渝新欧”贸易通道和中新互联互通项目南向通道在重庆市的发展。

3.1　区域组织、贸易畅通与对外开放合作

自改革开放以来，中国参与国际市场活动逐渐增多，在国际市场中的竞争能力和地位逐步提升，陆续加入了亚太经济合作组织（Asia-Pacific Economic Cooperation，APEC）、WTO、上海合作组织（Shanghai Cooperation Organization，SCO）等区域性国际组织，与各组织成员方签署了一系列贸易协定，为中国经济的快速发展及区域经贸合作提供保障（万永彬，2019）。

中国积极主动加入各区域性国际组织，有助于保持中国经济稳定发展，提升各区域组织成员方的国际市场灵活性，进一步加强国际市场开放合作，加强中国与区域组织内的双边或多边贸易合作；签署的贸易协定在一定程度上极大地为发展中国家争取贸易优惠条件，为有效地解决各成员方在相互贸易关系中所产生的矛盾和纠纷提供了场所和规则（赵永利和王伟，2006；谢永琴和钟少颖，2010）。

为了研究区域合作组织和区域贸易协定对中国同“一带一路”沿线国家市场合作的影响，本章建立计量模型，实证分析区域市场合作组织对双边贸易的促进作用。

3.1.1 计量模型设计、变量说明与数据选择

1. 模型设计

已有大量国内外研究学者用引力模型来分析不同国家及区域间的双边或多边贸易关系。最早由 Tinbergen（1962）和 Pöyhönen（1963）提出的贸易引力模型主要内容如下：两国间的贸易流量取决于两国经济规模和地理距离，两国经济规模越大、距离越近，两国间的贸易流量就越大；在模型的后续实证应用中主要被用来研究各种经济变量对贸易流的促进或者阻碍作用。传统贸易引力模型的基本形式如下：

$$X_{ij}=\frac{A\left(Y_iY_j\right)}{D_{ij}} \tag{3-1}$$

其中，X_{ij} 为两国间的贸易流量；Y_i 和 Y_j 为两贸易国的经济规模，一般用 GDP 表示；D_{ij} 为空间距离，用两国首都间距离来衡量。

一般而言，在计量统计分析方法中，对贸易流的分析大多数情况下是对平均贸易流的分析，即求贸易双方进出口贸易流的几何平均数（孙林，2011；郝景芳和马弘，2012；陶权，2019；裴秋蕊和卢进勇，2019）。因此贸易引力方程的拓展形式如下：

$$\ln X_{ij}=\ln C+\alpha_1\ln Y_i+\alpha_2\ln Y_j+\alpha_3\ln D_{ij}+\sum\alpha_k Z_k+\varepsilon_{ij} \tag{3-2}$$

其中，X_{ij} 为两国间的贸易流；Y_i、Y_j 分别为出口国和进口国经济规模；D_{ij} 为两国首都间距离；Z_k 为其他对贸易有影响的解释变量；ε_{ij} 为模型随机误差项。现有文献研究中，一般用两国是否有共同边界、是否属于同一个国际经济组织、是否为发达国家、是否使用通用的语言等虚拟变量来分析双边贸易流量（Bergstrand，1985；Silva and Tenreyro，2006；Henderson and Millimet，2008；郝景芳和马弘，2012）。

2. 变量说明

贸易引力模型分析过程中，变量的正确选择是得到正确数据分析结果及反映出研究目的的重要前提。本节通过贸易引力模型基本形式，分析中国和“一带一路”沿线国家的双边贸易合作影响。

一般而言，在贸易流量回归分析中的解释变量也包含两国的人均 GDP。考虑到“一带一路”沿线 64 个国家人口、种族、历史人文和宗教信仰等差异性，为了充分研究双边贸易合作关系，本节选择中国与沿线国家间是否开通中欧班列、是否为 WTO 成员方、是否为 APEC 成员方、是否为 ASEAN（Association of Southeast

Asian Nations，东南亚国家联盟）成员方及共同边界等虚拟变量分析中国与沿线国家的区域经济合作。

由此可得引力方程回归的拓展形式：

$$\ln \text{Trade}_{ijt} = \ln C + \alpha_1 \ln \text{GDP}_{it} + \alpha_2 \ln \text{GDP}_{jt} + \alpha_3 \ln \text{PGDP}_{it} + \alpha_4 \ln \text{PGDP}_{jt} + \alpha_5 \ln \text{DIS}_{ij} + \alpha_6 \text{CRE}_{ijt} + \alpha_7 \text{WTO}_{ijt} + \alpha_8 \text{APEC}_{ijt} + \alpha_9 \text{ASEAN}_{ijt} + \alpha_{10} \text{BOR}_{ijt} + \varepsilon_{ijt} \tag{3-3}$$

其中，Trade_{ijt} 为第 t 年中国 i 与沿线贸易国 j 的平均贸易流；GDP_{it} 和 GDP_{jt} 分别为中国 i 和沿线贸易国 j 在第 t 年的经济规模；PGDP_{it} 和 PGDP_{jt} 分别为中国 i 和沿线贸易国 j 在第 t 年的人均 GDP；DIS_{ij} 为中国 i 和沿线贸易国 j 首都间的空间距离；CRE_{ijt} 为第 t 年中国 i 和沿线贸易国 j 是否有中欧班列开通运行，若有班列运行，取值为 1，否则取 0；WTO_{ijt}、APEC_{ijt} 和 ASEAN_{ijt} 分别为在第 t 年时中国 i 是否与沿线贸易国 j 同属于 WTO、APEC 和 ASEAN，若同属取值为 1，否则取 0；BOR_{ijt} 为中国 i 和沿线贸易国 j 是否有共同边界，若两国接壤取值为 1，否则取 0；ε_{ijt} 为误差项。

回归系数 $\alpha_1, \alpha_2, \cdots, \alpha_{10}$ 可以解释为双边贸易流对相应变量的弹性，即对连续变量（$\ln\text{GDP}_{it}$、$\ln\text{GDP}_{jt}$、$\ln\text{PGDP}_{it}$、$\ln\text{PGDP}_{jt}$、$\ln\text{DIS}_{ij}$）的解释为连续变量变化一个单位时，区域合作贸易流发生相应改变的大小；对虚拟变量（CRE_{ijt}、WTO_{ijt}、APEC_{ijt}、ASEAN_{ijt}、BOR_{ijt}）的解释为在变量设定成立的条件下对双边贸易流的影响。

各变量的含义、取值、预期符号及数据来源的详细解释见表 3-1。其中，表 3-1 中所涉及的预期符号“+”、“−”和“无”，分别表示正相关、负相关和无明显联系。

表3-1　变量解释、来源及说明（一）

变量	含义及取值	预期符号	数据来源
Trade_{ijt}	第 t 年中国 i 与沿线贸易国 j 的平均贸易流/美元	无	联合国商品贸易统计数据库
GDP_{it}	中国第 t 年的经济规模/亿元	+	《中国统计年鉴》（2000~2017 年）
GDP_{jt}	沿线贸易国第 t 年的经济规模/亿美元	+	https://data.worldbank.org.cn/
PGDP_{it}	中国第 t 年的人均 GDP/元	+	《中国统计年鉴》（2000~2017 年）
PGDP_{jt}	沿线贸易国第 t 年的人均 GDP/美元	+	https://data.worldbank.org.cn/
DIS_{ij}	中国 i 和沿线贸易国 j 首都间的空间距离/千米	−	http://www.google.cn/maps
CRE_{ijt}	第 t 年中国 i 和沿线贸易国 j 是否有中欧班列开通运行，是取 1，否则取 0	+	物通国际物流平台 http://inter.chinawutong.com

续表

变量	含义及取值	预期符号	数据来源
WTO_{ijt}	第 t 年时中国 i 是否与沿线贸易国 j 同属于 WTO，是取 1，否则取 0	+	https://www.wto.org/
$APEC_{ijt}$	第 t 年时中国 i 是否与沿线贸易国 j 同属于 APEC，是取 1，否则取 0	+	https://www.apec.org/
$ASEAN_{ijt}$	第 t 年时中国 i 是否与沿线贸易国 j 同属于 ASEAN，是取 1，否则取 0	+	https://asean.org/
BOR_{ijt}	中国 i 和沿线贸易国 j 是否有共同边界，是取 1，否则取 0	+	https://www.yidaiyilu.gov.cn/

3. 数据选择

根据中国一带一路网报告，“一带一路”倡议的主要目的在于扩大中国的对外开放水平，促进区域内贸易合作，中国欢迎各国共同参与到“一带一路”倡议的顺利推进中来，倡议对所涉及的国家并不设定限制。“一带一路”核心内涵是借助“丝绸之路”文化内涵打造的开放、包容的经济合作平台，中国政府从来没有对“一带一路”限定过范围，制作“一带一路”沿线国家名单、地图的做法并不值得提倡。借鉴国内外已有研究“一带一路”倡议的文献可知，大部分研究学者将沿线国家定义为表 1-2 中的 64 个国家。为了充分分析中国与“一带一路”沿线国家的贸易发展情况，本节选取表 1-2 中的“一带一路”沿线 64 个国家作为研究样本，时间维度是 2000~2017 年，计量统计分析的面板数据中 $T=18$，$n=1152$。

本节所收集到的数据资料主要包括以下 11 个方面：中国对“一带一路”沿线国家的各年度进出口贸易额（Trade）；中国 2000~2017 年的名义 GDP、人均 GDP 及沿线国家 2000~2017 年的名义 GDP、人均 GDP；中国（北京）与沿线国家首都间的空间距离（DIS）；中国与沿线贸易国家 2000~2017 年是否有中欧班列开通运行（CRE），是否同属于 WTO、APEC 和 ASEAN，以及是否有共同边界（BOR），这些控制变量的具体设定均为虚拟变量。由计量分析软件梳理的模型中各变量的描述性统计结果见表 3-2。

表3-2　计量分析中模型各变量的描述性统计结果（一）

变量		样本容量	均值	标准差	最大值	最小值
被解释变量	$\ln Trade_{ijt}$	1 152	20.974 7	2.447 1	25.527	11.983
解释变量	$\ln GDP_{it}$	1 152	12.641 3	0.692 4	13.626	11.516
	$\ln GDP_{jt}$	1 152	5.939 8	1.736 4	13.657	1.479
	$\ln PGDP_{it}$	1 152	10.056 4	0.664 9	10.996	8.980

续表

变量		样本容量	均值	标准差	最大值	最小值
解释变量	$\ln PGDP_{jt}$	1 152	8.242 4	1.343 7	11.391	4.930
	$\ln DIS_{ij}$	1 152	8.571 0	0.377 6	8.951	7.064
控制变量	CRE_{ijt}	1 152	0.035 6	0.185 3	1	0
	WTO_{ijt}	1 152	0.683 2	0.465 4	1	0
	$APEC_{ijt}$	1 152	0.125 0	0.330 9	1	0
	$ASEAN_{ijt}$	1 152	0.156 3	0.363 2	1	0
	BOR_{ijt}	1 152	0.203 1	0.402 5	1	0

3.1.2　模型回归结果分析及区域合作组织的促进作用

本节讨论的主要是拓展的贸易引力模型回归结果分析问题。在选定各个研究变量并收集各变量数据后，先对收集到的 $Trade_{ijt}$、GDP_{it}、GDP_{jt}、$PGDP_{it}$、$PGDP_{jt}$ 和 DIS_{ij} 变量数据进行对数化处理，再对解释变量的对数化数据和各虚拟变量进行简单相关系数分析，分析结果见表 3-3。

表3-3　拓展的贸易引力模型中各解释变量的相关系数矩阵（一）

变量	$\ln GDP_{it}$	$\ln GDP_{jt}$	$\ln PGDP_{it}$	$\ln PGDP_{jt}$	$\ln DIS_{ij}$	CRE_{ijt}	WTO_{ijt}	$APEC_{ijt}$	$ASEAN_{ijt}$	BOR_{ijt}
$\ln GDP_{it}$	1.000 0									
$\ln GDP_{jt}$	0.297 5	1.000 0								
$\ln PGDP_{it}$	1.000 0	0.297 7	1.000 0							
$\ln PGDP_{jt}$	0.338 1	0.427 0	0.338 3	1.000 0						
$\ln DIS_{ij}$	0.000 0	0.128 9	−0.000 0	0.442 0	1.000 0					
CRE_{ijt}	0.216 5	0.184 9	0.216 2	0.096 8	−0.015 5	1.000 0				
WTO_{ijt}	0.149 2	0.275 3	0.149 1	0.327 4	−0.018 7	−0.040 4	1.000 0			
$APEC_{ijt}$	0.000 0	0.327 2	−0.000 0	0.102 2	−0.310 1	0.026 6	0.155	1.000 0		
$ASEAN_{ijt}$	−0.000 0	0.123 9	−0.000 0	−0.092 7	−0.483 5	−0.082 7	0.174	0.748 2	1.000 0	
BOR_{ijt}	0.000 0	−0.114 4	−0.000 0	−0.474 4	−0.670 6	0.101 0	−0.115	0.044 0	0.103 6	1.000 0

由表 3-3 中各相关系数可知，大部分解释变量间不存在显著的多重共线性，

而 $\ln GDP_{it}$ 与 $\ln PGDP_{it}$ 的相关系数为 1.000 0， $\ln DIS_{ij}$ 与 BOR_{ijt} 的相关系数为 −0.670 6， $APEC_{ijt}$ 与 $ASEAN_{ijt}$ 的相关系数为 0.748 2，即 $\ln GDP_{it}$ 与 $\ln PGDP_{it}$ 、 $\ln DIS_{ij}$ 与 BOR_{ijt} 、 $APEC_{ijt}$ 与 $ASEAN_{ijt}$ 间存在共线性问题，需要在后面的面板分析中决定是否需要从这三对变量中各剔除一个。

为了更好地克服贸易引力模型中各解释变量间的多重共线性问题，采用向前逐步回归分析法（forward stepwise regression，FSR）对贸易引力模型进行普通最小二乘法（ordinary least square，OLS）分析，能够估计各个解释变量对中国与“一带一路”沿线国家进出口贸易的影响程度。具体分析过程如下：首先，通过贸易引力模型对 $\ln GDP_{it}$ 、 $\ln GDP_{jt}$ 、 $\ln PGDP_{it}$ 、 $\ln PGDP_{jt}$ 和 $\ln DIS_{ij}$ 变量进行 OLS 回归，确定其对中国和沿线贸易国进出口贸易的影响；其次，依次逐步加入 CRE_{ijt} 、 WTO_{ijt} 、 $APEC_{ijt}$ 、 $ASEAN_{ijt}$ 和 BOR_{ijt} 虚拟变量，准确检验各解释变量对双边进出口贸易合作的影响情况及影响程度。部分逐步回归结果见表 3-4。

表3-4　中国与沿线贸易国2000~2017年OLS回归结果综合

变量	平均贸易流模型（1）	平均贸易流模型（2）	平均贸易流模型（3）	平均贸易流模型（4）	平均贸易流模型（5）	平均贸易流模型（6）	平均贸易流模型（7）	平均贸易流模型（8）
$\ln GDP_{it}$	1.374 （0.150）	0.583*** （12.648）	0.586*** （23.507）	0.619*** （13.499）	0.614*** （13.773）	0.593*** （22.077）	0.605*** （13.578）	−2.657 （−0.300）
$\ln GDP_{jt}$	1.158*** （62.182）	1.159*** （61.714）	1.142*** （61.578）	1.128*** （57.476）	1.132*** （61.316）	1.161*** （62.411）	1.116*** （59.854）	1.120*** （56.857）
$\ln PGDP_{it}$	−0.825 （−0.087）							3.391 （0.367）
$\ln PGDP_{jt}$	0.111*** （4.034）	0.110*** （4.033）	0.062** （2.196）	0.087*** （3.148）	0.091*** （3.371）	0.089*** （3.108）	0.049* （1.774）	0.053* （1.800）
$\ln DIS_{ij}$	−1.863*** （−21.590）	−1.864*** （−21.593）	−1.768*** （−20.452）	−1.686*** （−17.881）	−1.494*** （−15.387）	−2.017*** （−19.299）	−1.428*** （−14.730）	−1.430*** （−11.503）
CRE_{ijt}		−0.035 （−0.221）					0.218 （1.394）	0.232 （1.464）
WTO_{ijt}			0.398*** （6.011）				0.352*** （5.355）	0.349*** （5.262）
$APEC_{ijt}$				0.451*** （4.459）				−0.104 （−0.746）
$ASEAN_{ijt}$					0.694*** （7.632）		0.652*** （7.151）	0.723*** （5.405）
BOR_{ijt}						−0.261*** （−2.595）		0.003 （0.033）
$\ln C$	20.087	21.876	21.158	20.126	18.440	23.187	18.184	25.283
调整后 R^2	0.841 3	0.841 3	0.846 2	0.844 0	0.849 0	0.842 3	0.852 5	0.852 2
F	1 221.578	1 221.630	1 267.313	1 246.742	1 295.312	1 230.091	951.561	664.827

*、**和***分别表示变量在 0.1、0.05 和 0.01 显著性水平上显著

注：括号中数字为各变量检验的 t 值

由表 3-4 中平均贸易流模型（1）~模型（8）的 OLS 回归结果可以看出：模型（1）中 $\ln GDP_{it}$ 与 $\ln PGDP_{it}$ 高度线性相关且均不显著，而变量 $\ln PGDP_{it}$ 回归符号与预期相悖，在剔除 $\ln PGDP_{it}$ 变量的模型（2）~模型（7）中的 $\ln GDP_{it}$ 变量均在 1%的显著性水平下显著，故应该剔除 $\ln PGDP_{it}$；比较模型（3）~模型（8）的回归结果可知，变量 $APEC_{ijt}$ 的估计系数在模型（8）中为负且不显著，变量 BOR_{ijt} 的估计系数在模型（6）中显著为负，在模型（8）中不显著，根据国际贸易理论及地缘政治理论，一般情况下，中国与"一带一路"沿线国家若同属于 APEC 或有共同的边界，自由贸易协定、区域组织或地缘毗邻有助于增加双边经贸合作，回归结果与理论预期相悖，故应剔除变量 $APEC_{ijt}$ 和 BOR_{ijt}；虽然模型（7）中变量 CRE_{ijt} 不显著，但模型整体的调整后 R^2 是最高的，并且是可以通过 WLS（weighted least square，加权最小二乘）和稳健标准误检验进行修正的，故变量 CRE_{ijt} 留在回归模型中。因此，需要剔除的变量有 $\ln PGDP_{it}$、$APEC_{ijt}$ 和 BOR_{ijt}。

由于中国与"一带一路"沿线国家进出口贸易流量呈现出明显的时间序列变化，故对上述模型（7）进行随机效应分析。

随机效应是指我们考虑到各种可能出现的那些不随时间变化而变化的解释变量对面板数据模型的影响，即假设全部的包含个体随机影响的回归变量都是外生的。本节中所选的研究样本中，从截面上来看，共有 64 个截面；从时间维度上来看，包含 18 个时间点。从统计计量学的角度来看，若采用时间固定效应模型会损失引力模型很大的自由度，易忽略模型中的关键因素是不随时间的变化而变化的；采用随机效应模型，则可以适当地避免自由度的损失。

首先通过 Hausman 统计量检验来判别研究样本所选择的模型是随机效应模型还是固定效应模型。模型（7）中原假设和备择假设分别如下。

H_0：个体效应与各个回归变量无关，应建立随机效应回归模型。

H_1：个体效应与各个回归变量相关，应建立固定效应回归模型。

运用 EViews 8.0，对面板数据进行的检验结果见表 3-5。

表3-5　相关随机效应Hausman检验结果

检验结果	卡方统计量	卡方自由度	p 值
横截面随机效应	7.975 1	6	0.239 9
调整后 R^2	0.852 0	F 统计量	277.040 0

从表 3-5 中可以看出，Hausman 检验统计量的值是 7.975 1，相对应的概率是 0.239 9，即接受原假设，应该建立随机效应回归模型。本节通过对中国与沿线国

家拓展的贸易引力模型进行随机效应估计，发现某些虚拟变量显著，而某些不显著。因此，我们通过时间维度的联合显著性检验，认为应在模型（7）中考虑时间随机效应，故对模型（7）进行时间随机效应回归分析，得到新的统计回归分析结果，见表 3-6。

表3-6 总样本的时间随机效应结果分析

因变量	$\ln C$	$\ln GDP_{it}$	$\ln GDP_{jt}$	$\ln PGDP_{jt}$	$\ln DIS_{ij}$	CRE_{ijt}	WTO_{ijt}	$ASEAN_{ijt}$
标准差	0.758 3	0.044 6	0.018 7	0.027 9	0.097 5	0.159 7	0.066 1	0.091 5
t 值	33.925 2	13.590 0	59.357 8	2.311 9	−14.417 5	1.803 2	5.484 7	7.251 3
p 值	0.000 0	0.000 0	0.000 0	0.018 3	0.000 6	0.071 6	0.000 0	0.000 0
系数	25.725 2	0.605 0	1.116 1	0.049 0	−1.428 2	0.218 5	0.351 9	0.652 5

得到贸易引力模型的回归方程如下所示：

$$\begin{aligned}\ln Trade_{ijt} &= 25.725\,2 + 0.605\,0\ln GDP_{it} + 1.116\,1\ln GDP_{jt} + 0.049\,0\ln PGDP_{jt} \\ &\quad - 1.428\,2\ln DIS_{ij} + 0.218\,5CRE_{ijt} + 0.351\,9WTO_{ijt} + 0.652\,5ASEAN_{ijt}\end{aligned}$$

由模型（7）的时间随机效应回归结果分析可以看出：中国的年度经济规模 GDP、“一带一路”沿线国家的经济规模 GDP 和人均 GDP 变量对其间的双边进出口贸易流均产生正相关作用，其回归弹性系数分别为 0.605 0、1.116 1 和 0.049 0，这在一定程度上说明，中国的 GDP 水平、沿线国家的 GDP 水平和人均 GDP 变量每增加 1%，其影响到的双边进出口贸易总额就会相应地增加 0.605 0%、1.116 1%和 0.049 0%，变量 $\ln GDP_{it}$ 和 $\ln GDP_{jt}$ 均在显著性水平 $\alpha = 0.01$ 上显著，变量 $\ln PGDP_{jt}$ 在显著性水平 $\alpha = 0.05$ 上显著，且在这三个变量中，沿线国家的 GDP 水平对双边进出口贸易流量的影响程度最大，其次为中国的 GDP 水平，最小的为沿线国家的人均 GDP；两国家首都间的空间距离变量在显著性水平 $\alpha = 0.01$ 上显著为负，表明国家间的空间距离越远，其双边的进出口贸易量越低。

在分析贸易协定或区域组织对中国与沿线国家双边进出口贸易的影响中，变量 WTO_{ijt} 和 $ASEAN_{ijt}$ 的弹性系数分别为 0.351 9 和 0.652 5，且均在显著性水平 $\alpha = 0.01$ 上显著为正，表明中国与“一带一路”沿线国家加入 WTO 或 ASEAN，均对贸易产生促进作用；中欧班列变量 CRE_{ijt} 在显著性水平 $\alpha = 0.1$ 上显著为正，其对贸易的促进作用相对较低，可能存在的原因如下：由于沿线国家的基础设施水平差异较大，中国开往沿线国家的运输班列开通时间相对较短、运行里程较长、交货周期较长，这可能减弱中欧班列对双边贸易的作用。因此，贸易协定或区域合作组织及基础设施的改善能够显著提高双边进出口贸易量；两国首都间的空间距离越远，越会显著降低双边贸易量。

时间随机效应模型（7）中，F 统计量为 951.561，调整后 R^2 统计量为 0.852 5，表明随机效应模型所选择的各解释变量能够较好地解释中国与“一带一路”沿线 64 个国家双边进出口贸易流量的 85.25%，即拓展的贸易引力模型中各个变量数据的拟合效果较好，且模型中各解释变量的回归系数符号与理论预期一致。

从上述实证分析结果可以看出：中国或沿线国家所参与的区域性国际组织或签署的贸易协定显著促进了双边市场贸易合作。其中，中国加入 WTO，极大地提高了中国在国际市场中的竞争地位，开拓了境外区域市场，不仅有利于改善中国的国际贸易环境，促进国际贸易事业的发展，增加贸易成员方间可以享受到的互利互惠贸易政策，为中国的对外开放和贸易发展提供了良好的合作机遇；而且有利于中国实现高层次、多元化的开放合作，增加中国和成员方间的要素、资金和资源利用效率，加速国内市场与国际市场融合，保持并促进中国经济平稳发展。部分沿线国家加入的 ASEAN，增加了中国与东盟 10 国的经贸合作往来，促进了中国与沿线国家的区域市场贸易合作。

此外，为了进一步充分实现“一带一路”倡议的贸易畅通，需要中国及沿线国家积极推进区域合作组织的建立，为双边贸易合作创造新的机会，协同促进全球化区域市场合作发展。

3.2　中欧班列、设施联通与区域贸易合作

“一带一路”倡议积极倡导中国与沿线国家的设施联通，随着中国同沿线国家开展基础设施建设等合作，中欧班列国际集装箱运输对双边的贸易和铁路发展起着重要的作用，释放更大的贸易通道潜能（盛丹等，2011；张祥建等，2019）。根据《中欧班列贸易通道发展报告 2019》，截至 2018 年底，中欧班列累计开行 12 937 列，中国国内开行城市达 56 个，连接 15 个国家 49 个城市；中欧班列年度运行数量从 2013 年的 17 列迅速增长到 2018 年的 6 363 列，班列集装箱货运量由 2013 年的 1 404 标准箱增长到 2018 年的 60 万标准箱。中欧班列覆盖范围不断扩大，开行数量不断增加，极大地促进了中国与沿线国家的区域贸易合作。中欧班列的常态化运营，显著缩短了国际航空运输成本，相比于海洋航运，安全性进一步提高，极大地缩短了货物运输时间，提高了中国与沿线国家的货物运输效率，增强了铁路运输竞争力，加强了国内外基础设施建设，不断强化中国与“一带一路”沿线国家的区域贸易合作发展格局。

为了深入分析中国各省份城市中开通中欧班列对“一带一路”沿线国家区域市场合作的影响机制，本节建立扩展的引力模型，以贸易合作中双边的进出口贸易量作为被解释变量，回归分析中欧班列对区域贸易合作的促进作用。

3.2.1 引力模型扩展、变量说明和数据选择

1. 引力模型扩展和变量说明

与前面中国与“一带一路”沿线国家 2000~2017 年进出口贸易流分析所建立的拓展的贸易引力模型类似，本节仍用贸易引力方程的拓展形式，通过收集中国各省份对“一带一路”沿线国家的进出口贸易流量及相关变量数据，充分揭示 2008 年金融危机后中国 31 个省份与沿线 64 个国家的区域合作关系。

本节选择 2009~2017 年中国 31 个省份对“一带一路”沿线 64 个国家的进出口贸易流量作为被解释变量；选择中国 31 个省份的各年度地区生产总值和人均地区生产总值、沿线 64 个国家的各年度 GDP 和人均 GDP 及中国各省会城市与沿线国家首都间的空间距离作为解释变量；选择中国各省会城市、自治区首府、直辖市与沿线国家是否开通中欧班列、是否为 WTO 成员方、是否为 APEC 成员方、是否为 ASEAN 成员方等虚拟变量作为控制变量，重点分析中国 31 个省份与沿线 64 个国家的区域经济合作影响。

故此，本节可得引力方程回归的拓展形式：

$$\begin{aligned}\ln\mathrm{Trade}_{ijt} = \ln C + \beta_1\ln\mathrm{GDP}_{it} + \beta_2\ln\mathrm{GDP}_{jt} + \beta_3\ln\mathrm{PGDP}_{it} + \beta_4\ln\mathrm{PGDP}_{jt} + \beta_5\ln\mathrm{DIS}_{ij} \\ + \beta_6\mathrm{CRE}_{ijt} + \beta_7\mathrm{WTO}_{ijt} + \beta_8\mathrm{APEC}_{ijt} + \beta_9\mathrm{ASEAN}_{ijt} + \mu_{ijt}\end{aligned}$$

其中，Trade_{ijt} 为第 t 年中国省份 i 与沿线贸易国 j 的平均贸易流；GDP_{it} 和 GDP_{jt} 分别为中国省份 i 和沿线贸易国 j 在第 t 年的经济规模；PGDP_{it} 和 PGDP_{jt} 分别为中国省份 i 和沿线贸易国 j 在第 t 年的人均 GDP；DIS_{ij} 为中国各省会城市、自治区首府、直辖市与沿线贸易国 j 首都间的空间距离；CRE_{ijt} 为第 t 年中国省份 i 和沿线贸易国 j 是否有中欧班列开通运行，若第 t 年有班列运行，取值为 1，否则取 0；WTO_{ijt}、APEC_{ijt} 和 ASEAN_{ijt} 分别为第 t 年时是否与沿线贸易国 j 同属于 WTO、APEC 和 ASEAN，若同属，取值为 1，否则取 0；μ_{ijt} 为误差项，为模型中除了各解释变量和控制变量以外的对进出口贸易流产生影响的其他变量。

对传统贸易引力模型两边取对数后，各回归系数可以解释为双边进出口贸易流对相应变量的弹性，即对连续变量（$\ln\mathrm{GDP}_{it}$、$\ln\mathrm{GDP}_{jt}$、$\ln\mathrm{PGDP}_{it}$、$\ln\mathrm{PGDP}_{jt}$、$\ln\mathrm{DIS}_{ij}$）的解释为当各连续变量改变一个单位时，区域合作贸易流发生相应变化

的大小；对虚拟变量（CRE_{ijt}、WTO_{ijt}、$APEC_{ijt}$、$ASEAN_{ijt}$）的解释为在各虚拟变量设定成立的条件下对双边贸易流的影响。

模型回归中各变量的含义、取值、预期符号及数据来源的详细解释见表 3-7。其中，表 3-7 中所涉及的预期符号“+”、“−”和“无”，分别表示正相关、负相关和无明显联系。

表3-7　变量解释、来源及说明（二）

变量	含义及取值	预期符号	数据来源
$Trade_{ijt}$	第 t 年中国省份 i 与沿线贸易国 j 的平均贸易流/美元	无	中国地区贸易数据库（2009~2017 年）
GDP_{it}	中国省份 i 在第 t 年的经济规模/亿元	+	《中国统计年鉴》（2009~2017 年）
GDP_{jt}	沿线贸易国 j 在第 t 年的经济规模/亿美元	+	https://data.worldbank.org.cn/
$PGDP_{it}$	中国省份 i 在第 t 年的人均 GDP/元	+	《中国统计年鉴》（2009~2017 年）
$PGDP_{jt}$	沿线贸易国 j 在第 t 年的人均 GDP/美元	+	https://data.worldbank.org.cn/
DIS_{ij}	中国各省会城市、自治区首府、直辖市与沿线贸易国 j 首都间的空间距离/千米	−	http://www.google.cn/maps
CRE_{ijt}	在第 t 年中国省份 i 和沿线贸易国 j 是否有中欧班列开通运行，是取 1，否则取 0	+	物通国际物流平台 http://inter.chinawutong.com
WTO_{ijt}	在第 t 年时是否与沿线贸易国 j 同属于 WTO，是取 1，否则取 0	+	https://www.wto.org/
$APEC_{ijt}$	在第 t 年时是否与沿线贸易国 j 同属于 APEC，是取 1，否则取 0	+	https://www.apec.org/
$ASEAN_{ijt}$	在第 t 年时是否与沿线贸易国 j 同属于 ASEAN，是取 1，否则取 0	+	https://asean.org/

2. 数据选择

借鉴国内外已有研究“一带一路”倡议的文献可知，大部分研究学者将沿线国家定义为表 1-2 中的 64 个国家（邹嘉龄等，2015）。为了充分分析中国 31 个省份与“一带一路”沿线 64 个国家的贸易发展情况，由于省份与沿线国家进出口贸易的可得性，本节选取的时间维度是金融危机后的 2009~2017 年，计量统计分析数据中 $T=9$，$r=31$，$s=64$，即总的样本容量为 $n=9\times31\times64=17\,856$。

在中国 31 个省份与沿线国家进出口贸易流量中，中国西藏、青海、宁夏，沿线国家叙利亚和巴勒斯坦等有部分零贸易流量。由于存在一定量的零贸易流，在进行对数正态模型分析时，直接对初始的平均贸易流进行对数变换估计便会出现无法处理零贸易流量问题，即不符合线性估计的经典假设，在取对数后可能造成估计结果的有偏估计，需要采取一定的方法处理样本中存在的零流量问题（Silva and Tenreyro，2006）。通过阅读一定文献，一般情况下存在两种处理零值问题的方法。一种处理方法为“截断”方法，这种方法适用于简单随机样本，只对有观察值的样本进行参数估计和模型检验，即忽略总体样本中存在零值的样本，只对相互之间存在双边贸易流量的国家对进行回归估计（孙林，2011）；另一种处理方法为“归并”方法，一般情况下假设贸易流量值大于或小于某一具体数值时全部记为该数据。此外，还有研究学者提出样本选择性模型，模型原理一般情况是两步估计：先利用选择性方程估计出国家对间发生双边贸易合作的条件，再对存在贸易数据的国家对用最大似然法估计回归方程，最终得到影响两国贸易流的因素（Flowerdew and Aitkin，1982）。然而，有学者研究得出：样本选择性模型是最有理论基础的估计方法，而“截断”剔除零贸易流是相对接近样本选择性模型结果的方法（孙林，2011）。因此，本节采用“截断”方法，删除含有零贸易流的样本，由于共有 17 856 个初始样本，删除含有零贸易流的样本共 1 527 个，在截面回归中的样本为 $\tilde{n}=16\,329$ 。

计量模型中各变量的描述性统计结果见表 3-8。

表3-8　计量分析中模型各变量的描述性统计结果（二）

变量		样本容量	均值	标准差	最大值	最小值
被解释变量	$\ln Trade_{ijt}$	16 329	16.944 3	2.938 8	24.3	7.69
解释变量	$\ln GDP_{it}$	16 329	9.616 6	0.895 8	11.4	6.09
	$\ln GDP_{jt}$	16 329	6.505 9	1.576 9	10.19	2.54
	$\ln PGDP_{it}$	16 329	10.637 7	0.484 3	11.77	9.24
	$\ln PGDP_{jt}$	16 329	6.505 9	1.576 9	10.19	2.54
	$\ln DIS_{ij}$	16 329	8.507 6	0.486 7	9.1	5.8
控制变量	CRE_{ijt}	16 329	0.005 3	0.072 8	1	0
	WTO_{ijt}	16 329	0.788 9	0.408 1	1	0
	$APEC_{ijt}$	16 329	0.135 0	0.341 8	1	0
	$ASEAN_{ijt}$	16 329	0.166 9	0.372 9	1	0

3.2.2　模型回归结果分析及中欧班列的促进作用

本节讨论的主要是拓展的贸易引力模型回归结果分析问题。在选定各个研究变量并收集各变量数据后，先对收集到的 $Trade_{ijt}$ 、GDP_{it} 、GDP_{jt} 、$PGDP_{it}$ 、$PGDP_{jt}$ 和 DIS_{ij} 变量数据进行对数化处理，再对解释变量的对数化数据和各虚拟变量进行简单相关系数分析，分析结果详见表 3-9。

表3-9　拓展的贸易引力模型中各解释变量的相关系数矩阵（二）

变量	$\ln GDP_{it}$	$\ln GDP_{jt}$	$\ln PGDP_{it}$	$\ln PGDP_{jt}$	$\ln DIS_{ij}$	CRE_{ijt}	WTO_{ijt}	$APEC_{ijt}$	$ASEAN_{ijt}$
$\ln GDP_{it}$	1.000 0								
$\ln GDP_{jt}$	−0.056 4	1.000 0							
$\ln PGDP_{it}$	0.529 9	0.001 9	1.000 0						
$\ln PGDP_{jt}$	−0.056 4	1.000 0	0.001 9	1.000 0					
$\ln DIS_{ij}$	0.138 2	0.041 3	0.111 0	0.041 3	1.000 0				
CRE_{ijt}	0.051 5	0.058 8	0.044 0	0.058 8	−0.010 0	1.000 0			
WTO_{ijt}	−0.003 1	0.123 9	0.036 7	0.123 9	−0.054 5	−0.015 7	1.000 0		
$APEC_{ijt}$	−0.032 3	0.351 9	−0.011 8	0.351 9	−0.369 3	0.010 5	0.164 0	1.000 0	
$ASEAN_{ijt}$	−0.023 5	0.135 4	−0.009 3	0.135 4	−0.573 2	−0.030 5	0.185 7	0.749 5	1.000 0

由表 3-9 中各相关系数可知，绝大部分解释变量间不存在显著的多重共线性，而 $\ln GDP_{jt}$ 与 $\ln PGDP_{jt}$ 的相关系数为 1.000 0，$APEC_{ijt}$ 与 $ASEAN_{ijt}$ 的相关系数为 0.749 5，即 $\ln GDP_{jt}$ 与 $\ln PGDP_{jt}$、$APEC_{ijt}$ 与 $ASEAN_{ijt}$ 间可能存在共线性问题，需要在后面的截面数据回归分析中决定是否需要从这两对变量中各剔除一个。

为了更好地克服贸易引力模型中各解释变量间的多重共线性问题，采用逐步回归分析法对贸易引力模型进行 OLS 分析，能够估计各个解释变量对中国 31 个省份与“一带一路”沿线 64 个国家进出口贸易的影响程度。具体分析过程如下：首先，通过贸易引力模型对 $\ln GDP_{it}$、$\ln GDP_{jt}$、$\ln PGDP_{it}$、$\ln PGDP_{jt}$ 和 $\ln DIS_{ij}$ 变量进行 OLS 回归，确定其对中国 31 个省份和沿线贸易国间的进出口贸易的影响；其次，依次逐步加入 CRE_{ijt}、WTO_{ijt}、$APEC_{ijt}$ 和 $ASEAN_{ijt}$ 虚拟变量，准确检验各解释变量对双边进出口贸易合作的影响情况及影响程度。部分逐步回归结果见表 3-10。

表3-10　中国31个省份与沿线贸易国OLS回归结果综合

变量	平均贸易流模型（1）	平均贸易流模型（2）	平均贸易流模型（3）	平均贸易流模型（4）	平均贸易流模型（5）	平均贸易流模型（6）	平均贸易流模型（7）	平均贸易流模型（8）
$\ln GDP_{it}$	1.609^{***} （92.70）	1.608^{***} （92.58）	1.610^{***} （93.28）	1.602^{***} （92.40）	1.594^{***} （92.19）	1.603^{***} （92.83）	1.595^{***} （92.55）	1.595^{***} （92.56）
$\ln GDP_{jt}$	1.144^{***} （130.40）	1.144^{***} （130.11）	1.138^{***} （130.16）	1.119^{***} （120.75）	1.128^{***} （127.92）	1.114^{***} （120.58）	1.122^{***} （127.51）	1.125^{***} （121.12）

续表

变量	平均贸易流模型（1）	平均贸易流模型（2）	平均贸易流模型（3）	平均贸易流模型（4）	平均贸易流模型（5）	平均贸易流模型（6）	平均贸易流模型（7）	平均贸易流模型（8）
$\ln PGDP_{it}$	0.759^{***}（23.79）	0.758^{***}（23.76）	0.739^{***}（23.28）	0.756^{***}（23.73）	0.746^{***}（23.49）	0.736^{***}（23.20）	0.728^{***}（23.02）	0.728^{***}（23.01）
$\ln PGDP_{jt}$	0.063^{***}（4.79）	0.063^{***}（4.79）	0.026^{*}（1.94）	0.037^{***}（2.73）	0.033^{**}（2.53）	0.004（0.27）	0.004（0.29）	0.006（0.45）
$\ln DIS_{ij}$	-1.473^{***}（−48.16）	-1.473^{***}（−48.12）	-1.410^{***}（−45.82）	-1.340^{***}（−38.88）	-1.171^{***}（−31.05）	-1.291^{***}（−37.46）	-1.147^{***}（−30.48）	-1.148^{***}（−30.49）
CRE_{ijt}		0.232（1.29）				0.328^{*}（1.83）	0.431^{**}（2.41）	0.436^{**}（2.44）
WTO_{ijt}			0.450^{***}（13.68）			0.434^{***}（13.18）	0.397^{***}（12.00）	0.396^{***}（11.96）
$APEC_{ijt}$				0.386^{***}（8.37）		0.345^{***}（7.51）		−0.061（−0.96）
$ASEAN_{ijt}$					0.600^{***}（13.59）		0.533^{***}（11.98）	0.573^{***}（9.38）
$\ln C$	−2.057	−2.044	−2.385	−2.754	−4.086	−2.978	−4.124	−4.150
调整后 R^2	0.676 5	0.676 5	0.680 2	0.677 9	0.680 1	0.681 3	0.683 0	0.683 0
F	6 830.82	5 692.38	5 788.43	5 728.15	5 787.19	4 263.55	4 397.69	3 909.14

*、**和***分别表示变量在 0.1、0.05 和 0.01 显著性水平上显著

注：括号中数字为各变量检验的 t 值

由表 3-10 中平均贸易流模型（1）~模型（8）的 OLS 回归结果可以看出：传统贸易引力模型（1）中的各解释变量均在显著性水平 $\alpha=0.01$ 上显著；在模型（2）~模型（5）中，依次逐步回归加入 CRE_{ijt}、WTO_{ijt}、$APEC_{ijt}$、$ASEAN_{ijt}$ 虚拟变量后，模型（3）和模型（5）中的各解释变量均显著且调整后 R^2 分别为 0.680 2 和 0.680 1，表明变量 WTO_{ijt} 和 $ASEAN_{ijt}$ 显著影响中国 31 个省份对沿线 64 个国家的进出口贸易流；在模型（6）~模型（8）中，模型（7）和模型（8）的调整后 R^2 均为 0.683 0，但模型（8）中变量 $APEC_{ijt}$ 的 OLS 截面回归系数为负值，与理论预期符号相反，根据国际贸易理论，一般情况下，中国与“一带一路”沿线国家若同属于 APEC，自由贸易协定或区域组织均有助于增加双边经贸合作，回归结果与理论预期相悖，故应剔除变量 $APEC_{ijt}$；虽然模型（6）和模型（7）的变量除 $\ln PGDP_{jt}$ 外均显著，但模型（7）的 F 值更大，表明上述变量能够拟合中国 31 个省份与“一带一路”沿线国家间 68.30%的进出口贸易流，而变量 $\ln PGDP_{jt}$ 不显著的原因可能是模型中存在异方差，因此最后选择模型（7）进行后续的模型修正及回归结果分析。

在模型（7）中画出残差与拟合值的散点图，结果如图 3-1 所示。

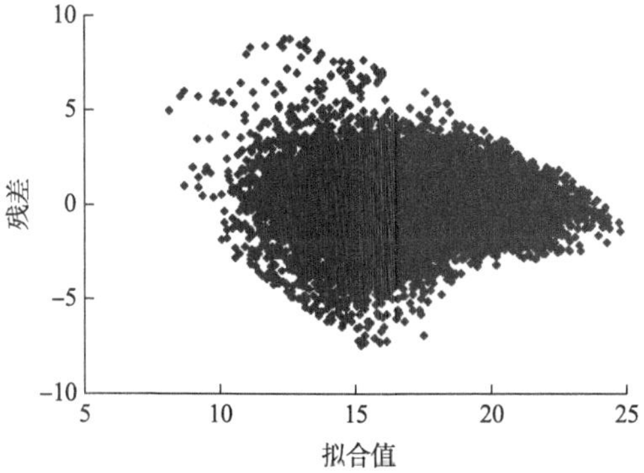

图 3-1　残差与拟合值的散点图

从散点图的大致轮廓来看，模型很可能存在异方差，即随机扰动项的方差随着观测值而变。

运用 Stata 命令“estat imtest，white”对模型（7）进行怀特检验（White Test），其结果如表 3-11 所示。

表3-11　模型（7）的怀特检验

来源	统计量	自由度	p 值
异方差统计量	2 177.91	41	0.000 0
Skewness 统计量	339.45	8	0.000 0
Kurtosis 统计量	135.16	1	0.000 0
合计	2 652.52	50	0.000 0
$\chi^2(41)=2\,177.91$		Prob > $\chi^2=0.000\,0$	

怀特检验的原假设 H_0：同方差。

怀特检验的备择假设 H_1：存在异方差。

由怀特检验结果可知，Prob > $\chi^2=0.000\,0$，因此在显著性水平 $\alpha=0.01$ 上，样本落在拒绝域之内，故强烈拒绝同方差的原假设，认为模型（7）中存在异方差。

下面通过 WLS 对模型（7）中存在的异方差进行修正，结果如表 3-12 所示。

表3-12　模型（7）的WLS修正检验

因变量	$\ln GDP_{it}$	$\ln GDP_{jt}$	$\ln PGDP_{it}$	$\ln PGDP_{jt}$	$\ln DIS_{ij}$	CRE_{ijt}	WTO_{ijt}	$ASEAN_{ijt}$
标准差	0.017 2	0.008 6	0.031 2	0.013 1	0.036 9	0.168 6	0.032 9	0.043 2
t 值	90.94	127.67	24.74	1.63	−32.23	2.34	10.65	11.48
p 值	0.000	0.000	0.000	0.102	0.000	0.019	0.000 0	0.000 0
系数	1.564 0	1.103 6	0.771 2	0.021 4	−1.189 7	0.395 0	0.350 2	0.496 4

得到修正后的拓展的贸易引力模型回归方程如下：

$$\begin{aligned}\ln Trade_{ijt} = & -3.823\,7 + 1.564\,0\ln GDP_{it} + 1.103\,6\ln GDP_{jt} + 0.771\,2\ln PGDP_{it} \\ & + 0.021\,4\ln PGDP_{jt} - 1.189\,7\ln DIS_{ij} + 0.395\,0CRE_{ijt} + 0.350\,2WTO_{ijt} \\ & + 0.496\,4ASEAN_{ijt}\end{aligned}$$

由模型（7）的 WLS 修正后的截面回归结果分析可以看出：在得到的回归方程中，中国 31 个省份的年度地区生产总值和人均地区生产总值变量及"一带一路"沿线国家的 GDP 和人均 GDP 变量对其间的双边进出口贸易流均产生正相关作用，其回归弹性系数分别为 1.564 0 和 0.771 2、1.103 6 和 0.021 4，这在一定程度上说明，上述 4 个变量每增加 1%，其影响到的双边进出口贸易量就会相应地增加 1.564 0%和 0.771 2%、1.103 6%和 0.021 4%，且变量 $\ln GDP_{it}$ 、$\ln GDP_{jt}$ 、$\ln PGDP_{it}$ 均在显著性水平 $\alpha = 0.01$ 上显著，而变量 $\ln PGDP_{jt}$ 则没有表现出较好的显著性；由回归方程中的截面回归弹性系数可知，中国省份和沿线国家的经济规模总量对双边贸易的影响程度远大于其人均水平下的作用。中国 31 个省会城市、自治区首府、直辖市到沿线 64 个国家首都间的空间距离变量 $\ln DIS_{ij}$ 在显著性水平 $\alpha = 0.01$ 上显著为负，说明双边贸易流与经济总量成正比，与距离成反比，符合理论预期。

在分析自由贸易协定或区域组织对贸易的影响中，变量 $ASEAN_{ijt}$ 对双边贸易的促进作用非常显著，中欧班列 CRE_{ijt} 变量的作用次之，说明国家间积极参加自由贸易协定或者国际经济组织，会显著提高国家间的贸易往来。随着中欧班列的不断发展，中国的重庆、成都、武汉、长沙、西安等城市已经陆续开通到俄罗斯、波兰、捷克等沿线国家的贸易班列，显然这会极大地提高中国各省份与"一带一路"沿线国家的区域贸易合作。因此，贸易协定或区域合作组织及基础设施的改善能够显著提高双边进出口贸易量；两国首都间的空间距离越远，越会显著降低双边贸易量。

WLS 修正后的模型回归方程中，F 统计量为 4 449.2，调整后 R^2 统计量为 0.685 6，说明拓展的贸易引力模型能够较好地解释中国 31 个省份与"一带一路"沿线 64 个国家双边进出口贸易流量的 68.56%，即拓展的贸易引力模型中各个变量数据的拟合效果较好。

从上述实证分析结果可以看出：中国省份中开通的中欧班列极大地促进了沿线国家的设施联通和区域间双边贸易合作发展。其中，2011 年 3 月 19 日，"渝新欧（重庆）"国际班列满载着由重庆制造的电子产品、汽车用品、家具、服装等产品，境外途经哈萨克斯坦、俄罗斯、白俄罗斯、波兰等，最后到达德国杜伊斯堡，首次实现了"渝新欧"中欧班列国际物流通道的全线运行。此外，后续开通的"汉新欧"班列、"湘欧"班列、"蓉欧"快铁、"郑欧"班列、"苏满欧"班列、"长安号"班列、"合新欧"班列、"义新欧"班列、"哈欧线"班列、"沈满欧"班列、

“连新欧”班列等通往欧洲各国的班列专线，承载着由中国制造的电子产品、汽车用品、陶瓷、钢管、服装、化工、工程机械、家电等商品，按照固定车次、线路等条件开行，增加了中国与沿线国家间的贸易机会，减少了贸易成本，提高了双边贸易合作效率。

因此，为了充分实现“一带一路”倡议的设施联通，需要进一步提高中欧班列的运行效率，扩大运行班列的空间和商品覆盖范围，减少线路的重复建设，提高班列的运货效率，促进沿线国家对中国各省份城市的出口，增加各回程班列的运货率，提升中国与“一带一路”沿线国家的区域贸易合作机会。

3.3　制度距离、区位选择与对外投资合作

3.3.1　管制性制度距离的相关介绍

管制性制度一般是指一国能够保证市场有效运行的一些政策法规等相关规定。通常情况下，主要集中在政府和国家法律法规两个方面，如政府对某项国家政策具体实行的效率、市场运行所设定的相关法律规章等（Yiu and Makino，2002；潘镇等，2008；郭苏文和黄汉民，2010；蒋冠宏，2015）。“一带一路”倡议共涉及 130 多个国家，各沿线国家政府监管范围、执政效率、法律等管制性制度环境往往各不相同，这使中国与这些国家间有管制距离。因此，从管制性制度出发，中国企业在对“一带一路”沿线国家进行对外投资决策时，需要充分考虑在管制性制度上对中国企业有利的国家（吴哲等，2015；田泽和许东梅，2016；李勤昌和许唯聪，2017）。以中国（重庆）为例，中国（重庆）与“一带一路”沿线国家的管制性制度越相近时，即管制性制度距离越小，重庆企业对沿线国家的投资便越能快速适应当地的制度，降低摩擦成本和经营成本，获取更高的利润。由此可得假设 3-1。

假设 3-1：重庆与“一带一路”沿线国家的管制性制度距离越小，重庆与其的对外直接投资流量越大。

本小节结合世界银行的全球治理指标（Worldwide Governance Indicators，WGI）数据库，考虑政府效率、法制程度和监管质量三个方面，以上述三个变量指标对管制性制度距离进行描述，详细研究管制性制度距离对于重庆企业选择对外直接投资国家的影响机制。

1. 政府效率

一般情况下，企业在对外直接投资决策中，往往要考虑一国政府的执政效率及对相关政策的实行效果，而一国营商环境的好坏程度，在一定程度上直接影响着企业对其进行直接投资回报的效果（谢孟军，2013；陈怀超和范建红，2014）。根据世界银行《全球营商环境报告（2018）》对各个国家或地区的营商环境的统计可以看出，一般的评价指标常包含开办企业、办理施工许可和解决破产等 10 个方面，这些变量指标都是通过政府内部人员执行的，直接关系着国家政府办事效率。“一带一路”沿线国家由于自身发展和体制差异，政府在决定对外直接投资决策时与中国也存在很大程度上的差异。因此，中国（重庆）企业在对沿线国家进行对外直接投资决策时面临着一定程度上的风险。

根据世界银行发布的《2018 年全球营商环境报告：改革以创造就业》，我们整理了全球 190 个国家的营商环境排名。从表 3-13 中数据可以看出，新西兰和新加坡的营商环境排名分别为第一和第二；缅甸在开办企业、获得信贷、保护中小投资者等方面排名靠后，贸易成本较大；东帝汶在登记财产、强制履约等方面排名靠后；阿富汗的营商环境也相对较差，在保护中小投资者、登记财产、办理施工许可等方面排名也相对靠后。沿线国家营商环境下的各个指标差异较大，这使得中国（重庆）企业面临着差异较大的国外政府办事效率，即制度性距离对企业对外直接投资产生较大的潜在投资风险。

表3-13　“一带一路”沿线国家的营商环境介绍

国家	营商环境总排名	开办企业	办理施工许可	获得电力	登记财产	获得信贷	保护中小投资者	交税	跨境交易	强制履约	解决破产
蒙古国	62	59	23	139	50	20	33	62	110	88	93
韩国	4	9	28	2	39	55	20	24	33	1	5
新西兰	1	1	3	37	1	1	2	9	56	21	32
东帝汶	178	151	159	114	187	170	81	139	98	190	168
新加坡	2	6	16	12	19	29	4	7	42	2	27
马来西亚	24	111	11	8	42	20	4	73	61	44	46
印度尼西亚	72	144	108	38	106	55	43	114	112	145	38
缅甸	171	155	73	151	134	177	183	125	163	188	164
泰国	26	36	43	13	68	42	16	67	57	34	26
老挝	141	164	40	149	65	77	172	156	124	97	168
柬埔寨	135	183	179	137	123	20	108	136	108	179	74
越南	68	123	20	64	63	29	81	86	94	66	129
文莱	56	58	48	24	136	2	40	104	144	61	60

续表

国家	营商环境总排名	开办企业	办理施工许可	获得电力	登记财产	获得信贷	保护中小投资者	交税	跨境交易	强制履约	解决破产
菲律宾	113	173	101	31	114	142	146	105	99	149	59
伊朗	124	97	25	99	87	90	170	150	166	80	160
伊拉克	168	154	93	116	101	186	124	129	179	144	168
土耳其	60	80	96	55	46	77	20	88	71	30	139
叙利亚	174	133	186	153	155	173	89	81	176	161	163
约旦	103	105	110	40	72	159	146	97	53	118	146
黎巴嫩	133	143	142	123	102	122	138	113	140	134	147
以色列	54	37	65	77	130	55	16	99	60	92	29
巴勒斯坦	114	169	154	87	94	20	160	109	49	124	168
沙特阿拉伯	92	135	38	59	24	90	10	76	161	83	168
也门	186	163	186	187	82	186	132	80	189	140	156
阿曼	71	31	60	61	54	133	124	11	72	67	98
阿联酋	21	51	2	1	10	90	10	1	91	12	69
卡塔尔	83	89	19	65	26	133	177	1	90	123	116
科威特	96	149	129	97	70	133	81	6	154	73	110
巴林	66	75	47	79	25	105	108	5	78	111	90
格鲁吉亚	9	4	29	30	4	12	2	22	62	7	57
阿塞拜疆	57	18	161	102	21	122	10	35	83	38	47
亚美尼亚	47	15	89	66	13	42	62	87	52	47	97
印度	100	156	181	29	154	29	4	119	146	164	103
巴基斯坦	147	142	141	167	170	105	20	172	171	156	82
孟加拉国	177	131	130	185	185	159	76	152	173	189	152
阿富汗	183	107	185	163	186	105	189	176	175	181	161
斯里兰卡	111	77	76	93	157	122	43	158	86	165	88
马尔代夫	136	68	54	143	174	133	132	118	152	106	139
尼泊尔	105	109	157	133	84	90	62	146	76	153	76
不丹	75	88	82	56	56	77	124	17	26	25	168
哈萨克斯坦	36	41	52	70	17	77	1	50	123	6	39
乌兹别克斯坦	74	11	135	27	73	55	62	78	168	39	87
塔吉克斯坦	123	57	136	171	90	122	33	132	149	54	148
吉尔吉斯斯坦	77	29	31	164	8	29	51	151	84	139	119
俄罗斯	35	28	115	10	12	29	51	52	100	18	54
乌克兰	76	52	35	128	64	29	81	43	119	82	149

续表

国家	营商环境总排名	开办企业	办理施工许可	获得电力	登记财产	获得信贷	保护中小投资者	交税	跨境交易	强制履约	解决破产
白俄罗斯	38	30	22	25	5	90	40	96	30	24	68
摩尔多瓦	44	23	165	80	20	42	33	32	35	62	65
波兰	27	120	41	54	38	29	51	51	1	55	22
立陶宛	16	27	12	33	3	42	43	18	19	4	70
爱沙尼亚	12	12	8	41	6	42	76	14	17	11	44
拉脱维亚	19	21	49	62	22	12	43	13	25	20	53
捷克	30	81	127	15	32	42	62	53	1	91	25
斯洛伐克	39	83	91	57	7	55	89	49	1	84	42
匈牙利	48	79	90	110	29	29	108	93	1	13	62
斯洛文尼亚	37	46	100	19	36	105	24	58	1	122	10
克罗地亚	51	87	126	75	59	77	29	95	1	23	60
波黑	86	175	166	122	97	55	62	137	37	71	40
黑山	42	60	78	127	76	12	51	70	44	42	37
塞尔维亚	43	32	10	96	57	55	76	82	23	60	48
阿尔巴尼亚	65	45	106	157	103	42	20	125	24	120	41
罗马尼亚	45	64	150	147	45	20	57	42	1	17	51
保加利亚	50	95	51	141	67	42	24	90	21	40	50
北马其顿	11	22	26	53	48	12	4	29	27	35	30
南非	82	136	94	112	107	68	24	46	147	115	55
摩洛哥	69	35	17	72	86	105	62	25	65	57	134
埃塞俄比亚	161	174	169	125	139	173	176	133	167	68	122
马达加斯加	162	76	183	184	161	133	96	131	134	158	133
巴拿马	79	39	88	18	83	29	96	180	54	148	107
埃及	128	103	66	89	119	90	81	167	170	160	115

资料来源：根据《全球营商环境报告（2018）》整理

2. 法制程度

交易成本是企业运行成本中的重要组成部分，而且交易成本是企业外部的运行成本，因此，法律制度在完善市场体系、降低市场运营成本中的作用越来越大（谢孟军和郭艳茹，2013）。一国法律制度对企业最关键的保护便是对企业产权的认可，若一国在这方面的法律法规不健全、制度不完善，当企业对其进行直接投资时，就可能因该国对企业的投资保护不足而遭受损失，这无疑会显著增加企业的对外投资成本，使投资回报效率大打折扣。因此，当企业在进行跨国对外投资决策时，便需要充分了解并掌握东道国的法律制度，熟悉外资管理体系和涉及的相关领域，充分提高外资投资的使用价值和效率，积极了解国外市场投资环境，增强投资者的风险防范意识，降低企业对外直接投资的交易成本。

由于国家体系和制度差异，“一带一路”沿线国家间存在较大的法律制度差异，同我国对外资企业的保护和限制更是有所不同。一般情况下，一国涉及对外直接投资的法律主要包含对本地区市场进入的许可、企业合理竞争原则等部分。“一带一路”沿线国家多属于发展中国家和新兴经济体，很多国家都会制定出优惠的投资政策来吸引中国（重庆）企业对其进行直接投资，投资审核程序相对发达国家也比较宽松，外资准入门槛较低；但仍有少量国家制定了较为严格的外资准入制度，这便需要企业针对投资制定差异化的策略。

重庆企业在对沿线国家进行直接投资决策时便受到不同国家的法律制度限制，包括东道国法律对外资直接投资形式、投资比例、企业经营权利和允许的境外经营范围等方面的约束，这些法律制度都会对重庆对外企业对沿线国家的投资策略、风险认知和投资产业等产生较大程度的影响。在“一带一路”沿线国家中，新西兰、新加坡等国的法律体系相对健全，为重庆企业的对外直接投资决策提供了很大程度的法律认可和保障。因此，重庆外资企业计划对沿线国家进行对外直接投资时，需要充分考虑清楚境外国家的法律制度和限制要求，首先选择与我国法律法规较为相近的国家进行投资，降低投资风险和决策成本，以期获得投资回报收益。

3. 监管质量

企业在境外的直接投资行为受到地方政府的监督和管理，必须符合当地居民在社会和经济活动中的基本要求。因此，当重庆企业进入沿线国家参与对外直接投资时，须受到沿线国家政府及人民的监管。一般情况下，政府对跨国外资企业的监督和管理是通过对其实施的各项政策来实现的，通常包括结果的认可、对投资产业领域的限制、投资范围和规模、对未来较长远的投资计划的考虑、当地政府对外资的优惠政策和限制活动及注入外资对当地生产的干预等。

由于沿线国家政局环境差异较大，决策政府的多元化结构复杂，甚至部分沿线国家政府领导人和执政党变更频繁，这使得重庆企业在对沿线国家进行对外直接投资时，需要充分考虑复杂多变的政治环境，但很难准确预测到境外投资环境的变化，这无疑增加了外资企业投资风险。因此，当重庆企业选择沿线国家进行对外直接投资决策时，必须熟悉该国政府的政治环境，掌握政府监管制度，不断加深对投资国政府监管质量的判断，尽量精确预测到该国政府对外资的政治态度和政策限制，优先选择政府监管质量较高的沿线国家，尽快适应投资环境，了解到具体的风险，降低对外投资损失。

3.3.2 规范性制度距离的相关介绍

规范性制度通常是指一些非正式的制度安排，如地区居民的价值观、消费偏好、思维方式和风俗习惯等。这些行为准则可以有效指导人们的行为和决策。制度的规范维度主要强调社会习俗和价值观的稳定性，以此约束和限制人际关系和组织行为。

当外资企业进行投资行为时，需要充分了解当地人民的规范性制度，掌握地区的价值观和风俗习惯等，这有利于加强与当地的沟通和交流。因此，重庆企业参与沿线国家的对外直接投资时，需要结合当地伙伴企业来适应当地的社会规范制度，但由于沿线国家文化差异明显，也往往会存在有一定难度的问题，从而影响重庆企业对外直接投资效率。当国家间民众的价值观、风俗等社会文化差距越大时，沿线国家对重庆企业资本的接受度越低，这便加剧重庆企业跨国投资的难度，影响重庆企业与沿线国家的联合发展。

当重庆与沿线国家的规范性制度距离越大时，重庆企业与东道国国民的社会信仰、道德规范等方面差异越大，企业为了顺利进行投融资行为，便需要花费更多的人力、物力等去学习并了解当地的社会文化，增加了重庆企业的投资风险和成本。经验事实表明，由于区位优势和邻近优势，国内企业一般更愿意到周边国家参与对外直接投资行为，因为中国与周边国家间的规范性制度距离不大，社会文化差异不大。因此，站在规范性制度角度，提出以下假设。

假设 3-2：重庆与沿线国家的规范性制度距离越大，重庆企业对该国的直接投资行为越少。

根据已有文献介绍，借鉴全球治理指标数据库中对规范性制度的具体分类，主要用清廉程度、民主权利和政治稳定性等变量指标进行模型实证分析，量化研究一国的规范性制度距离对企业对外直接投资决策行为的影响。

1. 清廉程度

“一带一路”沿线国家制度环境和资源禀赋差异明显，一些沿线国家政府为了稳定经济发展，可能会加快其所拥有自然资源的消耗，忽略社会经济发展质量，降低社会规范性制度质量。若政府清廉程度不足，法律法规、产权保护等制度质量较差，会增加外资企业投资风险和成本（胡兵和邓富华，2014）。“一带一路”沿线国家间的经济发展、社会生产等存在较大差异，不同地区的政府清廉程度差异较大，重庆企业需要事先充分了解投资国的规范性制度环境，降低参与经济活动所产生的成本。

根据统计的“一带一路”沿线国家清廉程度指数（表 3-14）可以看出：“一带

一路”沿线国家大多数处于清廉程度较低的地区。因此，重庆企业在选择“一带一路”沿线国家进行计划投资时，需要充分考虑政府廉洁指数较高的、投资环境较好的国家进行对外直接投资。

表3-14　“一带一路”沿线国家清廉程度指数

清廉程度	“一带一路”沿线		全球范围国家数/个	沿线国家占全球相应比重
	国家数/个	比重		
高	2	2.8%	12	16.7%
较高	14	20.0%	44	31.8%
较低	45	64.3%	98	45.9%
低	9	12.9%	26	34.6%

注：巴勒斯坦没有出现在该统计报告中

资料来源：根据 *Corruption Perceptions Index*（*2017*）整理

2. 民主权利

由于制度环境差异，企业到国外进行投资时，极其容易与战略合作伙伴产生分歧，主要体现在社会责任和民主意识等方面的差异。当外资企业计划到一个言论自由、人民责任意识强的国家进行对外直接投资时，当地政府和企业更加重视消费者的消费意识，严格保护消费者权益及重视对地区社会发展的贡献，同时也会对新入驻的外资企业提出更高的要求以满足本地区的经济社会发展需要，这无疑会提高企业准入门槛，若可能损害公民和社会利益，会采取严格的法律法规来限制外资企业的投资活动，增加企业的跨国成本。

中国积极寻找更加开放、包容的国际合作区域，已经同部分沿线国家成立了一些区域性合作组织，签署了双边（或多边）投融资协定，以进一步扩大区域投资合作范围，降低社会规范性制度差异所导致的投资合作不确定性。因此，考虑到东道国对民主权利的保护差异，重庆企业应该积极选择已经与中国签署投资合作协议的沿线国家，降低不确定性风险，根据需要适当扩大企业对外直接投资范围和规模。

3. 政治稳定性

由于国家间制度环境和经济体制差异，政局的稳定性直接关系着国家经济和产业发展，并对企业参与对外直接投资活动产生不确定影响。“一带一路”沿线国家的社会政治稳定性差异较大，一些国家经常受到战争等影响使得政局动荡，增加外资企业进入风险。

美国企业研究所和传统基金会发布的相关资料表明：2013~2018 年，我国与沿线国家间的对外直接投资行为共引发 47 起风险纠纷，共涉及国外的 26 个国家，如俄罗斯、叙利亚等国。根据中国全球投资数据追踪（China Global Investment Tracker）数据库中统计的案例数，从风险纠纷案例的行业分布看，不到半数的比例集中在能源行业，其次依次集中在交通、金融行业等（表 3-15）；从沿线国家分布看，主要集中在以色列、孟加拉国、俄罗斯等国（表 3-16）。

表3-15　2013~2018年中国企业在“一带一路”沿线国家的投资案例——以行业分类

行业	案例数/起	涉及金额/亿美元	金额占比
能源	20	288.9	58.6%
交通	9	77.0	15.6%
金融	6	34.0	6.9%
金属	4	49.6	10.1%
技术	2	10.9	2.2%
健康	2	4.2	0.9%
化学	1	18.5	3.8%
房地产	1	6.8	1.4%
设备制造	1	1.9	0.4%
农业	1	1.2	0.2%

资料来源：根据 China Global Investment Tracker 数据库整理

表3-16　2013~2018年中国企业在“一带一路”沿线国家的投资案例——以国家分类

国家	案例数/起	涉及金额/亿美元	金额占比
以色列	5	23.2	4.71%
孟加拉国	4	35.3	7.16%
俄罗斯	4	117.7	23.87%
印度	3	9.9	2.01%
印度尼西亚	3	24.6	4.99%
埃塞俄比亚	2	22.6	4.58%
马来西亚	2	30.4	6.17%
缅甸	2	10.7	2.17%
巴基斯坦	2	41	8.32%
沙特阿拉伯	2	3.1	0.63%
叙利亚	2	37.7	7.65%
越南	2	11.6	2.35%
阿富汗	1	28.7	5.82%
捷克	1	9.1	1.85%
格鲁吉亚	1	6.3	1.28%
伊朗	1	25	5.07%
伊拉克	1	2.9	0.59%

续表

国家	案例数/起	涉及金额/亿美元	金额占比
哈萨克斯坦	1	18.5	3.75%
蒙古国	1	2.5	0.51%
新西兰	1	4.6	0.93%
罗马尼亚	1	3.5	0.71%
韩国	1	2	0.41%
斯里兰卡	1	14.3	2.90%
泰国	1	3	0.61%
土耳其	1	3.8	0.77%
乌克兰	1	1	0.20%

资料来源：根据 China Global Investment Tracker 数据库整理

因此，重庆外资企业选择“一带一路”沿线国家进行对外直接投资决策时，应该尽量避免社会动荡、政局不稳的国家，降低投资不确定性和风险。

结合上述对制度距离的介绍，可得中国与“一带一路”沿线国家的制度距离对重庆企业的对外直接投资国家选择的框架分析，如图 3-2 所示。

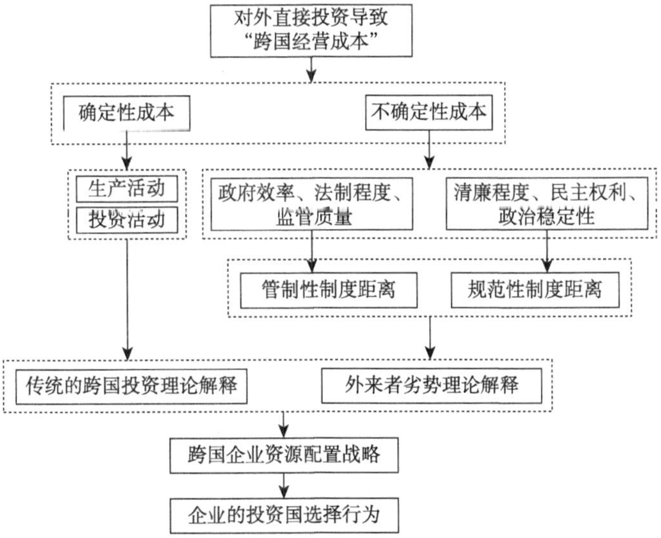

图 3-2　中国与“一带一路”沿线国家的制度距离影响对外投资目标国选择框架

3.3.3　制度距离影响对外直接投资的实证分析

本小节根据研究内容和各变量数据，建立扩展的投资引力模型，着重分析上述两种制度距离对重庆企业与沿线国家间对外直接投资的影响，并按两个重要解释变量指标下的变量体系进行方向性分析，分别对管制性制度距离和规范性制度距离的实际正负值进行回归，以期得出更为详细和准确的研究结果。

1. 计量模型设定、变量选择与数据来源

1）计量模型设定

基于前文对管制性制度距离和规范性制度距离的理论介绍和各假设条件，建立这两个主要解释变量的指标体系，借鉴扩展的贸易引力模型，通过建立扩展的投资引力模型，研究重庆外资企业对“一带一路”沿线国家对外直接投资选择的偏好程度，并对两个制度距离解释变量的方向性进行经验数据研究。

最早将引力模型应用到国际问题的学者是 Anderson（1979），其在文献中对引力模型的基本设定为

$$Q_{ij} = \beta_0 X_i^{\beta_1} X_j^{\beta_2} P_i^{\beta_3} P_j^{\beta_4} R_{ij}^{\beta_5} A_{ij}^{\beta_6} e^{\varepsilon_{ij}} \tag{3-4}$$

其中，Q_{ij} 为 i、j 两国之间的投资流量；X_i、X_j 分别为 i、j 两国的经济发展水平和市场规模；P_i、P_j 分别为 i、j 两国的人口规模；R_{ij}、A_{ij} 分别为 i 国和 j 国的制度阻力因素和制度助力因素；$e^{\varepsilon_{ij}}$ 为引力模型的随机误差项。

为了在上述模型中考虑企业对外直接投资的区位选择问题，加入除经济发展水平和距离因素以外的其他影响因素，记为 N。因此，最基本的引力模型转化为

$$Q_{ij} = \beta_0 X_i^{\beta_1} X_j^{\beta_2} D_{ij}^{\beta_3} N_{ij}^{\beta_4} e^{\varepsilon_{ij}} \tag{3-5}$$

其中，变量 D_{ij} 为任意两个国家 i、j 间的空间距离，将式（3-5）左右两边同时进行对数转化可得

$$\ln Q_{ij} = \beta_0 + \beta_1 \ln X_1 + \beta_2 \ln X_j + \beta_3 \ln D_{ij} + \beta_4 \ln N_{ij} + \mu_{ij} \tag{3-6}$$

为了分析两个制度距离变量对企业对外直接投资区位选择的影响，将式（3-6）扩展为

$$\ln Q_{ij} = \beta_0 + \beta_1 \ln X_i + \beta_2 \ln X_j + \beta_3 \ln D_{ij} + \beta_4 \ln \mathrm{ID}_{ij} + \beta_5 \ln M_{ij} + \mu_{ij} \tag{3-7}$$

其中，变量 ID_{ij} 为 i、j 两国间的制度距离，具体包括管制性制度距离和规范性制度距离两类；变量 M_{ij} 为模型中其他影响对外直接投资选择的控制变量。

根据前面对各制度距离的相关介绍和模型中各变量的含义，对模型（3-7）扩展得到扩展的投资引力模型的具体形式如下：

$$\mathrm{lnOFDI}_{ij} = \beta_0 + \beta_1 \mathrm{RD} + \beta_2 \mathrm{ND} + \beta_3 \mathrm{lnGDP} + \beta_4 \mathrm{ENV} + \beta_5 \mathrm{BIT} + \beta_6 \mathrm{lnEXP} + \mu_{ij} \tag{3-8}$$

其中，OFDI_{ij} 为重庆（i）对沿线国家（j）的对外直接投资额；RD 为管制性制度距离变量；ND 为规范性制度距离变量；GDP、ENV、BIT 和 EXP 为模型中控制变量，分别为东道国市场规模、东道国经济环境、是否签订双边投资协议和

海外投资示范效应。

2）变量选择与数据来源

本小节所选样本国家为与重庆市有对外直接投资关系的“一带一路”沿线国家，但由于部分国家某些年份统计数据的缺失，综合考虑最终确定选择 2013~2016 年“一带一路”沿线对外投资国家各个年度样本数据。

对所选择扩展的投资引力模型各相关变量的具体定义和说明如下。

（1）被解释变量。

本小节选择重庆企业对“一带一路”沿线国家的年度对外直接投资额为解释变量，时间维度是 2013~2016 年。根据商务部统计数据和重庆各年度统计年鉴数据，2013 年以前重庆对沿线国家的对外直接投资流量很少且各沿线国家数据缺失严重，2013 年以后，重庆企业的对外直接投资额逐渐增加，且投资速度明显加快。沿线国家经济发展水平、社会生产活动差异较大，重庆企业在对其进行对外直接投资时的规模差异也很大，使得各年度内重庆企业对其的投资额数值差异较大，为了全面刻画变量数值对对外直接投资的影响及降低模型后续估计时被解释变量的数值可能存在的异方差性和有偏估计等问题，借鉴国内外引力模型文献的相关处理，对被解释变量进行对数变换，记为 lnOFDI 。数据来源为《中国对外直接投资统计公报》（2013~2016 年度）。

（2）解释变量。

本小节借鉴已有学者研究制度距离对对外投资区位选择影响的文献结论，引入管制性制度距离和规范性制度距离两个解释变量来整体表现制度距离对对外直接投资的影响，以分别阐述其对重庆外资企业在沿线国家的对外投资区位选择行为。

在对管制性制度距离和规范性制度距离定义和解释时，利用全球治理指标数据库中所介绍的具体指标，用政府效率、监管质量、法制程度三个指标来量化分析管制性制度距离，用清廉程度、民主权利、政治稳定性三个指标来测度规范性制度距离，每个变量指标的具体含义和测度内容见表 3-17。为了解决变量数据间可能存在的异方差性及对估计结果可能产生的有偏估计问题，对各个变量指标进行标准化处理，指标数值越大表明该项指标对各项制度距离的表示越明确。对两个制度性距离变量所采用的计算标准如下：各个指标赋予相同的权重，分别用各项指标的平均值之差的绝对值来度量这两个制度距离。

表3-17　管制性和规范性制度距离变量的指标构建

指标		变量解释和说明
管制性制度距离	政府效率	政策执行力、政府机构职能履行情况、政策连续性及可信度、公共服务供给度和质量水平
	监管质量	对市场交易的监管力度、政府各项政策的落实度、企业活动的规范程度

续表

指标		变量解释和说明
管制性制度距离	法制程度	企业产权交易和契约履行情况、公平正义在法律法规中的体现度、完善的司法体系和法律执行程度
规范性制度距离	清廉程度	政府官员的廉洁程度
	民主权利	自由发表言论和游行结社、社会公众责任感
	政治稳定性	政局的稳定性、社会群体的安定程度等

（3）控制变量。

现有文献通常选择加入一些控制变量来分析问题，结合本小节研究内容，选择东道国市场规模（GDP）、东道国经济环境（ENV）、是否签订双边投资协定（BIT）及海外投资示范效应（EXP）作为控制变量。各变量的具体含义及解释说明如下。

东道国市场规模：大部分研究学者认为一国市场规模对外资企业跨国投资选择有重要影响，并且在一定范围内可以衡量企业对外直接投资经营潜力。一国市场规模越大，说明外资企业进入该地区市场便越容易获得规模报酬，可以快速扩大企业市场占有率，提升企业对外直接投资效率。因此，本小节选择沿线国家的年度 GDP 来衡量该东道国市场规模的大小，其数据来源于 WDI（World Development Indicators，世界发展指数）数据库，各沿线国家的变量数值差异较大，为了缓解模型中市场规模变量可能存在的异方差性，进行对数变换，即 lnGDP 。

东道国经济环境：一国的经济发展水平和交通等基础设施建设水平直接反映出该国经济环境的优劣，直接决定着外资企业在该国范围内经营活动的发展。当企业在进行跨国投资决策时，由于面临沿线国家不同的经济制度和投资环境，就需要外资企业不断调整经营活动以更好地适应经济环境，达到对外投资效益最大化。已有文献表明，一国人均 GDP 变量是学者使用最为广泛的反映经济环境的变量。通常情况下，东道国人均 GDP 水平越高，说明该国经济发展水平越高，市场潜力越大，投资环境越优越，越有利于吸引外资企业对其进行直接投融资行为。因此，选择人均 GDP 变量来度量“一带一路”沿线国家的经济发展水平，并对数据进行对数变换，记为 ENV 。数据来源于 WDI 数据库。

是否签订双边投资协定：一般情况下，双方在进行国际贸易或投资时，都会偏向选择自由贸易区或者双边投资协定，这可以减少两国的贸易或者投资成本。若两国签订了双边投资协定，将会减少两国的投资成本和相应的贸易壁垒成本，从而提升投资中资金利用效率，增加企业资本投资回报比例。变量 BIT 设为虚拟变量，具体定义如下：当中国同沿线国家签署了双边投资协定时，在协定正式生效之后的各年份均赋值为 1，协定生效之前的年份设定为 0；当双边在计量分析时间维度内都没有签订投资协定时，变量值均设定为 0。数据来源于商务部–条约法律司。

海外投资示范效应：随着经济一体化和贸易全球化发展，各经济体不断提高对外开放水平，国际贸易也不断增加，双边的进出口贸易额逐渐成为外资企业获取东道国制度、市场、文化等差异化发展的重要来源，有利于降低企业对地区市场的准入风险。因此，本小节选择重庆对“一带一路”沿线国家的出口贸易额来衡量外资企业的海外投资示范效应，根据前面对差异较大的数值变量的处理，仍然对变量数据取对数，记为 lnEXP 。数据来源于《重庆统计年鉴》（2013~2016 年）。

表 3-18 中介绍了各变量的名称及定义。

表3-18　实证分析中模型各变量的名称及定义

变量类型	变量名称	变量定义
被解释变量	中国对“一带一路”国家 OFDI 流量	取对数值，记为 lnOFDI
解释变量	管制性制度距离	用每一年度中国与沿线国家代表管制性制度的三项指标平均值之差的绝对值测度距离
	规范性制度距离	用每一年度中国与沿线国家代表规范性制度的三项指标平均值之差的绝对值测度距离
控制变量	东道国市场规模	东道国国内生产总值对数 lnGDP
	东道国经济环境	东道国人均 GDP 的对数值
	是否签订双边投资协定	虚拟变量，生效年份之前赋值 0；生效年份之后赋值 1
	海外投资示范效应	中国对东道国出口额的对数 lnEXP

注：OFDI：outward foreign direct investment，对外直接投资

2. 模型检验及实证结果分析

本小节讨论的主要是扩展的投资引力模型检验的分析问题。首先，在选定各个研究变量并收集各变量数据后，对管制性制度距离变量和规范性制度距离变量分别进行各指标的权重计算；其次，对控制变量东道国市场规模、东道国经济环境和海外投资示范效应变量进行对数变换，分别得到 lnGDP 、ENV 、lnEXP ；最后，加入控制变量——是否签订双边投资协定，进行各个解释变量的简单相关系数检验，检验分析结果见表 3-19。

表3-19　引力模型中各解释变量的相关系数

因变量	lnEXP	RD	ND	BIT	ENV	lnGDP
lnEXP	1.000					
RD	0.033	1.000				
ND	0.079	−0.105	1.000			

续表

因变量	lnEXP	RD	ND	BIT	ENV	lnGDP
BIT	−0.121	0.018	−0.007	1.000		
ENV	−0.162	−0.018	0.152	−0.088	1.000	
lnGDP	−0.600	−0.034	−0.068	−0.176	−0.074	1.000

由表 3-19 中各变量的相关系数矩阵可知，各变量间不存在显著的相关性。

本小节的样本结构为面板数据，模型计量分析中可能存在混合效应、固定效应和随机效应。为了准确地分析变量间的因果关系，就需要对样本结构进行模型选择，即首先确定数据分析中应该选择哪种模型。采用 Hausman 统计量检验来判别研究样本所选择的是随机效应模型还是固定效应模型。

确定计量模型的假设如下。

H_0：个体效应与各个回归变量无关，应建立个体随机效应回归模型。

H_1：个体效应与各个回归变量相关，应建立个体固定效应回归模型。

运用 EViews 8.0 计量软件进行验证，面板数据的检验结果如表 3-20 所示。

表3-20　相关随机效应–Hausman检验结果

检验结果	卡方统计量	卡方自由度	p 值	F 统计量
横截面随机效应	0.000 0	6	1.000 0	161.915 2

从表 3-20 中可以看出，Hausman 检验统计量的值是 0.000 0，相对应的概率是 1.000 0，且 F 统计量为 161.915 2，即接受原假设；由于所考虑的时间跨度为 2013~2016 年，属于短面板数据，面板数据中的时间效应不显著，即应该建立个体随机效应回归模型。通过对重庆与“一带一路”沿线国家的投资引力模型进行随机效应估计发现：样本中一些个体的虚拟变量显著，而一些不显著。因此，根据表 3-20 中的模型检验结果，可以得到所有年度虚拟变量的联合显著性检验，故最终选择个体随机效应回归模型。

（1）实证结果及分析。

从表 3-21 中变量的描述性统计结果可以看出：被解释变量 lnOFDI 最大值与最小值之间数量相差较大，均值为 5.877 8；解释变量 RD 和 ND 的均值标准误和标准差较为接近，而最大值之间的差距相对较大；控制变量中 lnEXP 最小值为 0，说明重庆企业与“一带一路”沿线中的一些国家还没有进行对外投资实践，取对数之后设定变量值为 0。因此，整体来看，由于样本中各变量数据倍数差异较大，直接回归分析可能会带来异方差性或对结果的有偏估计问题，对变量进行对数变换后能够有效地降低数据倍数差异，且可以降低变量间的异方差性，使得经验检验结果更符合现实。

表3-21　变量的描述性统计结果

变量		均值	均值标准误	标准差	方差	最大值	最小值
被解释变量	lnOFDI	5.877 8	0.213 7	2.930 0	8.585 0	13.491 0	0.693 1
解释变量	RD	0.753 2	0.039 5	0.542 3	0.294 0	2.212 1	0.013 6
	ND	1.142 0	0.052 1	0.714 7	0.511 0	3.115 1	0.028 1
控制变量	lnGDP	7.121 4	0.102 0	1.398 9	1.957	10.042 0	2.967 7
	ENV	8.870 2	0.088 1	1.208 2	1.460 0	11.388 6	6.331 1
	BIT	0.84	0.027	0.367	0.135 0	1	0
	lnEXP	6.642 4	0.300 1	4.114 6	16.930	12.511 7	0.000 0

（2）初步回归结果。

利用 Stata 13.0 计量软件，在扩展的投资引力模型中加入个体随机效应，进一步检验制度距离对重庆企业对“一带一路”国家对外投资区位选择的影响，得到的回归分析结果如表 3-22 所示。

表3-22　变量的初步回归结果

变量	系数	标准差	t 值	p 值
C	−4.766 8***	1.466 3	−3.25	0.001
RD	−0.302 9	0.294 2	−1.03	0.305
ND	−0.488 8**	0.227 0	−2.15	0.033
lnGDP	0.874 3***	0.154 6	5.65	0.000
ENV	0.540 7***	0.140 7	3.84	0.000
BIT	−0.772 7*	0.466 6	−1.66	0.099
lnEXP	0.159 1***	0.053 0	3.01	0.003
调整后 R^2	0.470 6			
F 统计量	26.82			
F 检验的 p 值	0.000 0			

*、**和***分别表示变量在 0.1、0.05 和 0.01 显著性水平上显著

重庆企业对沿线国家的对外投资引力方程如下：

$$\ln \mathrm{OFDI}_{ij} = -4.766\,8 - 0.302\,9\mathrm{RD} - 0.488\,8\mathrm{ND} + 0.874\,3\ln\mathrm{GDP} + 0.540\,7\mathrm{ENV} - 0.772\,7\mathrm{BIT} + 0.159\,1\ln\mathrm{EXP} + \mu_{ij} \tag{3-9}$$

从表 3-22 的模型回归结果可以看出：模型中调整后 R^2 为 0.470 6，F 统计量

为 26.82，说明所构建的投资引力模型拟合效果较好，能够很好地解释模型中各变量间的相关关系。

首先，被解释变量 lnOFDI 对解释变量 RD 的弹性系数为负，但变量的 t 检验值为−1.03，即变量 RD 没有通过变量的显著性检验。可能存在的原因如下：在沿线国家中，大部分均为发展中国家和新兴经济体，各地区间的经济发展水平、社会生产活动和制度建设差异较大，国家间的政府效率、法制程度和监管质量之间存在明显差异，整体回归下来会削弱管制性制度距离变量对重庆企业跨国投资的影响。从变量系数来看，重庆企业与“一带一路”沿线国家的对外投资流量与管制性制度距离是负相关关系，表明沿线国家的管制性环境与重庆越接近，其间的对外投资流量越大，从而验证了假设 3-1。为了判别重庆企业在管制性制度距离约束下的对外投资方向，后面将会对样本数据中的变量 RD 进行分类，以便决定重庆外资企业对管制性制度环境优劣的选择偏好，即重庆企业在进行对外直接投资决策时，是优先选择制度环境较完善的沿线国家还是制度环境较恶劣的国家进行投资行为，更加深入地研究管制性制度距离的方向性对重庆企业对外投资区位选择的影响。

其次，被解释变量 lnOFDI 对解释变量 ND 的弹性系数为负，且解释变量在 0.05 的显著性水平上显著，表明重庆外资企业对沿线国家的对外投资流量与规范性制度距离是负相关关系。即当解释变量 ND 每降低 1%时，两国企业间的跨国对外投资流量将增加 0.488 8%，表明沿线国家的规范性环境与重庆越接近，其间的对外投资流量越大，从而验证了假设 3-2。同样地，为了更加深入地研究重庆企业对沿线国家规范性制度距离环境的选择偏好问题，对解释变量 ND 进行分类，以便决定重庆外资企业是优先选择规范性制度环境较完善的沿线国家还是制度环境较差的国家进行投资。

最后，从控制变量的回归结果中可以看出，变量 lnGDP 、ENV 和 lnEXP 的回归分析结果与预期理论一致，而变量 BIT 与预期相反。其中，模型对东道国市场规模、东道国经济环境和海外投资示范效应变量回归的弹性系数全部为正，且变量均在 0.01 的显著性水平上显著，说明重庆外资企业选择沿线国家进行对外直接投资时，着重选择沿线国家中市场规模较大、经济环境较优及重庆直接出口较多的国家，以减少企业跨国投资的不确定性成本。重庆企业是否与“一带一路”沿线国家签订双边投资协定的分析结果与预期理论相反，即签订双边投资协定与重庆企业对沿线国家对外投资的区位选择呈现负相关关系，BIT 变量每降低 1%，对外投资流量将增加 0.772 7%。其中可能存在的原因如下：“一带一路”沿线国家大多是发展中国家或新兴经济体，重庆企业的跨国投资行为虽然在很大程度上可以促进沿线国家的技术进步、提升资源配置效率、提升产业发展空间，但重庆企业的资金在注入沿线国家时，经营活动一定程度上偏离大多数发展中国家现有的对外资管理的政策和措施，沿线国家为了吸引外资企业投资行为，往往会降低对投资资格审查、批准或者进入资格约束的条件，影响沿线国家对本地区企业的管理，对外资企业实施的优惠政策将对本地区企业发展形成强有力的竞争力；同时，沿线国家对重庆外资企业的优惠发展政策，极大地降低了本地区企业或产业可享受的优惠政策，限制了对本地区产业的扶植和培育，制约着本区域内投资者的待遇和权益。

3. 制度距离对投资区位选择的影响

根据前文中重庆外资企业对“一带一路”沿线国家对外直接投资流量的模型回归结果可以看出：在同一管制性制度距离或者规范性制度距离下，均存在不同方向性的对外投资区位选择方式，为了充分论证重庆企业的对外投资方向性选择的偏好，下面分别对两个制度变量进行对外投资方向性研究。

首先，对管制性制度距离的方向性加以研究，仍用解释变量 RD 中政府效率指标、法制程度指标和监管质量指标下相同权重的平均值之差表示管制性制度距离变量的方向性。若 $\Delta RD > 0$，说明重庆的管制性制度环境较“一带一路”沿线国家更优越；相反地，若 $\Delta RD < 0$，说明重庆的管制性制度环境劣于“一带一路”沿线国家。因此，根据解释变量 RD 的大小，将沿线国家在 2013~2016 年的样本分成两组，其扩展的投资引力模型回归结果分别如表 3-23 和表 3-24 所示。

表3-23　不同方向性管制性制度距离与对外直接投资区位选择（$\Delta RD > 0$）

变量	系数	标准差	t 值	p 值
C	−0.360 5	1.900 9	−0.19	0.850
RD	−1.457 9***	0.410 8	−3.55	0.001
ND	−0.188 5	0.270 1	−0.70	0.487
lnGDP	0.726 0***	0.179 6	4.04	0.000
ENV	0.172 3*	0.233 5	1.74	0.062
BIT	−0.091 1*	0.546 2	−1.86	0.068
lnEXP	0.088 2**	1.900 9	1.50	0.037
调整后 R^2		0.483 9		
F 统计量		15.44		
F 检验 p 值		0.000 0		

*、**和***分别表示变量在 0.1、0.05 和 0.01 显著性水平上显著

表3-24　不同方向性管制性制度距离与对外直接投资区位选择（$\Delta RD<0$）

变量	系数	标准差	t 值	p 值
C	−10.040 6***	3.288 2	−3.05	0.003
RD	−0.309 5*	0.390 4	−1.66	0.054
ND	−0.564 5*	0.390 4	−1.45	0.052
lnGDP	1.315 3***	0.292 4	4.50	0.000
ENV	0.863 1**	0.350 7	2.46	0.016
BIT	−2.351 8***	0.769 4	−3.06	0.003
lnEXP	0.147 7*	0.099 8	1.48	0.053
调整后 R^2		0.558 0		
F 统计量		18.10		
F 检验 p 值		0.000 0		

*、**和***分别表示变量在 0.1、0.05 和 0.01 显著性水平上显著

依据解释变量管制性制度距离 RD 的方向将整体样本分为两组后，分别对分组后的样本进行模型估计。由表 3-23 和表 3-24 的估计结果可以看出，模型对解释变量 RD 的估计系数均为负，与表 3-22 的初步回归结果相一致，但两个估计结果下对变量的显著性水平存在差异。当 $\Delta RD>0$ 时，管制性制度距离变量 RD 在 0.01 的显著性水平上显著，说明该制度距离下对重庆企业对外投资流量的区位选择影响更大；当 $\Delta RD<0$ 时，管制性制度距离变量 RD 在 0.1 的显著性水平上显著，但相对于前面管制性制度距离方向性而言，作用减弱，并且影响程度也存在一定程度的降低，详细解释见表 3-25。

表3-25　不同方向性管制性制度距离与对外直接投资区位选择结果分析

制度距离类型	典型国家	对外投资方向	投资类别
$\Delta RD>0$	缅甸、蒙古国、印度尼西亚、老挝、伊朗、阿富汗、东帝汶、柬埔寨、科威特、巴林、格鲁吉亚、菲律宾、伊拉克、叙利亚、约旦、黎巴嫩、巴勒斯坦、沙特阿拉伯、也门、阿曼、卡塔尔、巴基斯坦、孟加拉国、斯里兰卡、马尔代夫、尼泊尔、乌兹别克斯坦、塔吉克斯坦、乌克兰、波黑、黑山、埃及、北马其顿、埃塞俄比亚、马达加斯加、马来西亚、越南、文莱、阿联酋、土库曼斯坦、摩尔多瓦、哈萨克斯坦、阿塞拜疆、吉尔吉斯斯坦	拥有丰富多样的自然资源和矿产资源，企业更看中沿线国家的各种资源	农业、制造业、加工业类的石油产品、棉花制品、磷酸盐、香料、皮革、塑料、橡胶、化工、食品、石材、制药、造纸、印刷、建筑、纺织、制衣和家具等
$\Delta RD<0$	新加坡、新西兰、韩国、捷克、泰国、土耳其、以色列、印度、不丹、俄罗斯、亚美尼亚、白俄罗斯、波兰、立陶宛、爱沙尼亚、拉脱维亚、斯洛伐克、匈牙利、斯洛文尼亚、克罗地亚、塞尔维亚、罗马尼亚、南非、摩洛哥、阿尔巴尼亚、保加利亚	获取这些东道国较为先进的战略性资产，如技术、管理技能等	汽车及零部件、半导体、有线无线通信器材、船舶、电力、服装、金属制品、运输设备及其制品、化工产品、机械设备等

由此可见，重庆企业截然不同的对外投资需求导致在同一管制性制度距离下外资企业两种截然不同的投资决策，继而使得重庆企业的对外直接投资行为对管制性制度距离产生不同程度的影响。

其次，对规范性制度距离的方向性加以研究，用模型中解释变量 ND 中清廉程度指标、民主权利指标和政治稳定性指标的平均值之差表示制度距离变量的方向性。若 ΔND > 0，表示重庆的规范性制度环境优于沿线国家；相反地，若 ΔND < 0，说明重庆的规范性制度环境较沿线国家差。同样将沿线国家在 2013~2016 年的样本分成两组，其扩展的投资引力模型回归结果分别如表 3-26 和表 3-27 所示。

表3-26　不同方向性规范性制度距离与对外直接投资区位选择（ΔND > 0）

变量	系数	标准差	t 值	p 值
C	−4.968 0***	1.680 6	−2.96	0.004
RD	−0.218 4*	0.369 9	−1.29	0.056
ND	−0.301 1**	0.263 4	−2.15	0.025
lnGDP	0.874 3***	0.154 6	3.37	0.001
ENV	0.540 7***	0.140 7	4.24	0.000
BIT	−0.772 7**	0.466 6	−1.66	0.031
lnEXP	0.159 1***	0.053 0	3.24	0.002
调整后 R^2		0.496 8		
F 统计量		19.25		
F 检验 p 值		0.000 0		

*、**和***分别表示变量在 0.1、0.05 和 0.01 显著性水平上显著

表3-27　不同方向性规范性制度距离与对外直接投资区位选择（ΔND < 0）

变量	系数	标准差	t 值	p 值
C	−5.114 4	4.329 5	−1.18	0.242
RD	−0.128 8	0.641 7	−1.33	0.105
ND	−1.154 1*	0.634 8	−1.82	0.074
lnGDP	1.382 7***	0.309 3	4.47	0.000
ENV	0.375 8*	0.493 2	1.76	0.091
BIT	−1.439 8**	0.942 2	−2.66	0.032
lnEXP	0.037 1*	0.114 3	1.80	0.077

续表

变量	系数	标准差	t 值	p 值
调整后 R^2		0.493 1		
F 统计量		19.40		
F 检验 p 值		0.000 0		

*、**和***分别表示变量在 0.1、0.05 和 0.01 显著性水平上显著

按规范性制度距离的方向将样本分为两组之后，分别对分组后的样本进行重新回归估计。由表 3-26 和表 3-27 可以看出：解释变量 ND 的弹性系数均为负，与理论预期假设一致。当 $\Delta ND > 0$ 时，规范性制度距离变量 ND 在 0.05 的显著性水平上显著，说明该制度距离下对重庆企业对外投资流量的区位选择影响更大；当 $\Delta ND < 0$ 时，规范性制度距离变量 ND 在 0.1 的显著性水平上显著，但相对于前面规范性制度距离方向性而言，作用减弱，并且影响程度也存在一定程度的降低。

对于解释变量规范性制度距离而言，其代表着沿线国家的风俗习惯、价值观等，指导着人们的行为与决策；对于想要跨境投资的重庆企业而言，与“一带一路”沿线国家之间的双边社会文化差异越小，其对外投资流量相对越大。从上述对规范性制度距离方向性分析中可以看出：重庆企业偏向于选择规范性制度环境差距较小的沿线国家（即 $\Delta ND > 0$）进行对外投资，主要是因为这些东道国政府的可信度及制度质量较高、民主意识和社会责任感强烈、政局稳定及经济与产业政策较为连续，如新加坡、文莱、俄罗斯、卡塔尔、科威特、阿联酋等。

3.4 外商直接投资、交通基础设施与国内市场合作

我国转型改革的重要战略目标之一是建立全国统一市场，不断推进国内各省份市场一体化水平，积极开展区域经济和产业合作（范爱军等，2007；陈敏等，2007；张杰等，2010）。改革开放 40 多年来，已经初步建立的市场经济体制仍然不能完善解决各地区间的市场分割，制约着地区间要素、资源等的自由流动，降低生产配置效率。因此，从国内市场整体发展来看，需要充分了解各地区间市场分割的原因，深入了解各省份间对外直接投资、交通基础设施与国内市场合作现

状，深入研究市场整合进程，提高资源配置效率。

3.4.1 研究方法选择

通过阅读文献可以看出，一般采用生产法、贸易法、相对价格法、经济周期法和问卷调查法等五类研究方法来量化分析市场分割程度，且生产法、贸易法和相对价格法是相对更为常用的，被认为是一个有前景的方向（桂琦寒等，2006；盛斌和毛其淋，2011；工晓东和张昊，2012）。因此本节将选取相对价格法来测度国内 31 个省份的市场分割程度。

利用相对价格法来测度市场分割程度的理论基础是一价定律。一价定律一般情况下常定义如下：在地区间的贸易往来相对自由、各要素资源充分自由的情况下，同质商品在不同区域间的市场上的价格通常是相等的。由此推导出的“冰川成本模型”表明：两个地区间的相对价格水平取值不超过一定的区间，且在一定的时间、区间内，商品的价格波动趋于收敛，则认为地区间无边界效应，即说明地区间市场分割程度较小，区域市场趋向于整合。

借鉴国内外研究学者所采用的价格指数方法来研究国内各省份的市场分割程度（Poncet，2005；任志成等，2014），一般的计算公式如下：

$$\Delta Q_{i,j,t}=\ln\left(P_{i,t}/P_{j,t}\right)-\ln\left(P_{i,t-1}/P_{j,t-1}\right)=\ln\left(P_{i,t}/P_{i,t-1}\right)-\ln\left(P_{j,t}/P_{j,t-1}\right)$$

其中，t 为时间；$P_{i,t}$ 为第 t 年 i 省份的价格水平；$P_{j,t}$ 为第 t 年 j 省份的价格水平。若 i 省份和 j 省份间的市场分割程度不断加深，那么其相对价格指数的绝对值应趋于发散，反之亦反。

3.4.2 中国各省份区域市场分割现状

1. 中国各省份间的市场分割现状

为了分析中国国内市场的一体化发展程度，选取中国 31 个省份为研究样本，根据《中国统计年鉴》（2010~2017 年）的分省份的商品零售价格指数（retail price index，RPI），分别计算 2010~2017 年的任意两个省份的相对市场分割指数，以剖析出中国国内区域市场的分割现状。

利用《中国统计年鉴》（2010~2017 年）收集中国 31 个省份的商品零售价格指数，利用相对价格指数法，分别计算中国每个省份与其余 30 个省份 2010~2017 年的市场分割指数。具体计算数据结果如表 3-28 所示。

表3-28　2010~2017年中国31个省份的市场分割指数

省份	2010 年	2011 年	2012 年	2013 年	2014 年	2015 年	2016 年	2017 年
北京	0.014 895	0.010 317	0.005 256	0.005 658	0.005 281	0.004 085	0.010 136	0.007 919
上海	0.017 921	0.007 241	0.004 603	0.006 702	0.013 367	0.011 161	0.009 148	0.005 817
天津	0.009 661	0.007 066	0.012 383	0.008 831	0.005 309	0.004 146	0.005 609	0.005 156
重庆	0.009 563	0.011 750	0.004 881	0.007 439	0.005 413	0.003 645	0.005 964	0.009 313
黑龙江	0.008 887	0.006 507	0.007 418	0.007 267	0.005 874	0.003 643	0.005 540	0.015 942
辽宁	0.010 252	0.005 567	0.004 708	0.005 145	0.005 318	0.004 780	0.004 783	0.007 932
吉林	0.011 112	0.010 577	0.005 289	0.005 766	0.005 582	0.006 008	0.009 610	0.005 819
河北	0.008 877	0.005 534	0.004 708	0.006 061	0.006 944	0.003 487	0.005 537	0.005 457
河南	0.009 013	0.005 617	0.006 320	0.005 211	0.005 411	0.004 690	0.004 778	0.006 855
湖北	0.009 718	0.007 600	0.004 622	0.005 593	0.005 413	0.005 539	0.005 247	0.009 334
湖南	0.010 226	0.007 084	0.009 517	0.006 061	0.005 417	0.005 246	0.005 983	0.005 159
山东	0.010 672	0.005 648	0.004 881	0.005 536	0.005 580	0.003 487	0.005 964	0.009 313
山西	0.011 170	0.008 396	0.004 863	0.006 061	0.006 980	0.005 300	0.006 801	0.005 654
陕西	0.009 308	0.007 686	0.006 037	0.005 113	0.006 341	0.003 657	0.004 778	0.006 855
安徽	0.008 883	0.005 848	0.005 230	0.005 607	0.005 429	0.003 637	0.005 998	0.006 197
浙江	0.013 129	0.005 909	0.007 802	0.006 102	0.006 994	0.003 891	0.005 880	0.004 994
江苏	0.009 062	0.006 512	0.006 007	0.005 310	0.009 007	0.003 870	0.005 612	0.007 634
福建	0.016 500	0.006 525	0.004 645	0.005 314	0.007 621	0.004 684	0.005 018	0.006 809
广东	0.026 126	0.005 568	0.004 612	0.008 029	0.010 652	0.009 590	0.006 769	0.005 645
海南	0.021 386	0.010 608	0.005 039	0.007 981	0.005 878	0.006 008	0.006 749	0.006 807
四川	0.013 210	0.005 878	0.004 654	0.006 685	0.006 347	0.005 529	0.004 745	0.007 936
云南	0.009 876	0.006 181	0.005 007	0.007 426	0.005 806	0.003 482	0.007 499	0.005 124
贵州	0.015 828	0.007 615	0.007 050	0.005 112	0.005 878	0.004 246	0.006 105	0.005 362
青海	0.014 903	0.008 403	0.005 760	0.010 943	0.006 903	0.004 797	0.011 962	0.005 657
甘肃	0.014 208	0.010 608	0.004 732	0.006 061	0.005 401	0.003 668	0.007 497	0.005 025
江西	0.009 468	0.005 884	0.004 979	0.005 145	0.005 878	0.003 653	0.006 108	0.004 992
内蒙古	0.009 801	0.005 535	0.006 737	0.006 678	0.013 143	0.007 325	0.006 108	0.005 125
宁夏	0.009 284	0.005 848	0.014 359	0.018 586	0.009 395	0.003 487	0.004 745	0.007 642
新疆	0.008 864	0.013 363	0.011 569	0.006 061	0.010 163	0.012 446	0.005 256	0.004 992
西藏	0.025 569	0.009 380	0.020 721	0.009 795	0.013 281	0.003 493	0.004 836	0.011 049
广西	0.012 730	0.011 401	0.008 478	0.007 259	0.009 004	0.005 229	0.005 243	0.005 657
平均	0.012 584	0.007 666	0.006 867	0.006 921	0.007 258	0.005 094	0.006323	0.006 877

从表 3-28 中可看出，2010~2017 年中国 31 个省份之间市场分割指数存在显著的省份差异。2010 年，市场分割指数相对较大的省份有广东、西藏、海南、上

海、福建、贵州，其指数值均在 0.015 以上，说明这些省份与中国其余省份间的市场分割程度较大；2013 年，市场分割指数相对较大的省份有宁夏、青海、西藏、天津、广东，其指数值均在 0.008 以上；2017 年，市场分割指数相对较大的省份有黑龙江、西藏、湖北、重庆、山东，其指数值均在 0.009 以上。

从中国 31 个省份之间的各年度平均市场分割指数来看，2010 年中国市场的分割程度最大，2011 年后，全国平均市场分割指数趋于收敛。

2. 中国分区域的市场分割现状

按中国 31 个省份所处中国的位置，将各省份划分成如下区域，见表 3-29。

表3-29　中国31个省份的区域划分

划分区域	省份
华东地区	山东、江苏、上海、浙江、安徽、福建、江西
华南地区	广东、广西、海南
华中地区	河南、湖南、湖北
华北地区	北京、天津、河北、山西、内蒙古
西北地区	宁夏、青海、陕西、甘肃、新疆
西南地区	四川、贵州、云南、重庆、西藏
东北地区	辽宁、吉林、黑龙江

根据表 3-28 中各省份 2010~2017 年的市场分割指数，绘制中国分区域的市场分割指数折线图，如图 3-3 所示。

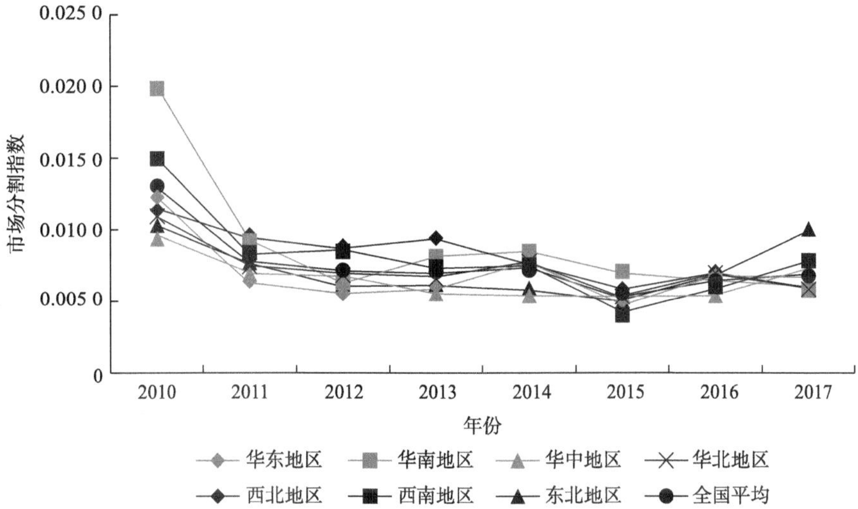

图 3-3　2010~2017 年中国分区域的市场分割指数折线图

理论上，如果中国任意两个省份间的市场分割程度不断加深，那么其相对价格指数的绝对值应是趋于发散的；反之，如果任意两个省份间的市场分割程度不断减弱，则相对价格指数的绝对值应是趋于收敛的。在图 3-3 中，中国分区域的市场分割指数折线图在 2010 年是趋于发散的，而在 2011 年后则是趋于相对集中的。这说明，随着中国经济的不断发展，国内市场分割程度趋于收敛，即国内市场正逐步趋于整合。

3.4.3 计量模型设定、变量说明及数据选择

1. 计量模型设定和变量说明

通过阅读一定量国内外文献，总结归纳出影响区域内市场分割程度的主要因素如下。

（1）人均 GDP。一般情况下，研究学者常利用该变量来测度国家的经济发展水平，且该变量数值越大，表明该国家的经济发展水平越高。

（2）对外贸易依存度。已有文献表明：各省份的对外贸易依存度对国内市场分割的影响显著为正，即对外贸易依存度较高的省份，其市场分割程度亦较高。

（3）外商直接投资。已有研究表明：外商直接投资对我国经济发展至关重要。因此，各地方政府为了加快发展地区经济，常常会出台相关的贸易优惠政策，吸引外商投资加入所管控的区域市场，但在一定程度上加剧了区域市场的竞争，加深了区域市场分割程度。

（4）地方政府财政支出。一般情况下，地方政府出于发展地区经济考虑，会适当加大地方财政支出，干预地方经济活动，从而在一定程度上加剧区域市场分割。

（5）地区内的交通运输条件。完善的交通运输环境，能够大幅度降低交易成本，扩大交易频率和数量，从而降低市场分割程度，提高市场一体化程度（刘生龙和胡鞍钢，2011）。

此外，有部分学者考虑市场商品价格变化的时滞性，常采用价格指数的滞后一期变量作为解释变量，以便分析价格指数的时序效应。

基于上述思考，建立相对价格指数的回归模型如下：

$$\begin{aligned}\ln S_{i,t} &= \alpha_0 + \alpha_1 \ln S_{i,t-1} + \alpha_2 \text{lnPGDP}_{i,t} + \alpha_3 \text{lnTrade}_{i,t} + \alpha_4 \text{lnFDI}_{i,t} \\ &+ \alpha_5 \text{lnEXP}_{i,t} + \alpha_6 \text{lnHwden}_{i,t} + \alpha_7 \text{lnRwden}_{i,t} + \mu_{i,t}\end{aligned}$$

其中，i 为中国国内省份；$S_{i,t}$ 为国内任意一个省份 i 相对于其余省份样本的第 t 年

的平均市场分割指数；$S_{i,t-1}$ 表示国内省份 i 第 $t-1$ 年的平均市场分割指数，即平均市场分割指数的滞后一期变量值；$\mathrm{PGDP}_{i,t}$ 表示省份 i 第 t 年的人均 GDP；$\mathrm{Trade}_{i,t}$ 表示省份 i 第 t 年的贸易依存度，用省份 i 第 t 年的进出口贸易总额占其 GDP 的比重来衡量；$\mathrm{FDI}_{i,t}$ 表示省份 i 第 t 年的外商直接投资额占其当年 GDP 比重；$\mathrm{EXP}_{i,t}$ 表示省份 i 第 t 年的地方政府财政支出占当年 GDP 的比重；$\mathrm{Hwden}_{i,t}$ 和 $\mathrm{Rwden}_{i,t}$ 用来衡量省份 i 第 t 年的交通运输条件，分别表示公路密度和铁路密度；α_0 为回归模型方程的截距项；α_1、α_2、α_3、α_4、α_5、α_6和α_7 分别为各个解释变量的待估参数；$\mu_{i,t}$ 为随机误差项，用于解释模型以外的变量对市场分割指数的影响。另外，本节对收集到的 31 个省份的变量数据取自然对数，以减弱数据间的异方差性。

所收集到的样本数据资料主要包括以下 7 个方面：中国 31 个省份中任意两个省份间的市场分割指数 $S_{i,t}$ 和 $S_{i,t-1}$，国内各省份的 $\mathrm{PGDP}_{i,t}$、$\mathrm{Trade}_{i,t}$、$\mathrm{FDI}_{i,t}$、$\mathrm{EXP}_{i,t}$、$\mathrm{Hwden}_{i,t}$ 和 $\mathrm{Rwden}_{i,t}$。各变量的含义、取值、预期符号及数据来源的详细解释见表 3-30。表 3-30 中所涉及的预期符号“+”、“−”和“无”，分别表示正相关、负相关和无明显联系。

表3-30　变量解释、来源及说明（三）

变量	含义及取值	预期符号	数据来源
$S_{i,t}$	中国省份 i 在第 t 年的市场分割指数	无	《中国统计年鉴》（2010~2017 年）
$S_{i,t-1}$	中国省份 i 在第 t−1 年的市场分割指数	+	
$\mathrm{PGDP}_{i,t}$	中国省份 i 在第 t 年的人均 GDP	+	《中国统计年鉴》（2010~2017 年）
$\mathrm{Trade}_{i,t}$	中国省份 i 在第 t 年的对外贸易依存度	+	
$\mathrm{FDI}_{i,t}$	中国省份 i 在第 t 年的外商直接投资比重	−	
$\mathrm{EXP}_{i,t}$	中国省份 i 在第 t 年的地方政府财政支出比重	+	
$\mathrm{Hwden}_{i,t}$	中国省份 i 在第 t 年的公路密度	−	
$\mathrm{Rwden}_{i,t}$	中国省份 i 在第 t 年的铁路密度	−	

2. 数据选择

为了量化分析中国国内市场的一体化发展程度，根据《中国统计年鉴》（2010~2017 年）的分省份的商品零售价格分类指数，分别计算 2010~2017 年任意两个省份间的相对市场分割指数，收集前面计量模型中的各个变量数据并进行自然对数处理。本小节选取中国 31 个省份为研究样本，时间维度为 2010~2017 年，所得到的总的样本容量为 $n=31\times7=217$，其中不包含解释变量中的滞后一期。

在对中国 31 个省份市场分割指数的截面回归分析中，对各数据变量进行自然对数处理以降低变量间的异方差性。回归分析中各变量的描述性统计结果见表 3-31。

表3-31 变量的描述性统计结果

变量		样本容量	均值	标准差	最大值	最小值
被解释变量	$\ln S_{i,t}$	217	0.006 7	0.002 6	0.020 7	0.003 5
解释变量	$\ln S_{i,t-1}$	217	0.007 5	0.003 7	0.026 1	0.003 5
	$\ln\text{PGDP}_{i,t}$	217	10.730 1	0.425 7	11.767 5	9.705 8
	$\ln\text{Trade}_{i,t}$	217	−1.770 8	0.973 0	2.397 5	−4.077 3
	$\ln\text{FDI}_{i,t}$	217	−1.499 5	0.818 7	0.564 9	−3.043 3
	$\ln\text{EXP}_{i,t}$	217	−1.935 8	0.334 9	−0.648 9	−2.470 9
	$\ln\text{Hwden}_{i,t}$	217	11.624 0	0.829 1	12.706 7	9.399 6
	$\ln\text{Rwden}_{i,t}$	217	7.970 9	0.720 9	9.447 4	6.134 0

3.4.4 模型回归结果分析及对市场分割的影响

本小节讨论的主要是影响国内市场分割的主要因素并对其进行计量统计分析，在此基础上进一步分析中国各个省份的区域经济合作机制。对数处理后的各解释变量间的简单相关系数矩阵见表 3-32。

表3-32 市场分割指数模型中各解释变量的相关系数矩阵

变量	$\ln S_{i,t-1}$	$\ln\text{PGDP}_{i,t}$	$\ln\text{Trade}_{i,t}$	$\ln\text{FDI}_{i,t}$	$\ln\text{EXP}_{i,t}$	$\ln\text{Hwden}_{i,t}$	$\ln\text{Rwden}_{i,t}$
$\ln S_{i,t-1}$	1.000 0						
$\ln\text{PGDP}_{i,t}$	−0.166 8	1.000 0					
$\ln\text{Trade}_{i,t}$	0.111 1	0.602 2	1.000 0				
$\ln\text{FDI}_{i,t}$	−0.048 0	0.742 0	0.742 5	1.000 0			
$\ln\text{EXP}_{i,t}$	0.237 8	−0.227 4	−0.174 8	−0.275 2	1.000 0		
$\ln\text{Hwden}_{i,t}$	−0.242 3	−0.432 0	−0.410 0	−0.530 5	−0.283 3	1.000 0	
$\ln\text{Rwden}_{i,t}$	−0.325 5	−0.184 8	−0.418 2	−0.472 5	−0.373 3	0.793 3	1.000 0

由表 3-32 中各相关系数可知，部分解释变量间不存在显著的多重共线性，而 $\ln\text{PGDP}_{i,t}$ 与 $\ln\text{Trade}_{i,t}$ 和 $\ln\text{FDI}_{i,t}$ 的相关系数分别为 0.602 2 和 0.742 0，$\ln\text{Trade}_{i,t}$ 与 $\ln\text{FDI}_{i,t}$ 的相关系数为 0.742 5，$\ln\text{Hwden}_{i,t}$ 与 $\ln\text{Rwden}_{i,t}$ 的相关系数为 0.793 3，即

$\ln PGDP_{i,t}$ 与 $\ln Trade_{i,t}$ 和 $\ln FDI_{i,t}$ 、$\ln Trade_{i,t}$ 与 $\ln FDI_{i,t}$ 、$\ln Hwden_{i,t}$ 与 $\ln Rwden_{i,t}$ 间可能存在共线性问题，需要在后面的逐步回归分析中剔除个别共线的解释变量。

为了更好地克服贸易引力模型中各解释变量间的多重共线性问题，采用逐步回归分析法对国内 31 个省份市场分割指数模型进行 OLS 分析，估计各个解释变量对国内市场分割程度的影响。具体分析过程如下：通过市场分割指数模型依次对各解释变量进行 OLS 回归，根据各回归变量的显著性和模型的拟合程度来选择最优的初始模型，后续依次加入其他解释变量，直到模型的显著性不会显著提高为止。部分逐步回归模型的估计结果见表 3-33。

表3-33　市场分割指数模型的部分逐步回归结果综合

变量	模型（1）	模型（2）	模型（3）	模型（4）	模型（5）	模型（6）	模型（7）	模型（8）
$\ln S_{i,t-1}$	0.152 0*** （3.27）	0.164 3*** （3.47）	0.151 7*** （3.12）	0.136 5*** （2.90）	0.123 6*** （2.61）	0.101 8** （2.11）	0.110 6** （2.22）	0.103 6** （2.07）
$\ln PGDP_{i,t}$							0.000 4 （0.69）	0.000 9 （1.26）
$\ln Trade_{i,t}$						0.000 5** （2.06）	0.000 5* （1.91）	0.000 4 （1.62）
$\ln FDI_{i,t}$					−0.000 5* （−1.91）	−0.001 0*** （−2.81）	−0.001 1*** （−2.84）	−0.001 4*** （−3.15）
$\ln EXP_{i,t}$	0.001 9*** （3.75）			0.001 7*** （3.24）	0.001 1* （1.85）	0.001 1* （1.82）	0.001 1* （1.86）	0.000 8 （1.25）
$\ln Hwden_{i,t}$		−0.000 5** （−2.54）		−0.000 4* （−1.75）	−0.000 7*** （−2.59）	−0.000 8*** （−2.70）	−0.000 7** （−2.55）	−0.000 4 （−0.98）
$\ln Rwden_{i,t}$			−0.000 7*** （−2.65）					−0.0006 （−1.35）
$\ln C$	0.009 3	0.011 7	0.010 8	0.013 2	0.015 6	0.016 2	0.011 2	0.006 5
调整后 R^2	0.123 2	0.093 2	0.095 3	0.131 6	0.142 3	0.155 3	0.153 1	0.156 4
F	16.18	12.10	12.38	11.91	9.96	8.94	7.51	6.72

*、**和***分别表示变量在 0.1、0.05 和 0.01 显著性水平上显著

由表 3-33 中逐步回归模型（1）~模型（8）的 OLS 回归结果可以看出：在依次加入上述 7 个解释变量的回归模型中，只含 $\ln S_{i,t-1}$ 、$\ln EXP_{i,t}$ 和 $\ln Hwden_{i,t}$ 单个解释变量的回归系数均在 10%的显著性水平上显著，比较模型（1）~模型（4）的回归结果可以得到初始拟合程度较好的市场分割指数模型中应包含变量 $\ln S_{i,t-1}$ 、$\ln EXP_{i,t}$ 和 $\ln Hwden_{i,t}$ ；比较模型（5）可以看出，变量 $\ln FDI_{i,t}$ 也是显著影响市场分割指数的变量，因此也需要把变量 $\ln FDI_{i,t}$ 加入新的显著模型中；比较模型（6）~模型（8）可以看出，模型（7）中的变量 $\ln PGDP_{i,t}$ 是不显著的，而模型（8）中只有变量 $\ln S_{i,t-1}$ 和 $\ln FDI_{i,t}$ 是显著的，显然不能充分分析出中国 31 个省份的市场分割指数的影响。

综合上述分析，需要剔除变量 $\ln PGDP_{i,t}$ 和 $\ln Rwden_{i,t}$，最终得到的反映国内市场分割程度的是模型（6），其回归方程为

$$\begin{aligned}\ln S_{i,t} &= 0.0162 + 0.1018\ln S_{i,t-1} + 0.0005\ln Trade_{i,t} - 0.0010\ln FDI_{i,t} \\ &+ 0.0011\ln EXP_{i,t} - 0.0008\ln Hwden_{i,t}\end{aligned} \quad (3\text{-}10)$$

由得到的回归方程（3-10）回归结果分析可以看出：2010~2017 年国内 31 个省份，滞后一期市场分割指数 $\ln S_{i,t-1}$、外商直接投资占当年 GDP 的比重 $\ln FDI_{i,t}$ 和各省份交通基础设施中的公路密度 $\ln Hwden_{i,t}$ 变量参数估计的结果均通过了显著性水平为 $\alpha = 0.01$ 的显著性检验，对外贸易依存度变量 $\ln Trade_{i,t}$ 通过了显著性水平为 $\alpha = 0.05$ 的显著性检验，地方政府财政支出占 GDP 的比重的对数 $\ln EXP_{i,t}$ 变量通过了显著性水平为 $\alpha = 0.1$ 的显著性检验，且模型中各解释变量的回归系数符号与理论预期一致。

从模型（6）中各解释变量的弹性回归系数可以看出：滞后一期的平均市场分割指数影响显著为正，说明市场分割指数在一定时间程度上存在惯性，具有一定的延续性；中国各省份进出口贸易占当年 GDP 的比重对市场分割的影响也显著为正，表明进出口贸易占当年 GDP 的比重每增加 1%，市场分割指数增加 0.05%；中国各省份外商直接投资占当年 GDP 的比重对市场分割的影响显著为负，说明外商直接投资占当年 GDP 的比重每增加 1%，市场分割指数将降低 0.10%；中国各省份地方政府财政支出占当年 GDP 的比重对市场分割的影响显著为正，即地方政府财政支出占当年 GDP 的比重每增加 1%，市场分割指数将上升 0.11%，说明区域内地方政府面临较大的财政压力时，重点为本地区内的企业提供保护，以提高地区财政收入；在交通基础设施建设中，公路密度在一定程度上对区域市场分割的影响显著为负，即两个省份中公路密度每增加 1%，市场分割指数则下降 0. 08%，表明国内各省份交通等基础设施条件的改善有助于国内区域市场的整合，进而促进国内市场的对外开放合作。

从上述实证分析结果可以看出：国内市场整合促进各省份的开放合作水平，极大地提高市场运行效率，增加要素和产品的跨区域按需流动，增强区域经济的市场整合进展。

其中，在各省份的外商直接投资方面，外商直接投资对区域市场分割的影响显著为负，说明各地政府需要出台相关的激励政策以促进本地区的外商直接投资，提升资金利用效率，提升不同地区间金融机构或非金融机构参与市场合作的效率。在各省份地方政府财政支出方面，地方政府财政支出对区域市场分割的影响显著为正，说明地方政府对本地区的企业提供政策和技术支持，以达到稳定区域内经济发展作用，而不是采取价格手段直接干预地区市场活动。在各省份交通基础设施方面，交通基础设施对市场分割的影响显著为负，表明各省份交通运输条件的

改善有助于提升各省份区域间的市场整合程度，因此要积极在建设铁路、高速公路方面展开合作。

因此，为了促进国内市场的整合，需要中国各省份积极促进外商直接投资、改善本地区的交通基础设施，并通过探索打造区域利益共同体，探索税制改革及推动地方政府积极展开区域市场合作。

3.5　案例分析：重庆市互联互通发展与区域市场合作机制

3.5.1　“渝新欧”贸易通道发展

首列由国内开往境外的中欧班列是“渝新欧”班列（重庆—杜伊斯堡），重庆出发的货物，通过“渝新欧”铁路线运输，沿途各站点的通关监管互相认可，信息共享，运输全程只需一次申报、一次查验、一次放行。“渝新欧”的名称由中国、俄罗斯、哈萨克斯坦、白俄罗斯、波兰、德国六个国家铁路、海关部门共同商定。“渝”指重庆，为班列的国内出发地；“新”指新疆阿拉山口，为国内的出境口岸；“欧”指欧洲，为班列的目标区域。

“渝新欧（重庆）”国际班列于 2011 年 3 月 19 日首次开行，班列由重庆西站出发，经过国内的几个铁路站点，在阿拉山口口岸出境，国外段经过哈萨克斯坦、俄罗斯、白俄罗斯、波兰等主要的国家站点，最终到达班列的终点站德国杜伊斯堡，“渝新欧”班列去程运行约 11 000 千米，单程运营时间约为 16 天。主要负责运送重庆、上海、江西、浙江、深圳等地的电子产品、汽车用品、家具、服装等产品。

据国家海关统计，截至 2016 年 6 月，经重庆出发的“渝新欧”国际运输集装箱班列的运行班列数占已开行班列总数量的 45%，约占从阿拉山口口岸出境班列货运总量的 85%；2017 年，“渝新欧”班列累计开行数量达到 1 000 列，也是中国目前所有已开行班列中第一个破千的中欧班列；2018 年 6 月，“渝新欧”班列载着满集装箱的电子产品从重庆出发，这也成为中欧班列（重庆）累计运行班列的第 2 000 列。

“渝新欧”班列刚开通时，货物品质大多是单一的机电产品，且多是“有去无回”，班列的运营成本较高。直到 2018 年，“渝新欧”班列第一次实现了回程班列数超过去程班列数，累计开行超过 2 000 列，除了保税港区提供的销售平台外，还有一个重要原因是整车进口，尤其是保时捷选择重庆口岸作为内陆首个进口口岸，年进口量达到约七千台，极大地增加了班列的回程货源量。所以说，整车进口的发展极大地丰富了中欧班列回程货源。

在中欧班列（重庆）运送的进出口货物中，笔记本电脑、智能终端、汽车等高端制造产品占据很大比重，因此，为中国智能制造设计的仓库应运而生。该系统在运转以来，订单量增加了 60%，高峰时每天出入库可达近万箱。截至 2018 年 6 月，“渝新欧”班列为了增加回程比例，不断创新思维，通过整车进口提升回程效率，促进国内汽车产业市场的多样化发展，国内陆地口岸的整车进口量不断增加。

“渝新欧”班列作为国内首个运行的中欧班列，虽然取得了先动优势，但其铁路物流系统运行中还存在着货源聚集优势不足、货物运输连续性不足、沿线经济开放度不够、货物协调主体性不明等问题，这便需要重庆与沿线各国根据班列的实际发展需要，大力发展高速公路网络建设，发挥“铁路+水运+空运”的联合效应，完善国际物流运输机制。

3.5.2　中新互联互通项目南向通道发展

2017 年 4 月，在中国国家铁路集团有限公司的统一部署下，联合铁路南宁-成都局和中铁集装箱运输有限责任公司，途经国内段的广西、贵州、重庆、甘肃四个省区市铁路站点，中新南向通道班列首次试运行；同年 9 月，正式运行中新北部湾港到重庆站点的南向通道，标志着中新互联互通国际物流集装箱运输通道正式运营。

南向国际物流运输通道充分利用各站点城市的物流运输特点，结合铁路、公路、水运等多种跨地区的运输方式，一方面，由重庆向南出发，经过贵州等省份铁路站点，在北部湾港出境，到达新加坡等东盟国家的几个主要物流节点城市，最终运输货物辐射到南亚、中东等区域；另一方面，通道向北与中欧班列相互连接起来，国内段经过甘肃等主要站点城市，最终到达中亚、欧洲等区域。从中新南向国际物流运输通道的运输路线来看，其已经成为联通西部的国际物流新通道。截至 2018 年 5 月，中新南向通道累计运送货物达 9 328 标准箱，累计运行 162 列，运输路线途经境外 45 个国家的 82 个主要口岸。同时，对企业而言，实现了降低成本、提高效率的目标，该南向通道的运行模式大大缩短了企业交货时间，大幅降低了企业出口成本。

2018 年 5 月，中新南向通道建设增加了一条运输通道，钦州港至昆明站的中新南向通道线路首发，使得中新南向通道国际集装箱运输通道建设形成重庆、成都、昆明先至钦州，最后抵达新加坡，三线齐头并进新格局，运送的货物最终销往东南亚和北美国家。截至目前，南向通道的三条主要线路已实现常态化运行，通道运输效率和质量不断提高。

但是，南向通道面临着面向新加坡等亚太国家的货源需求量不足等问题。因此，需要加强中新项目国际货物空铁联运专项工作。出于国家战略考虑，极力推动两江新区加速中新项目落地；出于对外政策考虑，扩大对新加坡的贸易合作，依托"渝新欧"班列，提升面向新加坡等国家的国际物流运输效率。

3.6 本章小结

本章从不同角度分别分析了"一带一路"倡议下的区域市场合作机制研究。首先，基于2000~2017年中国与"一带一路"沿线国家的变量数据，选择中国与沿线国家间是否为WTO成员方、是否为APEC成员方、是否为ASEAN成员方及共同边界等虚拟变量，分析中国与沿线国家的对外开放贸易合作影响。研究发现：中国与沿线国家所参与的区域性国际组织或签署的贸易协定显著地促进了双边市场贸易合作。其次，基于2009~2017年中国31个省份与"一带一路"沿线64个国家的数据，选择中国各省份与沿线国家间是否开通中欧班列等虚拟变量作为控制变量，重点分析中国31个省份与沿线64个国家的区域贸易合作影响。研究发现：中国各省份中开通的中欧班列极大地促进了沿线国家间的设施联通和区域间双边贸易合作发展。再次，根据制度距离变量下不同指标的假设，选择2013~2016年沿线对外投资国家各个年度样本数据，建立扩展的投资引力模型，以重庆市为例，实证分析重庆市制度距离因素对对外直接投资目标国区位选择的影响。研究发现：在同一管制性制度距离或者规范性制度距离下，均存在两种不同方向性的对外投资区位选择方式。基于边界效应理论和新经济地理学理论，运用相对价格指数法分析国内各省份间市场分割状况，应用计量回归模型分析外商直接投资、地方政府财政支出及交通基础设施等对国内省际市场合作的影响。研究发现：国内市场整合促进各省份的开放合作水平，极大地提高了市场运行效率，增加要素和产品的跨区域按需流动，增强区域经济的市场整合进展。最后，以重庆市为例，介绍"渝新欧"班列贸易通道与中新互联互通项目南向通道的发展，说明重庆市在中欧班列作用下的区域市场合作机制。

政策启示如下。

中国应不断完善贸易促进政策，推进沿线国家的贸易畅通，积极推进区域合作组织的建立，减少双边贸易壁垒，加强贸易政策与机制沟通，消除各国贸易政策差异导致的政策壁垒，简化通关手续，改善区域性经贸合作环境，推动对外贸易跨越式发展，促进国际区域市场的对外开放合作。在各中欧班列运行方面，需要建立国家层面的跨国物流协调机构或组织，提高各中欧班列线路的运行效率，不断加强中欧班列各口岸站点国家的基础设施建设，提高口岸通关效率，缩短运行时间，共同建立效率高、成本低的国际物流运输通道，促进区域间的互联互通与贸易合作。在国内市场一体化合作方面，不断加强国内各省份城市间的高速铁路、公路、航空及海运等交通基础设施建设，加快要素、资源等的跨省联动及配置效率，多元化国内物流运输网络建设，提高各省份间的区域市场流动活性，优化投资环境，加强基础设施建设，促进国内区域市场整合与开放合作。

第 4 章　国家重大区域发展战略下区域资源环境合作机制研究

4.1　区域间技术的共享、扩散和转移机制

区域创新能力直接影响区域内经济发展速度和质量，是增强区域内各行业或企业竞争力的一种非常重要的表现形式。因此，建设区域间的合作创新系统成为区域合作的重要内容，也是提高西部地区经济发展质量的重要途径。本节从技术共享、技术扩散和技术转移三个方面讨论区域间合作创新系统的建设问题。

4.1.1　区域间技术的共享机制

1. 共享实现的方式

前文已经介绍了区域间企业的合作机制，这里我们具体到一项技术在区域间的传播。区域不仅可指东西部，也可以指西部区域，只要双方（或更多方）存在关于技术的联系；我们这里说的技术一定可以给某区域带来比共享前更大效益，这也是有现实意义的，如果没有利益驱动，技术共享是没有办法实现的。本小节研究以上界定的区域间技术共享实现的方式。

我们分两种情况讨论区域间技术的共享，为便于说明，这里我们只考察双方合作的技术共享问题。

1）当一方没有技术，另一方有技术时的技术共享

科学技术是第一生产力。现在企业的发展壮大都离不开技术的开发、应用、创新。当甲方拥有技术时，则享有相对的垄断优势，如果此时要共享技术，只可能是政策驱动或更大的利益驱动。第一种情况：政策驱动，即可能是在现实中，

因为国家的整体发展规划的需要，采用财政的支持，使得自身还达不到共享技术所要求经济实力的乙方获得技术的共享。第二种情况：利益驱动，即乙方由于长远发展的需求，自主与技术拥有方达成技术的共享协议。无论是哪种情况，甲方都将面临技术垄断的瓦解，所以，我们的讨论重点落在甲方。关于技术的价值的界定，也有不少文章提出过很多的方法，如收益现值法、重置成本法、市场法、模糊评价法等，这里我们不再讨论技术价值的界定评估。为说明问题，我们只关注技术的共同特点：其价值的生命周期。作如下假设：

假设 4-1：技术的价值随着时间的推移经过三个阶段的发展：增长—平稳—衰减。

假设 4-2：假设一项技术的价值不随共享而变化。

假设 4-2 比较理想化，现实的情况可能由于协同效应，技术的总价值反而会增加，但不良共享会使得技术的总价值降低。前一种情形多发生在自主共享技术的双方；后一种情形主要发生在政策驱动的共享技术的双方。要研究这些问题，技术的价值函数就会是比较复杂的情况，但说明问题的原理基本相同。所以，这里进行这一理想化的假设。

（1）第一种情况：政策驱动。

假设技术拥有方（甲方）单独拥有技术时技术的价值为 $k_1(t)$，不妨设：

$$k_1(t)=\begin{cases} m-\alpha t, & 0<t<t_0 \\ \beta, & t_0 \leqslant t<t_1 \\ -\gamma t, & t \geqslant t_1 \end{cases}，\text{其中，} m, \alpha,\ \beta,\ \gamma>0$$

其中，m 表示技术的初始价值；α 表示技术的初始阶段斜率；β 表示技术的中期价值；γ 表示技术的后期阶段斜率。且要求取值满足价值曲线连续。共享后无技术方（乙方）得到的技术的价值为 $k_2(t)$，其变化趋势如同 $k_1(t)$，具体为

$$k_2(t)=\begin{cases} m^*-\alpha^* t, & 0<t<t_0^* \\ \beta^*, & t_0^* \leqslant t<t_1^* \\ -\gamma^* t, & t \geqslant t_1^* \end{cases}，\text{其中，} m^*,\ \alpha^*,\ \beta^*,\ \gamma^*>0$$

其中，m^* 表示共享技术的初始价值；α^* 表示共享技术的初始阶段斜率；β^* 表示共享技术的中期价值；γ^* 表示共享技术的后期阶段斜率。且要求取值满足价值曲线连续。

注意：这里的价值函数的形式只是为了说明简便如此设定。当然不同行业、不同技术的价值评估是不同的，技术的价值和产品销量也有关系，所以，技术价值函数的形式也是多种多样的，有开始阶段价值呈指数增长的技术，或是某段时间后价值瞬时衰减为零的技术，如潮流时装。所以函数形式要根据不同的具体情况具体讨论，并且同一函数形式的参数值可能对甲乙双方都不同，此时还应考虑

技术的时滞及空间地理位置的因素影响。

乙方愿意为此价值付出的成本为 $c(t)$，从时刻 t_* 开始技术共享，到时刻 t^* 共享完毕，共享初期政府提供的财政支持为 K 。

由前面的假设可知，技术共享开始后甲方的技术价值为 $k_1(t)-k_2(t)$，如果乙方已经完全拥有此项技术，他自然不愿意也可以不再付出成本，所以 $c(t)=0, t \geqslant t^*$ 。我们令当 $t<t^*$ 时，$c(t)=k_2(t)$，即对于乙方从理论上来说技术有多少价值，他就会付出多少成本。

在此种情况下，甲方会技术共享的条件是

$$\int_{t_*}^{\infty}\left[k_1(t)-k_2(t)\right]\mathrm{d}t+\int_{t_*}^{t^*}c(t)\mathrm{d}t+K \geqslant \int_{t_*}^{\infty}k_1(t)\mathrm{d}t \tag{4-1}$$

即共享后的技术价值加上外部补偿不少于单独拥有技术时的价值。

化简式（4-1）得

$$K \geqslant \int_{t^*}^{\infty}k_2(t)\mathrm{d}t \tag{4-2}$$

由式（4-2）可以看出，如果政府初期的投资 K 给定后，可以折算出共享技术完成的最短时间。如果 K 足够大，则技术共享可以在短时间内完成；如果限定了共享技术的总耗时，则可以折算出相应所需的政府的财政支出。这里的第三方资金 K 也可以由社会风险资金提供，再由政府给予风险资金一定保障。由式（4 2）也可以得出，在技术发展的不同阶段对技术共享出台政策促进投资，会对应不同的技术价值，因而可以得到不同的政府出资，这样可以计算出政府的宏观调控效能，进而提出有效的指导性意见。

需要注意的是，技术共享期间，甲方供给乙方技术，但这个过程需要一定时间。对于乙方来说，可能直到技术共享完毕才能真正接触到有价值的核心技术。所以如果乙方所接收的技术的价值评估立足于技术的期望价值，那么由于技术共享的风险，乙方不可能在共享阶段付出等同于期望价值的成本，其愿意支付的成本必定低于期望，如此的信任危机及合作的不确定性可以考虑引进风险资金。政府在全面考察共享的必要性后，可以在共享初期注入资金，激活双方共享。也可以通过特殊的税收政策对双方的利益进行调节和分配，还可以使用针对性的转移支付政策等调控措施。当然各种措施的调用情况取决于政府驱动双方技术共享的目的和力度。

（2）第二种情况：利益驱动。

当一方没有技术，但技术共享是建立在自身的发展需求之上，此时，甲乙方自主谈判技术共享条件，这种情况下不需要第三方——政府的介入。

可以认为乙方已经充分认识到此项技术可给自己带来的效益，愿意为这项自己所需技术付出的成本自然不同于上一种情况。此时推导过程的变量设置为：甲方单独拥有技术时技术的价值形式同上，乙方共享技术后的价值形式也同上。但参数不尽相同，因为技术拥有明显的未来收益，所以对于乙方来说技术的价值具有相当高的主观性。从时刻 t_* 开始技术共享，到时刻 t^* 共享完毕，乙方愿意为共享付出的成本 $c(t)$，不同的是当 $t_* < t < t^*$，$c(t)$ 可以远远高于技术价值的客观当期评估，由于技术确定的价值所在，以及在充分信任的基础上，乙方可以在得到技术前付出高于目前拥有部分技术的当前价值，当然 $c(t)$ 也可以等同于技术价值的期望评估。甲乙方可通过谈判分阶段或一次性（共享时间短且技术转化价值瞬间完成）或其他形式支付 $c(t)$。

共享的原则：一是乙方所付出的成本的总期望不大于其技术的价值总期望；二是甲方技术外溢后总的利益期望损失不大于乙方所付出的成本期望。所以，在这种情况下，共享的达成，很大程度上依赖对技术价值的正确评估和各自的主观期望，只有那种具有明显的价值且价值随时间衰减迅速的技术涉及的双方才容易由于利益的驱动形成共享。

2）双方都没有技术时的技术共享——共同研发

如果双方都没有技术，则技术共享指的是共同研发。此时是什么主导技术共享，又是什么妨碍技术共享，我们将在下面进行阐述，并随后讨论怎样的区域环境才能促进双方技术的共同研发。

对于双方都是企业的情形，罗炜和唐元虎（2001）将企业在创新生产中的合作动机分为三类，即研究开发、技术学习和市场准入。当合作创新的企业双方都没有掌握新技术时，与企业共同研究开发的合作动机通常包括：技术的协同效应，企业双方对技术研究过程进行合理的监控。一般情况下，没有新技术的双方企业在决定技术研发时，往往从技术的基础研究开始，逐步增强技术研究强度，有效降低深度技术研发带来的不确定性风险；双方技术研发企业必须共同承担研究开发成本，不能独享在技术研发中的部分创新性成果，必须按要求做到技术研发过程中的公开、透明；通常情况下，两家企业共同开展技术研发，技术研发效率较各企业单独研发更高，显著缩短技术研发周期，扩大技术研发规模，达到规模经济，获取合作企业的技术和市场信息等。

对于双方是产、学（研）的情形，自然一方是技术的供给者，另一方是技术的需求者，Donald 和 Serapio 曾将二者间的合作研发分为两种动机，即市场导向型动机和技术导向型动机，前者的合作研发类型自然成为需求驱动型，而后者的合作研发类型自然成为供给驱动型，都将驱动二者的技术合作。

但是共享也面临一定来自研发合作的不确定性风险。一般情况下，合作研发会面临实际研究与技术开发成果间的不确定性及企业间合作研发关系的不确定。通常具体包括：技术研究是否按照预期发展、实际研发过程中可能出现与预期相反的结果、双方企业在合作研发中是否能保持恒定理性合作关系及企业委托另一方合作研发过程中可能出现的委托代理关系的逆向选择和道德风险等。例如，一方企业委托技术研究供给者（即产学研）的合作研发中，通常面临各合作方组织性质的差异、信息不对称、技术共享创新过程的不确定性等方面的合作风险。

基于以上的动机和风险，在推动区域间的合作研发时，政府相关部门以其总监控的角色必须有针对性地对不同阶段的不合作因素进行规避和对合作因素的不同时期提供针对性鼓励。对于区域间没有技术时双方（或几方）的技术合作研发，各级政府部门所要做到的是尽量增进、加强有合作意向的双方的合作，可通过货币政策和财政政策的综合运用降低技术合作的风险。需要注意：

（1）划分好各级各区域政府相关部门的职责，落实其在技术交流中的定位。

（2）协助作为主要研发资源的人才的培养、引进和交互合作，提供促进区域间技术合作的财政、货币政策支持。

（3）各区域政府相关部门间做好定期交流工作，在技术的合作上明确以市场为主、政府宏观调控为辅的指导思想，降低乃至消除不利于区域技术共享的区域保护障碍，实现技术自由、快速地在区域间的流动。

（4）政府可以通过一定的政策倾斜或财力支持，力所能及地降低或杜绝共同研发的风险问题的危害。

前面我们提出的区域经济合作中的“第四方平台”，是指能对区域资源进行全面整合，并为区域经济合作提供全方位解决方案的一种组织、制度和信息平台。第四方平台的构建及相关知识的推广、普及是技术共享实现的保障。因为这种与合作各方之间利益都无关的、服务于整个区域范围的、非强制性非权威性的区域范围内的资源整合者发挥的作用不仅是信息沟通和交流的渠道、为区域经济合作中的冲突提供解决方案、优化区域合作，还可以拟定长远的区域间的发展规划。因此我们需要做好信息平台的构建，各方快速、顺畅的沟通交流，透明的区域间、各种组织间的协调，对合作的评估等方面的工作来保证第四方平台促进技术共享功能的实现。目前，在我国也有多方合作共享技术的例子，这种模式充分发挥了交流、共享的优势，使得参与各方都从中得到了收获。

2. 共享的案例

当双方或几方还达不到自主协议共享技术时，由于国家的发展规划需要并由财政参与而达成共享的，如西气东输、西电东送工程，有效地促进了中西部地区经济和社会的协调发展。西气东输工程西起新疆塔里木盆地轮南，东至上海市西郊白鹤镇，由西向东依次途经新疆、甘肃、宁夏、陕西、山西、河南、安徽、江苏、浙江和上海等 10 个省区市，管道全长达 4 000 千米，包括了上游气田勘探开发、中游管道建设、下游市场配套设施，工程静态总投资约 1 400 亿元，不仅在沿线配套了城市基础设施、公共设施、生活设施的建设，还推动了涉及的相关领域，如电力、信息化等的技术更新、技术共享、技术人员培训等多种方式技术的发展，其必将成为缩小东西部发展差距的第一步尝试。

关于技术的利益驱动的共享问题，如海尔与美国 NetScreen 公司自主的合作协议，共同就 IT 业系统集成方面的技术加盟开发研究，它们技术共享，人才共享。双方共同进行防火墙技术、加密技术、网络数据管理和数据保护及系统集成技术的开发和应用研究。这次合作使得海尔对先进市场资源进行了有效的整合和利用，其 3C 的个性化技术服务在技术领域有一个更高层次的支持和跟进。国内也有很多自主的技术共享案例，如国家重点大型企业——徐州矿务集团有限公司与中国矿业大学的技术研发合作：徐州矿务集团有限公司拥有丰富的技术实践优势，中国矿业大学则拥有对矿业开发、检测等专业理论基础，双方凭借各自优势，开启合作研发模式，于 2002 年 9 月协商共同建立了企业技术中心，目的在于加强高校与企业间的技术研发合作，加快企业在技术市场中的创新能力建设，增强企业的技术竞争力和市场竞争力，促进高校的理论技术、技术实务和科技成果等向企业现实生产活动中的转移速度和效率。

4.1.2　区域间技术的扩散机制

1. 技术扩散的理论基础

人类社会已经步入快速发展的“知识经济”时代，科技含量高的产业企业已逐步成为区域经济快速可持续发展的重要因素。通常情况下，新技术的研发与应用往往具有风险大、投资高、市场竞争强、投资回报高等特点。一项新技术研发成功的关键因素不仅关系着企业技术研发最初的选择，而且受技术可持续应用的空间限制，也即技术存在空间扩散效应。从已有文献及国内外技术研发的经验事实中可以看出：在很大程度上，企业技术研发后的扩散效果已经逐步成为决定技术研发效果、区域范围内各市场竞争力的主要因素。

一般情况下，技术扩散是指研发的技术在空间和时间上的流动和转移，通常由新技术的提供方、接受方和转移渠道构成。技术的提供方是指新技术的开发源头，接受方为新技术的引进者，这两个主体是位于不同区域内的两个经营实体，通常情况下为企业或科研机构等。新技术的扩散过程一般包括技术的推广、吸收、模仿和改进阶段。一项新开发的技术往往可以提高企业生产运营效率，节约要素、资源等成本，显著增强企业在生产中的绝对优势，但随着技术扩散效应的产生，便会减弱企业的新技术绝对优势，导致一些地区的相关企业开始争相学习、模仿。

根据新研发的技术在空间或时间上的传递方式的不同，技术扩散可以分为空间梯度扩散、跳跃式技术扩散和双向对流式扩散三种类型。空间梯度扩散是指以新技术的起始发源地为中心，向其周边区域由近及远逐渐转移扩散的过程，区域间的空间距离变量成为影响技术转移扩散速度和程度的重要指标，如以香港为中心的珠江三角洲区域内的技术扩散过程；跳跃式技术扩散是指新技术从技术起始地呈大幅度式跨越到另一地区的扩散过程，此过程中的技术扩散主要依附于两个地区间的交通、通信技术优势等，能够在短时间内开辟新的技术市场，如韩国与美国、欧洲等国家或地区间的技术转移过程；双向对流式扩散是指新技术首先实现两个地区间的扩散转移，后又经过技术进步再传回技术起始地区的扩散过程，是属于双向的跳跃式技术扩散，常常在经济、社会文化等发展相差不大的两个区域间进行扩散转移，如日本与欧洲国家间的技术转移过程。

新技术的扩散过程一般分为三个时期：①在技术扩散和转移的开始阶段，企业由于更加重视即时价值本身，而对新技术形成的本身信息掌握不多，其他技术引进的企业由于信息不对称性，实际引进该新技术需要承担更大的风险，对企业经营来说引进成本大于预期收益，此时该新技术的引进者数量并不是很多；②随着市场上技术应用的更加普遍和技术的进一步扩散，市场上所反映出的技术信息量越来越大，对引进企业来说，该技术的预期收益逐渐大于风险成本时，便逐渐出现该技术引用者的数量规模增多，加快技术扩散过程；③随着引用该技术企业数量的快速增长，市场上绝大部分企业都拥有该项技术，使得这项技术的相对比较优势逐渐减弱，最后只剩下一些较为落后、生产经营活动担负不起引进该项技术的少数企业，技术的扩散效应逐渐降低，直到最后失去该项技术的优势。技术扩散转移过程的数学表达式如下：

设 $X(t)$ 为新技术潜在的引进者比例，其已经在时间 t 采用该项技术，则技术扩散速度 $\mathrm{d}X(t)/\mathrm{d}t$ 与采用者的部分 $X(t)$ 和潜在剩余采用者的部分 $\left[1-X(t)\right]$ 成正比，即 $\mathrm{d}X(t)/\mathrm{d}t=\alpha X(t)\left[1-X(t)\right]$，其中，$\alpha$ 为一个常数。

逻辑时间曲线方程式为 $X(t)=1/\left[1+\exp(-\beta-\alpha t)\right]$。

该项新技术的逻辑时间曲线，如图 4-1 所示，揭示了技术的累计引进者企业数量与时间 T 的“S”形分布。

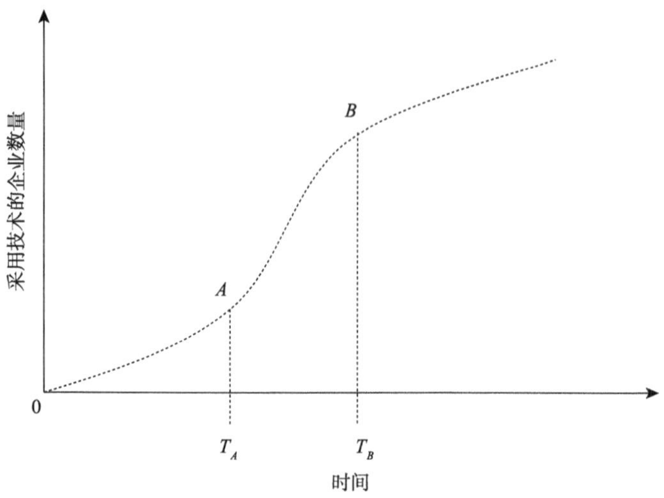

图 4-1 高新技术扩散逻辑时间曲线

该新技术的“S”形逻辑时间曲线上存在两个时间拐点 A 和 B。在时间段 $0\sim T_A$ 属于技术的初始阶段，由于潜在引进企业对该技术信息掌握不足，该技术在市场上的风险和成本较高，真正引进该技术的企业较少，技术转移扩散的速度较缓慢；在技术的销售市场中，真正掌握该技术的企业较少，新技术的绝对优势明显，为拥有者企业创造的市场价值更大。在时间段 $T_A\sim T_B$，随着技术市场上信息的暴露，该项技术的市场信息越来越完善，技术开始进入成熟期，对潜在引进者而言，潜在风险相对较低，引进成本较前一时期大幅降低，市场上该技术的引进者大幅增加，技术扩散和转移速度进一步扩大，此时该技术扩散过程达到高峰期；随着市场上企业争相引进该技术，技术的市场收益逐渐降低，企业竞争激烈，企业由该技术带来的净收益较少。前面两个阶段所表现出该技术扩散速度的差异体现在“S”形逻辑时间曲线上这两个不同时间段曲线的斜率上。

2. 金昌模式的启示

在经济不发达地区，通过引进新技术和扩散，培育创新活动机制，是快速提升区域经济发展的主要方式。对于经济欠发达地区的企业，不能仅依靠引进新技术来发展地区经济，更要加强对引进技术的吸收和再次创新，以加快适应本地区产业发展要求；不能单纯利用引进新技术而不注重再创新，否则将长期处于技术被动吸收利用阶段，不能追赶发达地区技术研发创新进程。在此，绍兴柯桥轻纺科技中心有限公司为突破口的技术创新能力发展模式，为我们提供了很好的启示。

金昌印花电脑设计制版中心的发展模式主要在于指出本地区龙头企业，以点带面地联动区域内不同行业、企业的市场竞争的全面发展。1994 年前，浙江省绍兴纺织业企业大部分都还使用着工艺技术落后的有梭织机，而国外纺织业发展较好的国家或地区已经普遍使用技术含量高、生产效率高的无梭织机，这无疑减缓了国内纺织业的发展，更无力占领纺织业的国外市场。为了满足纺织业市场需要，当浙江省扩大对国外先进设备的引进时，绍兴本土的纺织生产基地将面临着重大的损失。为了不断缩小国内外纺织业生产差距和加快与国际纺织业市场的接轨，1995~1998 年，绍兴县总共投入累计达 120 亿元引进国外先进的纺织设备，不断淘汰国内较为落后的有梭织机，此时绍兴县纺织业的技术装备生产能力得到大幅提升，显著增强了纺织业生产质量和效率。

绍兴县虽然引进大量国外的先进生产设备，但国外纺织业印染是利用电脑分色制版，而本地区仍然使用的是手工分色描稿，不仅印染速度慢，染色质量也与国外相差一大截，引进先进的生产设备，但生产出了质量较低的产品，仍然不能有效地摆脱纺织业的生产问题。因此，为了提高绍兴县纺织业的竞争能力，地方政府以本地区金昌印花电脑设计制版中心为着手点，为金昌企业提供土地、贷款等优惠政策，鼓励投资建设绍兴科技中心；在地方政府的牵头带领下，金昌企业与多所高校或研究院联合起来，如东华大学、香港理工大学、浙江大学、中国科学院等高校、研究院建立合作研发关系，共同开发研究先进的纺织业技术，研发后的生产技术不断辐射到相关产业，加快开发电脑激光等关联设备，大力促进地区产业发展和地区经济发展。

金昌企业联通多所高校、研究院的技术研发，使得绍兴县纺织业的生产技术、生产数量和质量得到大幅度提升，缩短了纺织业生产周期，加速了企业纺织业产品进入市场，地区纺织业规模逐渐扩大，已经逐步实现较为完备的服装生产上下游企业，在满足本地区及国内销售需求的同时，还不断扩大本地区的纺织业出口规模。

金昌企业的成功对我们研究技术研发和技术扩散规律具有重要意义，通过对新技术的引进和扩散，可逐步提升地区企业生产竞争力，扩大新技术对本地区相关产业的普及范围，显著促进本地区技术进步和区域经济发展。因此，金昌模式带给我们的启示如下。

首先，对于发展较为落后企业的技术引进、技术扩散和转移过程不是一蹴而就的。对于经济发展落后、企业技术含量较低的地区，应重视与同行业内发展较快的先进企业进行技术转移，通过引进较为先进的生产设备和专业技术，全面提升生产技术和效率。

其次，企业对引进技术的利用，不能只是依靠企业，需要通过高校、科研院所等机构联合开发。因为高校等机构，掌握着先进技术的最新国际发展动态，具有将先进技术转化为较高实际产能的优势，从而保证企业引进技术的最大效率。

最后，为保持区域内产业技术高质量发展，需要建立灵活的技术保障系统。

对于欠发达地区而言，不能只依靠单一技术来促进发展，主要进行行业内的技术研发合作，增进企业团体间对技术研发、市场信息收集等合作，保持区域内技术的开放性和非排他性；同时根据市场竞争，建立有效的技术淘汰机制，始终保持市场技术竞争活性。

技术的发展大致为三个阶段，即新技术、一般技术、淘汰技术。分别对应的技术的转移机制为扩散（新技术）、共享（一般技术）和转移（淘汰技术），这两部分内容前面两节分别介绍过了，所以下文重点内容落在政府如何做可以使得技术的不同阶段的快速转移交流。

4.1.3 区域间技术的转移机制

根据相关文献介绍，技术转移的定义主要是由联合国制定的《国际技术转移行动守则草案》（1981 年）来定义的，具体的含义如下：企业技术转移主要是针对企业生产、制造方法或所提供的服务等所需要的理论、知识等应用技术的实际转让，不包括企业生产产品的销售、租赁等行为。一般情况下，企业技术转移本质上是由技术转移的研发者、引入者和转移的具体方式决定的，主要集中于企业研发新技术后技术权利的转让，并不是市场上单纯形式的买卖或租赁，即使是应用高技术所生产的产品的买卖，也不属于技术转移的范畴。在我国东西部区域之间的发展相当不平衡，技术水平差距也很大，因此可以借鉴、改进国际的研究成果来解决东西部之间的技术转移问题。

技术转移发生的基本条件是企业根据不断提升的目标需求逐渐对技术更新和优化，由技术存在的实际需求而发生的技术进步，二者间的相互关系已经成为企业技术转移的基础。因此，在西部大开发的环境下，要促进东西部区域间的技术合作、交流，提高对新技术的需求，加快技术进步。然而，在我国各省份区域内，技术转移仍存在以下问题。

（1）企业争取技术进步的动机不足，部分企业甚至在承担技术研发中的研究能力不够。

（2）企业市场与技术研发的步调不一致，技术实际转化有效的企业占市场的比例较低。根据相关资料统计，国外发达国家对企业技术研究成果的实际利用率在 60%~80%，而我国目前的技术实际利用率最多只有 40%。主要原因在于：国内的生产企业与技术研究组织相对分开，不能有效地协调在一起进行应用技术研发；技术理论较丰富，但面对企业实际生产活动时，往往会出现一些达不到技术预期的问题，严重影响着技术向企业现实生产力的转化。

（3）对技术信息的具体把控上不能满足技术供需双方的有效需求。

（4）目前国内法律法规对有效的技术产权保护措施不够。

（5）缺乏对技术研发等环节的风险防范与补偿机制等，使得企业和科研院所等进行技术研发成本太高。

针对上面提到的各种现实问题，需要对现有企业存在的发展现状和市场定位进行深刻认识，了解企业长期发展预期，根据预期目标不断对企业制度进行改革和创新，加大对企业的技术转移支持力度，积极引导企业成为技术研发的真正主体，与各高校、研究院等机构协同研发新技术，加快技术成果在现实生产中转化为实际生产，根据需求建立企业技术研发和技术转移等的风险管控机制，保障企业技术研发和转移的顺利进行。因此，要解决上述问题，我们认为可以从以下几个方面着手。

首先，要深刻认识到技术转移在不同社会发展时期，其转移的方式和模式存在较大差别。在生产技术相对落后的古代，社会生产过程中的技术转移形式主要依靠工匠的人员流动；产业革命发生后，企业的技术转移主要是通过外资直接进入实现的；在当下，社会企业的技术转移主要是通过转化成市场上的真实的商品来完成的。技术转移程度和效果直接关系着社会生产市场的竞争力，激烈的市场竞争往往会加速企业技术研发过程，加快技术转移到现实生产中的进程，提升区域内整体社会经济发展。因此，我们更应该明确以市场调节为主、政府调控为辅的技术转移模式。

企业在进行技术转移时往往会根据需求以差异化的类型进行转移。根据企业技术转移的现实经验可知，企业技术转移的主要形式为“移植型”技术转移和“嫁接型”技术转移。“移植型”技术转移是指研发中的所有部分一次性实现转移的过程，具体包括生产设备、程序设计、技术应用等；该种技术转移模式是企业整体技术水平的革新，不依赖于原有企业的技术水平，一次性转移成功率较高，但技术转移过程中往往伴随着较高的技术使用成本。“嫁接型”技术转移通常指技术的部分内容转移的过程，一般主要集中于技术的几个主要关键环节；该种技术转移模式是以引进技术的企业为载体，实现原有技术和新引进技术的嫁接融合，从而提高企业的技术实现效率和生产量；这对想要引进新技术的企业要求极高，必须配备技术转移的基础条件，但技术转移的成本较低，嫁接融合阶段风险较大，整体上成功率不高。此外，可以按技术载体来分，分为“实物型”、“智能型”和“人力型”的技术转移模式；亦可以按企业需求的技术用途来分，分为工艺和产品技术转移两种类型。

因为不同产业、不同阶段、不同模式的技术转移有不同特色，所以在西部大开发战略的指导下，我们必须充分评估西部的经济、社会环境，在技术转移过程中差别对待各种情况，严格遵循西部地区各产业的技术要求，比较不同形式下技术转移的效果，为西部整体地区的经济发展寻求技术选择策略，提升西部地区产业技术竞争力。

其次，我国地区差异明显，西部地区基本上仍然依靠传统产业进行组织生产，自然资源丰富，但地区的经济和社会发展相对中部和东部地区较缓慢。如果单独依靠西部地区内各省份自行发展技术，必然需要花费更多的时间成本，且技术研发风险较大，很容易造成资源的浪费；西部各省份中多为欠发达地区和边远山区，且少数民族众多，区域之间实现技术的联合发展往往会受到各地区的地域文化、产业结构、自然资源分布等影响。西部要想实现技术的发展革新，必须因地制宜，积极探索各地区技术转移的不同形式，区别对待。

再次，要解决技术改造中的支付成本问题。我国技术转移缓慢的主要原因在于资金问题，一些企业想要引进新技术来扩大生产和提高企业市场竞争力，但是引进新技术的成本对于部分企业来说相对较高，承担不起技术转移的风险和损失。因此，为了促进我国企业实现引进新技术和技术得到有效的市场转移，就需要我们不断增加东西部技术的合作交流，建立和完善技术转移的信贷体系，通过减免税收政策间接地对技术转移投入资金。

最后，由于技术的转移对区域发展的重要性，政府部门应发挥一定的宏观调控的作用，加快区域间的技术交流合作，这是西部大开发的重要环节。各区域政府要注意产业布局的整体规划、投资融资环境的建设、环境保护的补偿机制建设等一系列机制、环境的建设。通过建立和完善各种管理体制和法律体系，规范技术转移相关的行为，培育、保持一个有效的市场，维持秩序保证正常竞争。在技术转移的各个环节上都要有相关的技术人员，做好人才的培养和引进工作是要抓好的第一步。另外，技术所在产业的发展之初需要大量的资金投入，可借助政府财政的力量，向欲实现技术转移的企业提供政策支持，降低技术转移风险。转移也必须是经过严密论证的有需求、有市场的技术，否则是无效益的转移。

应该充分借鉴国外适合我国经济情况的推动技术交流转移的政策，改进其他国家卓有成效的技术交流政策，应用到我国开发西部的事业中。

例如，在以色列，负责技术研发的主体主要是高校和各研究机构，而技术成果基本上都是自行转化成社会生产。通过市场作用，高校和科研机构可以直接将科技成果转让给需要技术的企业单位，又或是寻找投资者进行直接投资转化；当地政府主要通过各种资助来与企业分担，促进成果的转化。一般情况下，在以色列负责研究技术和科研机构的高校基本都有自己从事研究与开发的中介公司，这些中介公司负责申请技术专利成果、寻找技术投资者，代表研究人员进行技术谈判，或自行成立企业将技术成果直接转化为社会的现实生产。除了教育系统的中介公司外，还在医学、农业等方面的政府所有的研究机构设立了中介公司，其职责是对技术进行商业运作，减少了研究人员在这方面需要花费的精力，这些公司对高校等研究机构的技术相当熟悉，能够与企业和研究人员之间建立联系，以便促进技术成果的直接转化。

又如，在美国，技术转移的形式有由联邦政府推动的联邦实验室技术转移联合体，是联邦政府支持的研究成果向地方政府和企业转移的主要措施之一。还有相关法案，如《拜杜法案》，它以高校或科研机构、中小企业和非营利机构为主体，直接允许上述机构进行技术合作研发，并对研究成果拥有技术专利权，同时鼓励技术向各个产业转移。还有企业经营技术的方式，目前世界上 500 家大跨国公司拥有世界 90%的生产技术及 75%的技术贸易。

在我国，区域之间的技术转移，需要政府部门了解不同技术所需差别转移模式后，在借鉴国外的有明显成效的技术转移政策基础上创新出适合我国的技术转移战略。

4.2　创新资源配置、研发合作与区际知识溢出

学术界广泛认同研发集聚与知识溢出对创新的推动作用，但是何种类型的研发集聚结构更能够显著推动地区创新增长的研究却较少，而事实上不同的研发资源配置结构对知识溢出和创新绩效显然具有不同的影响。已有研究表明，从知识生产的角度，研发资本投入对区域创新的贡献要高于劳动工人（徐德英和韩伯棠，2015），后者对知识生产的贡献并不明显（李志宏等，2013）。Henderson（2003）、彭向和蒋传海（2011）、周灿和曾刚（2016）等的研究则表明不同的产业集聚结构所带来的专业化溢出、多样化溢出和市场结构对区域创新也产生不同的影响。在内生增长理论中，高校研发机构和企业研发部门是知识创造和知识溢出的来源（赵勇和白永秀，2009），来自高校和其他公共研究机构的溢出效应对私人部门的研究和开发效率有积极的作用（Fritsch and Slavtchev，2011）。马双和曾刚（2016）针对我国装备制造业创新活动的研究表明，高校和科研机构能够产生强烈的本地和跨区域的知识溢出效应。但是也有研究提供了相反的证据，吴玉鸣（2015）的研究认为高校研发活动对工业创新绩效的贡献并不明显。刘和东（2013）对 1998~2008 年中国省域创新空间溢出效应的估计结果显示，产学研合作内溢效应在短期和长期中不显著甚至显著为负。

总体上，由于地理单元、衡量指标及研究时段的差异，有关高校、科研机构和企业研发的溢出效应在研究结论上仍存在较多分歧。同时，已有研究多以某类创新主体作为考察对象，缺乏研发资源配置结构视角的分析。目前，我国研发经

费投入总额已经超过日本和欧盟，位居全球第二位；但我国的科技发展总体水平，同美国和日本相比，仍处于落后水平。从研发资源配置的视角来看，当前我国创新资源地域投入失衡、部门投入失衡及基础研究投入少等问题较为突出，资源配置效果亟待评估。基于此，本节旨在分析不同的研发资源配置结构及其知识溢出效应对区域创新空间格局的影响。本节的研发资源配置主要是指研发资源（包括 R&D 经费和 R&D 人员）在不同地区、不同部门、不同类别和不同来源间的分配情况[①]；各地区不同的研发资源分配方式对应各异的研发资源配置结构，进而对区域创新产生不同的影响。同时，研发资源配置结构不仅能影响本地区的创新产出，还可以经由某种渠道溢出到其他地区。因此，本节对溢出效应的检验主要基于区域内和区域间两个空间尺度：一是将其他区域研发资源投入和配置结构对本地区创新产出的影响视为区域间溢出效应；二是将跨部门研发资源配置（跨部门研发合作）对本地区创新产出的影响视为区域内的溢出效应。研究框架和各变量间的逻辑关系如图 4-2 所示。

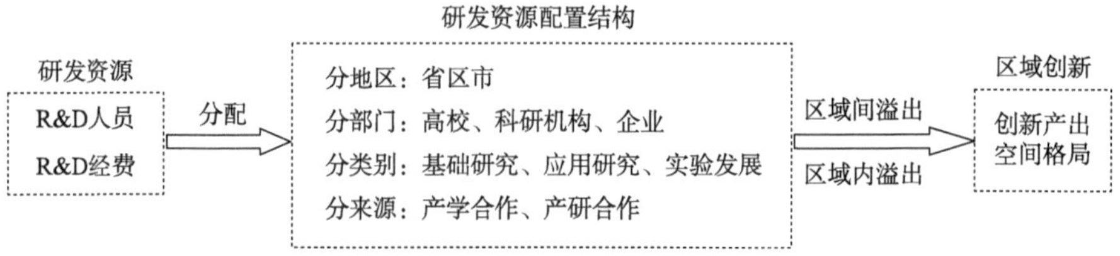

图 4-2　研究框架和变量之间的逻辑关系

本节采用发明专利申请受理量来衡量地区的创新产出，研究的地域单元包括 29 个省区市（海南、西藏除外），不含香港、澳门和台湾[②]。从图 4-3 可以看出，我国省域创新产出的地区差异显著，创新产出主要集中在东部沿海地区。考察期内，江苏、北京、广东、山东、浙江和上海六省市的创新水平较高。在中部地区，安徽的创新总量最高，2014 年发明专利申请受理数量接近 5 万件，其次是河南和湖北，创新的产出水平较为接近。在西部地区，四川、重庆、广西和陕西的创新产出水平较高，除四川的发明专利申请数在 2014 年接近 3 万件，只有广西、重庆和陕西均在 2 万件左右。整体上，我国省域创新产出的空间分布呈现较为明显的梯度分布规律。从各地区创新产出的动态变化特征来看，

① 在按类别区分的研发资源中，本节仅关注了基础研究部分。基础研究是创新活动的基础，其投入和产出也是比较各国创新政策与评价的重要指标。

② 由于《中国科技统计年鉴》在 2009 年前后相关指标的统计口径发生了很大变化，为保持数据分析的一致性和连贯性，使用 2009~2014 年的省域空间面板数据。本节对东部、中部、西部的划分：东部地区包括辽宁、北京、天津、河北、山东、上海、江苏、浙江、福建和广东；中部地区包括黑龙江、吉林、山西、安徽、江西、河南、湖北和湖南；西部地区包括内蒙古、广西、重庆、四川、云南、贵州、陕西、甘肃、青海、宁夏和新疆。

2009~2014 年东部地区创新产出的年均增长率为 25.78%，其中山东和江苏的增长速度最快，年均增长率分别为 40.77%和 35.78%；中部地区创新产出增长较快，年均增长率为 30.99%，其中安徽的增长率最高，年均增长率达到 62.09%，河南、湖北和黑龙江的增速也超过了 30%；西部地区创新产出的增长速度在三个区域中最高，年均增长率高达 39.33%，接近 40%，除新疆、云南和内蒙古，其他省份的年均增长率均超过 30%。可见，在考察期内，中部、西部地区的创新产出增速较快，已经接近或者超过东部创新领先地区，由此使得我国区域创新的空间分布特征和空间结构发生显著变化。

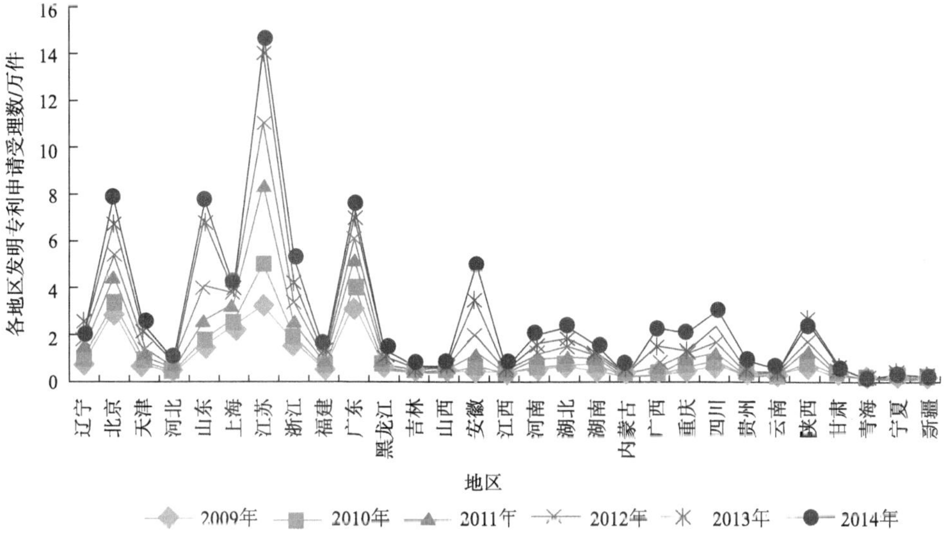

图 4-3　2009~2014 年我国各地区发明专利申请受理数

通过计算我国省域创新产出的区位基尼系数①和 Moran's I 指数②，可以进一步分析我国省域创新产出的分布特征和演进规律。首先，我国省域空间尺度下创新产出的地理集中程度在考察期内呈现先增加后减小的变动趋势。区位基尼系数从 2009 年的 0.586 上升到 2011 年的 0.593，然后下降至 2014 年的 0.556。以 2009 年为基期，区位基尼系数下降约 5 个百分点，但仍维持在高位状态，即区域创新的

---

①克鲁格曼区位基尼系数的计算公式：$G=\frac{1}{2n^2\bar{x}}\sum_{i=1}^{n}\sum_{j=1}^{n}\left|x_i-x_j\right|$，其中，$n$ 为观测对象总数；$\bar{x}$ 为 x_i 的平均值。区位基尼系数值在 0~1 变动，值越接近 0，代表区域空间分布越均匀，反之亦然。

② Moran's I 指数用于检验全局地理集聚情况，其计算公式：$I=\left[\sum_{i=1}^{n}\sum_{j=1}^{n}w_{ij}\left(y_i-\bar{y}\right)\left(y_i-\bar{y}\right)\right]\Big/\left(S^2\sum_{i=1}^{n}\sum_{j=1}^{n}w_{ij}\right)$，其中，$I$ 为 Moran's I 指数，该指数取值区间为[−1，1]，当取值在（−1，0）区间内表明相邻空间区域有负相关性，取值在（0，1）区间内表明相邻空间区域有正相关性，取值接近于 1 说明相同属性的区域邻近。

地理集中程度依然较高（图 4-4）。根据王春杨和翁蒗（2015）的研究，自 2007 年以来，我国省域创新总体差距呈现不断减小的发展态势，特别是东部、中部、西部三大区域之间的创新差距对全国整体差距的贡献率不断减小，而区域内贡献则不断增加。由此可以认为，我国省域创新产出的地理集中格局，已经由东部集中逐渐转变为东部、中部、西部区域内部的地理集中；虽然地理集中程度变化不大，但空间格局已经发生明显转变。

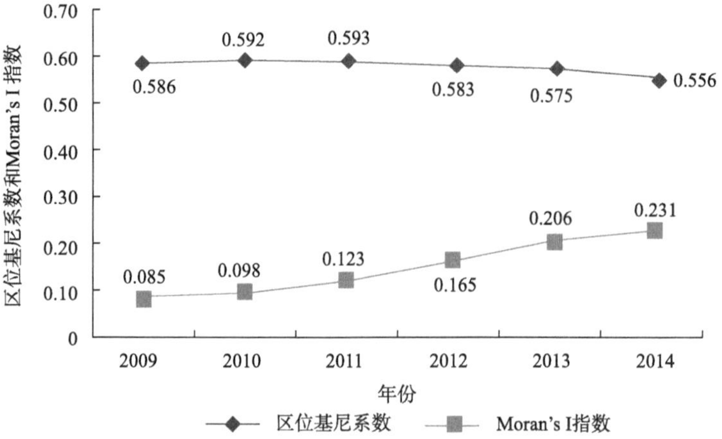

图 4-4　2009~2014 年我国创新产出区位基尼系数和 Moran's I 指数变化趋势

其次，我国省域创新产出的空间依赖程度不断增加。测算结果显示，Moran's I 指数从 2009 年的 0.085 持续增加到 2014 年的 0.231，且统计的显著性水平也不断增强，说明了创新产出不断增强的空间依赖特征。从局部的空间演进特征来看，2009 年，我国区域创新产出较强的省份主要分布在东部沿海地区，创新产出第一分位的 9 个省份中就有 8 个分布在东部沿海地区（包括辽宁、北京、天津、山东、江苏、浙江、上海和广东），但此时创新产出的空间集聚特征并不明显，只在长三角地区呈现显著的空间依赖。2014 年，中部、西部地区的安徽、陕西两地的创新产出增加较快，进入省域创新的第一分位，而东部的天津、辽宁则进入第二分位。此时，高创新产出区域已经显著集聚在东部的江苏、浙江、上海和山东，以及中部、西部的安徽、四川、重庆、陕西和湖北等地，创新产出的空间依赖特征已经十分明显。总体上，研究发现，我国省域创新产出的地理集中程度虽缓慢下降但仍维持在高位状态，而创新产出的空间依赖格局却呈现不断增强的发展趋势；显著的空间依赖特征在一定程度上说明了知识溢出对我国省域创新空间演进的重要性。

4.2.1　计量模型设计、变量说明与数据选择

本节关注研发资源配置及溢出效应对省域创新空间格局的影响，传统的投入产出关系是重要的影响机制，因此，本节基本模型的设定仍基于 Griliches（1979）和 Jaffe（1986）的知识生产函数。知识生产函数一直是国内外研究区域创新及其影响因素的重要模型基础，该函数的基本形式为

$$\mathrm{INV}_{j,t}=K_{j,t}^{\alpha}L_{j,t}^{\beta}Z^{\lambda}{}_{j,t}\varepsilon_{j,t} \tag{4-3}$$

其中，INV 为 j 地区的创新产出；K 为 R&D 资本投入；L 为 R&D 人员投入；Z 为其他控制变量；α、β、λ 为参数；ε 为随机误差项。除了 R&D 资源的区域配置差异，研发资源的部门配置结构及其溢出效应也是至关重要的，因此，在基本方程的基础上，本节构建包含研发资源部门配置结构的创新影响计量方程如下：

$$\begin{aligned}\ln\left(\mathrm{INV}_{j,t}\right)=C+\beta_1\ln\left(\mathrm{RDE}_{j,t}\right)+\beta_2\ln\left(\mathrm{RDP}_{j,t}\right)+\beta_3\ln\left(\mathrm{LQE}_{j,t}\right)+\beta_4\ln\left(\mathrm{SPI}_{j,t}\right)\\+\varphi\ln\left(X_{j,t}\right)+\mu_j+v_t+\varepsilon_{j,t}\end{aligned} \tag{4-4}$$

其中，$\ln\mathrm{INV}_{j,t}$ 为 j 地区 t 年份创新产出的自然对数，在本节中创新产出 INV 以地区发明专利申请受理数来衡量①；$\ln\mathrm{RDE}_{j,t}$ 表示 j 地区 t 年份 R&D 资本投入的自然对数，以 R&D 经费内部支出总额来衡量；$\ln\mathrm{RDP}_{j,t}$ 表示 j 地区 t 年份 R&D 人员投入的自然对数，以 R&D 人员全时当量来衡量；$\ln\mathrm{LQE}_{j,t}$ 为 j 地区 t 年份 R&D 经费配置结构的自然对数；$\ln\mathrm{SPI}_{j,t}$ 为 j 地区 t 年份跨部门 R&D 经费配置结构的自然对数。

研发资源配置结构的衡量。RDE 和 RDP 是区域创新活动最主要的投入，其在不同地区间的投入差异则反映了研发资源在全国层面的空间配置结构。LQE 反映了研发资源在区域内部门间的配置结构。LQE 的设计参考区位商的构建方法，根据考察对象的不同，该指标进入不同模型的形式分别为 LQE_UN、LQE_RI、LQE_EN 和 LQE_BR，分别表示各地区高校研发资源的集聚程度、科研机构研发资源的集聚程度、企业研发资源的集聚程度及基础研究资源的集聚程度②。各类研发资源配置结构的计算方法如下：

$$\mathrm{LQE}_{i,j,t}=\frac{\mathrm{RDE}_{i,j,t}/\mathrm{RDE}_{j,t}}{\sum_{j=1}^{m}\mathrm{RDE}_{i,j,t}/\sum_{i=1}^{n}\sum_{j=1}^{m}\mathrm{RDE}_{i,j,t}} \tag{4-5}$$

① 根据赵建吉和曾刚（2009）的研究，对于创新产出的衡量，国内外多采用专利指标。专利不仅富含了大量有关发明、技术方面的信息，并且数据容易得到，同时发明专利更能客观地反映出一个地区原始创新能力与科技综合实力。

② 按照区位商的定义，LQE 取值大于 1，说明该部门在本地所占比重高于全国平均水平，可以认为该地区的研发资源主要向该部门集聚；区位商越大，集聚水平越高；如果区位商小于或等于 1，则认为该部门的集聚程度较低。

其中，$LQE_{i,j,t}$ 为研发资源配置区位商，下标 j 表示地区，i 表示研发部门或类别，即高校、科研机构、企业和基础研究等。

本节主要关注企业分别与高校和科研机构之间的互动溢出，分别表示为 SPI_EU 和 SPI_ER，分别用高校和科研机构 R&D 经费支出中来源于企业的部分来衡量。

考虑到区域创新存在的空间溢出效应，即一个区域创新产出除了取决于自身的研发资源配置，同时还受到其他区域研发活动的影响。大量研究证明了我国省域创新活动的空间溢出效应（王春杨和张超，2013；王庆喜，2013）。除了可被观测到的空间相互作用，还包括其他非观测的空间异质性及遗漏变量，因此需构建考虑空间效应的计量模型（LeSage and Pace，2008）。参考已有研究，本节构建了考虑空间效应的空间自回归模型（spatial autoregressive model，SAR）、SEM 模型和 SDM 模型。

SAR 模型：

$$\ln\left(\mathrm{INV}_{j,t}\right)=C+\rho W\ln\left(\mathrm{INV}_{i,t}\right)+\beta_1\ln\left(\mathrm{RDE}_{j,t}\right)+\beta_2\ln\left(\mathrm{RDP}_{j,t}\right)+\beta_3\ln\left(\mathrm{LQE}_{j,t}\right)$$
$$+\beta_4\ln\left(\mathrm{SPI}_{j,t}\right)+\varphi\ln\left(X_{j,t}\right)+\mu_j+\nu_t+\varepsilon_{j,t} \tag{4-6}$$

SEM 模型：

$$\ln\left(\mathrm{INV}_{j,t}\right)=C+\beta_1\ln\left(\mathrm{RDE}_{j,t}\right)+\beta_2\ln\left(\mathrm{RDP}_{j,t}\right)+\beta_3\ln\left(\mathrm{LQE}_{j,t}\right)+\beta_4\ln\left(\mathrm{SPI}_{j,t}\right)$$
$$+\varphi\ln\left(X_{j,t}\right)+\mu_j+\nu_t+\varepsilon_{j,t} \tag{4-7}$$
$$\varepsilon_{j,t}=\lambda W\varepsilon_{i,t}+\xi_{j,t}$$

SDM 模型：

$$\ln\left(\mathrm{INV}_{j,t}\right)=C+\beta_1\ln\left(\mathrm{RDE}_{j,t}\right)+\beta_2\ln\left(\mathrm{RDP}_{j,t}\right)+\beta_3\ln\left(\mathrm{LQE}_{j,t}\right)+\beta_4\ln\left(\mathrm{SPI}_{j,t}\right)$$
$$+\rho_1W\ln\left(\mathrm{RDE}_{i,t}\right)+\rho_2W\ln\left(\mathrm{RDP}_{i,t}\right)+\rho_3W\ln\left(\mathrm{LQE}_{i,t}\right)+\rho_4W\ln\left(\mathrm{SPI}_{i,t}\right)$$
$$+\varphi\ln\left(X_{j,t}\right)+\mu_j+\nu_t+\varepsilon_{j,t} \tag{4-8}$$

其中，$W\ln(\mathrm{INV}_{it})$ 为邻近区域创新产出的加权空间滞后变量；$W\varepsilon_{jt}$ 为反映在随机扰动项中的加权空间滞后影响；$W\ln(\mathrm{RDE}_{i,t})$、$W\ln(\mathrm{RDP}_{i,t})$和 $W\ln(\mathrm{LQE}_{i,t})$分别为邻近区域的研发资本、劳动工人和研发资源配置结构的加权空间滞后变量；$X_{j,t}$ 表示其他的控制变量，包括反映技术市场活跃程度的技术市场成交额（TMA）及外商直接投资（FDI）；W 为一阶邻接空间权重矩阵，相邻区域取值为 1，不相邻取值为 0；β、ρ 和 φ 为待估计参数；μ 和 ν 表示空间和时间特定效应；ε 为随机扰动项。FDI 数据来源于《中国统计年鉴》（2010~2015 年），其他数据均来自《中国科技统计年鉴》（2010~2015 年）。

4.2.2　产学研合作的溢出效应及空间异质性

表 4-1 给出了上述 3 个模型的估计结果，从 Log-likelihood 及拟合优度 R^2 来看，SDM 是相对适合的解释模型。在 SAR 和 SEM 模型的选择中，拉格朗日乘数法（LM）检验结果显示 LM-Lag 显著而 LM-Error 不显著，说明 SAR 模型要优于 SEM 模型；且由于误差项间的交互效应并不反映空间溢出效应（Elhorst and Vega，2015），故对于本节计量结果的分析主要基于 SAR 模型和 SDM 模型的估计结果。首先，高校研发经费集聚对地区创新产出具有显著的正向影响，地区高校研发集聚的区位商每增加 1%，会使得该地区创新产出增加 0.34%左右，并且这种影响效应在 1%的统计水平上显著，说明研发资源向高校集聚的资源配置结构其溢出效应非常显著。一方面，可以充分发挥高校在知识创造方面的优势；另一方面，可以通过合作、转移、咨询和就业等各种形式的知识溢出促进区域创新产出的增长。科研机构研发资源集聚对区域创新的溢出效应不显著，在某种程度上说明，与高校相比，研发资源向科研机构集聚的配置结构对于地区创新的贡献相对较弱，原因可能是科研机构与地区各主体之间的互动形式较为简单，缺乏通过培训和安排就业等形式传递科学知识。模型 3 的回归结果表明，企业研发集聚对区域创新产生显著的负向影响（−1.693），说明越是企业投入研发经费占主导地位的区域，创新产出反而不高，在一定程度上说明，从目前全国层面来看，在我国大部分地区，企业作为区域创新的主体地位仍然不强，企业研发对区域创新产出的溢出效应还比较弱，区域创新产出的增长更多还是依赖于高校和科研机构的研发资源。

其次，从研发资源的区域配置差异来看，3 个模型中，地区研发经费投入能够显著促进区域的创新产出，但劳动工人投入对区域创新在全国层面来看则不具显著性。说明相比于劳动工人的投入，研发经费投入的区域配置差异对我国区域创新空间格局演变的影响更为显著，这与徐德英和韩伯棠（2015）、王庆喜（2013）已有的研究结论相一致。高校中来源于企业的资金对区域创新的回归系数在模型 1 和模型 3 中均为正，即反映高校与企业间研发合作对区域创新的知识溢出效应为正，但在全国层面不具有统计意义上的显著性；科研机构中企业资金使用对区域创新的回归系数则显著为负，在一定程度上说明科研机构与企业合作的知识溢出效应较差，并未有效地促进区域创新产出增长，这一结果也更加说明了相比于高校，科研机构研发活动的知识溢出效应较弱。总体上，在全国层面，创新主体间研发合作的溢出效应并不明显，但考虑到我国地区间发展水平、创新环境的显著差异，整体的回归分析可能掩盖了差异化的区域特征，因此需要分区域进行具体分析。

最后，区域创新产出表现出明显的空间依赖特征，各地区研发经费投入呈现显著的空间溢出效应，但区域内研发资源配置结构的空间溢出效应并不明显。在 SAR 模型中，反映空间效应的回归系数在 5%的水平上显著为正（0.173、0.201 和 0.190），说明一个地区的创新产出，受其邻近区域创新产出的影响显著；一方面来自邻近区域研发活动的知识溢出效应，另一方面也来自创新的示范效应和竞争效应，这与大部分的此类研究得出的结论相一致。在 SDM 模型中，邻近区域研发经费投入的增加能够促进本地区的创新产出，回归系数均在 5%的水平上显著为正（1.026、0.883 和 1.067）；劳动工人投入则表现出负的空间溢出效应，且在 10%的水平上显著为负（−0.613、−0.882 和−0.877）。从研发资源的配置结构方面来看，无论是以高校、科研机构还是企业为主的研发资源配置结构，对邻近区域的创新产出均未表现出显著的溢出效应，这可能与所选择的地理空间尺度较大有关，结构化的差异仅在区域内部表现出显著性。创新主体研发合作呈现显著为负的空间溢出效应，说明区域内良好的知识溢出环境有利于创新的集聚，并拉大与邻近区域的创新差距。控制变量方面，反映市场活跃程度的技术市场成交额对区域创新的回归系数均显著为正，说明技术市场越发达，越有利于区域创新。外商直接投资对区域创新产出的影响并不显著，一个可能的原因是我国很多地区的企业的技术吸收能力较弱，与外国企业之间联系较少且存在技术缺口（王红领等，2006）。

表4-1　计量结果[被解释变量为ln(INV)]

解释变量	模型 1（高校）			模型 2（科研机构）			模型 3（企业）		
	SAR	SEM	SDM	SAR	SEM	SDM	SAR	SEM	SDM
ln(RDP)	−0.206 （0.229）	−0.189 （0.228）	−0.008 （0.228）	−0.181 （0.230）	−0.294 （0.230）	−0.080 （0.230）	−0.203 （0.228）	−0.296 （0.227）	−0.055 （0.232）
ln(RDE)	1.878*** （0.234）	2.003*** （0.132）	1.090*** （0.238）	1.675*** （0.224）	2.063*** （0.136）	0.982*** （0.228）	1.648*** （0.228）	2.012*** （0.137）	0.960*** （0.237）
ln(LQE_BR)	0.063 （0.097）	0.047 （0.099）	0.048 （0.107）	−0.019 （0.094）	0.000 （0.095）	−0.090 （0.119）	−0.067 （0.112）	−0.062 （0.112）	0.088 （0.443）
ln(LQE)	0.338*** （0.120）	0.350*** （0.117）	0.319** （0.145）	0.298 （0.186）	0.248 （0.188）	0.100 （0.104）	−1.693*** （0.520）	−1.614*** （0.554）	−0.256 （0.337）
ln(SPI_EU)	0.062 （0.118）	0.009 （0.124）	0.044 （0.061）				0.021 （0.100）	0.003 （0.107）	0.008 （0.025）
ln(SPI_ER)				−0.031** （0.015）	−0.028* （0.016）	−0.041* （0.025）	−0.028* （0.015）	−0.025* （0.013）	−0.014 （0.053）

续表

解释变量	模型 1（高校）			模型 2（科研机构）			模型 3（企业）		
	SAR	SEM	SDM	SAR	SEM	SDM	SAR	SEM	SDM
*W*ln(INV)/*Wv*	0.173**	−0.131		0.201**	0.024		0.190**	0.002	
	(0.090)	(0.131)		(0.094)	(0.120)		(0.096)	(0.127)	
*W*ln(RDP)			−0.613*			−0.882**			−0.877**
			(0.344)			(0.354)			(0.347)
*W*ln（RDE）			1.026***			0.883**			1.067**
			(0.351)			(0.349)			(0.354)
*W*ln(LQE_BR)			0.004			0.186			0.173
			(0.186)			(0.193)			(0.192)
*W*ln(LQE)			0.408			−0.305*			1.089*
			(0.328)			(0.185)			(0.649)
ln(SPI_EU)			−0.356**						−0.232**
			(0.123)						(0.106)
ln(SPI_ER)						−0.305*			−0.109**
						(0.185)			(0.043)
lnTMA	0.101*	0.111**	0.033	0.110**	0.117**	0.065	0.124**	0.128**	0.061
	(0.052)	(0.052)	(0.489)	(0.052)	(0.052)	(0.047)	(0.055)	(0.056)	(0.047)
lnFDI	0.134	0.146	0.023	0.209	0.249*	−0.019	0.215	0.243*	0.016
	(0.146)	(0.139)	(0.805)	(0.142)	(0.137)	(0.098)	(0.147)	(0.142)	(0.097)
样本量	174	174	174	174	174	174	174	174	174
Log-likelihood	40.521	39.767	45.273	44.738	42.574	47.182	40.176	38.285	45.691
R^2	0.903	0.899	0.926	0.851	0.841	0.868	0.853	0.839	0.915

***为 $p<0.01$，表示在 1%的水平上显著，**为 $p<0.05$，表示在 5%的水平上显著，*为 $p<0.1$，表示在 10%的水平上显著

注：括号内为标准误。本节所有估计采用软件 Stata 13.0

表 4-2 给出了分东部、中部、西部三个地区的普通面板回归模型的计量结果。首先，从回归结果来看，高校研发集聚的配置结构在中部和西部地区对区域创新具有显著为正的溢出效应，集聚程度每提高 1%，分别可以促进区域创新产出增长 0.417%和 0.684%，说明在中部和西部地区尤其是在西部地区，高校依然是区域创新的主体，高校研发集聚的溢出效应较强，对区域创新起着至关重要的作用。在

东部地区，虽然高校研发集聚的溢出效应为正，但不具统计意义上的显著性。科研机构研发集聚对区域创新在东部、中部、西部均不具有显著的溢出效应，研发资源配置的知识溢出效应没有高校显著；企业研发集聚在中部和西部地区对创新产出均呈现显著的负溢出效应，说明企业研发集聚的创新溢出效应较弱，企业不是区域创新的主体；企业研发集聚的溢出效应在东部地区显著为正，虽然仅在10%的水平上显著，说明相比中部、西部地区，东部地区企业的创新能力和溢出效应相对较强。

表4-2　分东部、中部、西部的计量结果[被解释变量为ln(INV)]

解释变量	模型4（高校）			模型5（科研机构）			模型6（企业）		
	东部	中部	西部	东部	中部	西部	东部	中部	西部
ln(RDP)	0.058	0.550*	−0.989***	−0.299*	0.532*	−1.130***	−0.087	0.587**	−1.564***
	（0.184）	（0.315）	（0.326）	（0.166）	（0.304）	（0.382）	（0.218）	（0.272）	（0.417）
ln(RDE)	1.271***	2.354***	1.853***	1.502***	1.398***	2.403***	1.306***	0.867***	2.474***
	（0.166）	（0.362）	（0.293）	（0.145）	（0.293）	（0.268）	（0.223）	（0.254）	（0.260）
ln(LQE_BR)	0.001	0.044	0.242**	0.133	−0.112	0.489***			
	（0.139）	（0.174）	（0.123）	（0.189）	（0.120）	（0.162）			
ln(LQE)	0.159	0.417**	0.684***	−0.010	0.279	−0.057	0.349*	−2.066***	−2.005**
	（0.206）	（0.207）	（0.223）	（0.198）	（0.281）	（0.275）	（0.183）	（0.655）	（0.843）
ln(SPI_EU)	0.210**	0.463*	−1.095***				0.195**	0.292*	−0.685**
	（0.107）	（0.280）	（0.269）				（0.080）	（0.149）	（0.298）
ln(SPI_ER)				−0.002	−0.072	−0.063	−0.011	−0.038	−0.033
				（0.014）	（0.078）	（0.067）	（0.013）	（0.024）	（0.060）
ln(TMA)	0.132*	0.122	−0.149**	0.155**	0.0767	0.043	0.227**	0.097	0.096
	（0.073）	（0.092）	（0.062）	（0.067）	（0.099）	（0.087）	（0.110）	（0.094）	（0.094）
ln(FDI)	0.236***	−0.003	−0.107	0.281***	−0.256	−0.299	0.799**	−0.479	−0.397
	（0.091）	（0.387）	（0.143）	（0.080）	（0.372）	（0.241）	（0.362）	（0.346）	（0.246）
常数项	−1.775***	−0.239	−1.125**	−1.125***	−2.261***	0.091	−1.784***	−0.746	3.044***
	（0.374）	（0.628）	（0.519）	（0.294）	（0.678）	（0.517）	（0.473）	（0.758）	（1.005）
样本量	60	48	66	60	48	66	60	48	66
Id数量	10	8	11	10	8	11	10	8	11
R^2	0.911	0.953	0.820	0.891	0.961	0.833	0.919	0.969	0.851

***为 $p<0.01$，表示在1%的水平上显著，**为 $p<0.05$，表示在5%的水平上显著，*为 $p<0.1$，表示在10%的水平上显著

注：括号内为标准误。本节所有估计采用软件Stata 13.0

其次，研发资源投入对区域创新的影响存在显著的区域差异。中部地区劳动工人集聚对区域创新具有显著的正效应，劳动工人全时当量每增加1%，会带

来创新产出增长 0.550%左右；但劳动工人集聚在西部地区对创新产出的影响则为负，且在 1%的统计水平上表现出显著性，说明在西部地区，劳动工人的投入并不是促进区域创新增长的主要决定因素。研发经费的投入（RDE）在东部、中部、西部对创新产出均表现出显著的正向影响。基础研究集聚（LQE_BR）对区域创新增长的回归系数在西部地区显著为正且在 1%的水平上显著，即基础研究集聚对于提高西部地区区域创新能力具有重要意义，但在东部和中部地区均未表现出显著性。

最后，衡量区域内知识溢出的跨部门研发资源配置方面，高校和企业间研发合作的溢出效应在东部地区和中部地区显著为正，而在西部地区则显著为负，且在 1%的水平上显著（−1.095），说明西部地区在产学合作促进知识溢出进而促进区域创新方面并不明显；产学研合作在各地区的溢出效应则为负，但不具统计意义上的显著性。技术市场成交额表征的市场活跃程度对区域创新仅在东部地区具有正的显著性。FDI 的溢出效应仅在东部地区显著为正，与原毅军和黄菁菁（2016）的研究结论相一致。根据陈继勇和盛杨怿（2008）的研究，受引资结构和质量的影响，FDI 的知识溢出效应并不明显，原因在于 FDI 渠道对技术进步的促进作用与当地的经济、科技发展水平有着密切关系。

4.3　地区间跨界污染最优控制策略分析

4.3.1　问题描述与模型建立

1. 问题描述

随着我国经济的高速增长，自然生态环境却受到了严重破坏，愈演愈烈的环境污染问题已经危及公众生活和经济发展（潘峰等，2014）。大气污染、水污染、噪声污染等各类环境污染已成为现代社会经济发展中正面临的重大问题。由于具有跨界流动性的特征，酸雨、雾霾及河流污染等环境污染在很多国家或地区间呈现出单向或交叉的外溢性效应，目前跨界污染问题已引起很多学者的关注。Biancardi 和 Villani（2018）运用污染减排动态模型研究了国际环境协定的形成和稳定性。高明等（2016）基于演化博弈的视角，重点分析地方政府在环境污染治理中的行为演化路径及稳定策略问题。但以上研究均是从单一污染物同等损害的角度进行分析，尚未见到对污染物多样化角度下不同损害的研究。当前现实中许多污染行业会同时产生多种污染物，造成全球及当地环境问题。Caplan 和 Silva（2005）考察多种污染物主要是由单一污染源产生，但具有区域性和全球性的外部性控制问题。Silva 和 Zhu（2009）研究了在当地（硫）和全球（碳）污染物存在的前提下的污染避难所假说和搭便车行为问题。Günther 和 Hellmann（2017）在重复博弈框架下研究了国际环境协议的稳定性，并刻画了污染具有全球和地方效应时国际环境协议稳定的充要条件。

总之，当前微分博弈法已经被国外学者越来越多地使用在跨界污染治理上，但国内尚处于起步阶段，重点研究集中于跨界污染的总体影响，而忽略了污染物的不同影响，即存在非累积性影响和累积性影响。此外，虽然对多样化污染物开展了相关研究，但较少涉及污染治理资本积累动态问题，而随着政府重视环境保护而不断增加环保投资，有必要研究存在非累积性和累积性污染物不同损害的前提下，通过不同地区间污染控制政策的设计，促进环境质量提升。基于以上考虑，本节运用博弈模型方法，考虑到污染物的不同损害（非累积性损害和累积性损害）及污染治理资本存量动态，重点研究跨界污染控制问题，主要运用最优控制理论与方法分析两个非对称地区在非合作和合作两种情况下最优的污染物质排放量、污染治理投资和污染资本存量的情况。

2. 模型建立

因此，本节设计具有非对称性的两个相邻地区污染控制的微分博弈模型。

（1）效用函数。考虑两个相邻地区 $i(i=1,2)$ 或 $j(j=1,2)$ 在生产中产生跨界污染问题。$q_i(t)$ 为地区 i 在 t 时的产出，且 $q_i(t)\geqslant 0$，$t\in[0,+\infty)$，$U_i(q_i(t))$ 为地区 i 在 t 时的收益，假定收益函数是递增函数，且 $U'(0)=+\infty$，即零产量是无任何收益的。本节参照常相对风险规避效用函数，将收益函数表示为

$$U_i(q_i(t))=\ln q_i(t) \tag{4-9}$$

（2）污染排放量。众所周知，企业进行产品制造时一般会产生一定的副产品，即污染物，用 $E_i(t)$ 表示地区 i 在 t 时的污染排放量。与此同时，为了解决环境问题，地区 i 在 t 时将进行污染治理投资，用 $I_i(t)$ 表示，随着时间推移，地区 i 在 t 时将会有污染治理资本存量 $K_i(t)$。本节参照 van der Ploeg 和 de Zeeuw（1992）的研究，将污染排放量以下列形式表示：

$$E_i(t)=Y_i(K_i(t))q_i(t) \tag{4-10}$$

其中，$Y_i'(K_i(t))<0$，表明随着污染治理投资的增加，生产 1 单位产品产生的污染物递减。$Y_i''(K_i(t))>0$，表明治理投资的增加与边际报酬递减规律相符。同时为了获得污染物排放量等的具体表达式，根据 Jørgensen 和 Zaccour（2001），本节

将 $Y_i\left(K_i(t)\right)$ 表示为以下函数形式：

$$Y_i\left(K_i(t)\right)=\beta_i \mathrm{e}^{-\mu_i K_i} \tag{4-11}$$

其中，$\beta_i>0,\mu_i>0$。根据 Li（2014）的思想，为了体现两个地区的非对称性，令 $\beta_1=\beta$，$\beta_2=m\beta,\mu_1=\mu$，$\mu_2=n\mu$，且 $m>0,n>0$，主要是说明两个地区在污染治理能力方面的差异。

（3）污染治理资本动态。地区 i 在 t 时可以通过污染治理投资来提升污染治理资本存量。因此，污染治理资本存量的变化服从下列标准的动态过程：

$$\dot{K}_i(t)=I_i(t)-\alpha_i K_i(t),\ K_i(0)=K_i^0\geqslant 0 \tag{4-12}$$

其中，$K_i^0\geqslant 0$ 表示初始资本存量。$\alpha_i>0$ 为不变的资本折旧率，且令 $\alpha_1=\alpha$，$\alpha_2=s\alpha$，$s>0$ 主要表示两个非对称相邻地区在污染治理资本使用方面的差异（资本折旧率越大，表示污染控制的投入越多）。此外，污染治理投资需要投入大量的人力及技术，将产生一定的成本，因此，本节将污染治理投资的成本以如下函数形式表示：

$$C_i\left(I_i(t)\right)=\frac{1}{2}c_i I_i^2(t) \tag{4-13}$$

其中，$C_i\left(I_i(t)\right)$ 为递增的凹函数，$c_i>0$，且令 $c_1=c$，$c_2=dc$，$d>0$，主要表示两个非对称相邻地区在污染治理投资成本方面的差异。

（4）污染存量动态。污染物存量 $x(t)$ 的变化服从如下动态过程：

$$\dot{x}(t)=E_1(t)+E_2(t)-\delta x(t),\ x(0)=x_0 \tag{4-14}$$

其中，$\delta>0$ 为环境对污染物的自然分解率，x_0 为初始污染物存量。此外，污染是一种“坏”的公共产品，将造成环境损害，因而假定地区 i 遭受的污染损害成本为 $D_i\left(x(t)\right)$，并且 $D_i\left(x(t)\right)$ 为递增的凹函数，具体表示为

$$D_i\left(x(t)\right)=h_i x(t),\ D_i(0)=0 \tag{4-15}$$

其中，$h_i>0$，令 $h_1=h$，$h_2=vh$，且 $v>0$，主要表示污染存量对两个非对称相邻地区的损害存在差异。

（5）区域和全球环境影响。基于以上分析，跨界污染可以通过两种方式对环境造成损害，即全球累积性影响和区域非累积性影响。在这种情况下，本节考虑一个地区产生的区域非累积污染物将对相邻地区造成一定的损害，且假定单位污染排放量将造成单位损害，因此，地区 i 的污染排放 $E_i(t)$ 将对本地区造成的损害表示为 $\varepsilon_i^i E_i(t)$，而对相邻地区 j 造成的损害为 $\varepsilon_i^j E_i(t)$。

（6）地区政府目标。地区 i 的目标函数为

$$W_i=\max_{E_i(t),I_i(t)}\int_0^{\infty}\mathrm{e}^{-rt}\left[U_i\left(q_i(t)\right)-C_i\left(I_i(t)\right)-\varepsilon_i^i E_i(t)-\varepsilon_j^i E_j(t)-D_i\left(x(t)\right)\right]\mathrm{d}t \tag{4-16}$$

其中，$i=1,2$；$j=1,2$；$i\neq j$。$r>0$ 为折现率，W_i 表示地区 i 的净收益。将式（4-9）、式（4-10）、式（4-11）、式（4-13）和式（4-15）代入式（4-16），地区 i 的目标函数变为

$$W_i=\max_{E_i(t),I_i(t)}\int_0^{\infty}\mathrm{e}^{-rt}\left(\ln E_i+\mu_i K_i-\ln\beta_i-\varepsilon_i^i E_i-\varepsilon_j^i E_j-\frac{1}{2}c_i I_i^2-h_i x\right)\mathrm{d}t$$
$$\text{s.t.}\quad \dot{K}_i(t)=I_i(t)-\alpha_i K_i(t),\ K_i(0)=K_i^0\geqslant 0,\qquad (4\text{-}17)$$
$$\dot{x}(t)=E_1(t)+E_2(t)-\delta x(t),\ x(0)=x_0,\ x(t)\geqslant 0$$

其中，$i=1,2$；$j=1,2$；$i\neq j$。控制变量为 $E_i(t)$ 和 $I_i(t)$，状态变量为 $K_i(t)$ 和 $x(t)$。

4.3.2 非合作与合作治理策略

1. 非合作治理策略

如果两个相邻地区基于自身利益最大化而选择非合作治理策略，每个地区将独自做出最优策略，但每个地区选择策略时会考虑对其他地区产生的影响。因此，一个地区在决策时要考虑到对方的反应。于是，每个地区在选择策略时均以获得自身福利的最大化为重要目标。因此，地区 i 在非合作情况下的最优决策问题可以分别具体表示为

$$W_1=\max_{E_1(t),I_1(t)}\int_0^{\infty}\mathrm{e}^{-rt}\left(\ln E_1+\mu K_1-\ln\beta-\varepsilon_1^1 E_1-\varepsilon_2^1 E_2-\frac{1}{2}cI_1^2-hx\right)\mathrm{d}t$$
$$\text{s.t.}\quad \dot{K}_1=I_1-\alpha K_1,\ K_1(0)=K_1^0\geqslant 0,\qquad (4\text{-}18)$$
$$\dot{x}=E_1+E_2-\delta x,\ x(0)=x_0,x\geqslant 0$$

$$W_2=\max_{E_2(t),I_2(t)}\int_0^{\infty}\mathrm{e}^{-rt}\left(\ln E_2+n\mu K_2-\ln m\beta-\varepsilon_2^2 E_2-\varepsilon_1^2 E_1-\frac{1}{2}dcI_2^2-vhx\right)\mathrm{d}t$$
$$\text{s.t.}\quad \dot{K}_2=I_2-s\alpha K_2,\ K_2(0)=K_2^0\geqslant 0,\qquad (4\text{-}19)$$
$$\dot{x}=E_1+E_2-\delta x,\ x(0)=x_0,x\geqslant 0$$

为了获得式（4-18）、式（4-19）最优控制问题的最优性条件，本节运用 Pontryagin 最大值原理，W_i 的现值汉米尔顿函数分别为

$$H_1=\ln E_1+\mu K_1-\ln\beta-\varepsilon_1^1 E_1-\varepsilon_2^1 E_2-\frac{1}{2}cI_1^2-hx+\lambda_1(E_1+E_2-\delta x)+\theta_1(I_1-\alpha K_1)\qquad (4\text{-}20)$$

$$H_2=\ln E_2+n\mu K_2-\ln m\beta-\varepsilon_2^2 E_2-\varepsilon_1^2 E_1-\frac{1}{2}dcI_2^2-vhx+\lambda_2(E_1+E_2-\delta x)+\theta_2(I_2-s\alpha K_2)\qquad (4\text{-}21)$$

其中，λ_i、θ_i 为分别和状态变量 $x(t)$、$K(t)$ 相对应的共态变量。为了使式（4-20）取得最大值，最优条件是充要的，并且包括：

$$\frac{\partial H}{\partial E_1}=\frac{1}{E_1}-\varepsilon_1^1+\lambda_1=0$$

$$\frac{\partial H}{\partial I_1}=-cI_1+\theta_1=0$$

$$\dot{\lambda}_1=(r+\delta)\lambda_1+h$$

$$\dot{x}=E_1+E_2-\delta x,\ x(0)=x_0,\ x\geqslant 0$$

$$\dot{\theta}_1=(r+\alpha)\theta_1-\mu$$

$$\dot{K}_1=I_1-\alpha K_1,\ K_1(0)=K_1^0\geqslant 0$$

根据定义，稳态条件应满足 $\dot{x}=\dot{\lambda}_1=0$ 和 $\dot{K}_1=\dot{\theta}_1=0$，因此，可以得出：

$$\lambda_1=-\frac{h}{r+\delta},\ \theta_1=\frac{\mu}{r+\alpha}$$

类似地，对于现值汉米尔顿函数 H_2，为了获得式（4-21）的最大值，可以推出：

$$\frac{\partial H}{\partial E_2}=\frac{1}{E_2}-\varepsilon_2^2+\lambda_2=0$$

$$\frac{\partial H}{\partial I_2}=-dcI_2+\theta_2=0$$

$$\dot{\lambda}_2=(r+\delta)\lambda_2+vh$$

$$\dot{x}=E_1+E_2-\delta x,\ x(0)=x_0, x\geqslant 0$$

$$\dot{\theta}_2=(r+s\alpha)\theta_2-n\mu$$

$$\dot{K}_2=I_2-s\alpha K_2,\ K_2(0)=K_2^0\geqslant 0$$

根据定义，稳态条件应满足 $\dot{x}=\dot{\lambda}_2=0$ 和 $\dot{K}_2=\dot{\theta}_2=0$，因此，可以得出：

$$\lambda_2=-\frac{vh}{r+\delta},\ \theta_2=\frac{n\mu}{r+s\alpha}$$

因此，根据以上最优条件，本节得出各地区在非合作情况下处于稳定状态时最优的污染物排放量、环境污染治理投资量及环境污染治理资本存量，并且以上标“N”的形式加以区分，具体形式如下：

$$E_1^N=\frac{1}{\varepsilon_1^1+\dfrac{h}{r+\delta}},\ E_2^N=\frac{1}{\varepsilon_2^2+\dfrac{vh}{r+\delta}} \tag{4-22}$$

$$I_1^N=\frac{\mu}{(r+\alpha)c},\ I_2^N=\frac{n\mu}{(r+s\alpha)dc} \tag{4-23}$$

$$K_1^N=\frac{\mu}{\alpha(r+\alpha)c},\ K_2^N=\frac{n\mu}{s\alpha(r+s\alpha)dc} \tag{4-24}$$

命题 4-1：非合作情况下，地区i最优的污染排放量在稳态时是一个常数，其不仅取决于区域非累积性污染物排放对自身影响的程度（ε_1^1或ε_2^2），而且受到污染物边际损害成本大小的影响（h或vh）。

证明：从污染物排放的式（4-22）可以得出，地区i的最优污染排放量分别为

$$E_1^N=\frac{1}{\varepsilon_1^1+\dfrac{h}{r+\delta}},\ E_2^N=\frac{1}{\varepsilon_2^2+\dfrac{vh}{r+\delta}}$$

由于E_1^N和E_2^N的函数形式只与ε_1^1、ε_2^2、h、r、v、δ参数相关，且这些参数为正的常数，因而其均为常数。非合作情况下稳态时，如果地区i的区域非累积性污染物排放对自身影响的程度（ε_1^1或ε_2^2）越高，污染物边际损害成本（h或vh）越大，那么地区i的最优污染排放量将越小。此外，令ε_1^1=0，ε_1^2=0，ε_2^2=0，ε_2^1=0，这就是说地区i产生跨界污染时，只存在全球累积污染物，而不存在区域非累积性污染物。在此种情况下，地区i的最优污染物排放量将会增加，而最优的污染治理投资及污染治理资本存量仍然不会发生变化。更重要的是，在非合作框架下，地区i将不会考虑区域非累积性污染物排放对其他区域的损害。

命题 4-2：非合作情况下，地区i最优的污染治理投资及污染治理资本存量既不受到区域非累积性污染物对自身损害程度（ε_1^1或ε_2^2）大小的影响，也不会受到区域非累积性污染物对其他地区损害程度（ε_1^2或ε_2^1）大小的影响。

证明：从式（4-23）和式（4-24）可以看出，地区i最优的污染治理投资及污染治理资本存量分别为

$$I_1^N=\frac{\mu}{(r+\alpha)c},\ I_2^N=\frac{n\mu}{(r+s\alpha)dc}$$

$$K_1^N=\frac{\mu}{\alpha(r+\alpha)c},\ K_2^N=\frac{n\mu}{s\alpha(r+s\alpha)dc}$$

从上式可以看出，无论是最优污染治理投资，还是污染治理资本存量均与区域非累积性污染物对自身影响程度（ε_1^1或ε_2^2）和区域非累积性污染物对其他地区影响程度（ε_1^2或ε_2^1）无关。这主要是因为地区i的污染治理投资仅仅能够对污染存量产生影响，而不会影响当前的污染排放，ε_1^1或ε_2^2表明地区i的区域非累积性污染物的排放对自身产生的损害，ε_1^2或ε_2^1表示地区i的区域非累积性污染物的排放对其他地区产生的损害，因此，地区i的最优污染治理投资既不受到区域非累积性污染物对自身程度（ε_1^1或ε_2^2）大小的影响，也不会受到区域非累积性污染物对

其他地区程度（ε_1^2或ε_2^1）大小的影响。

2. 合作治理策略

下文分析两个地区合作的情况。假定两个非对称相邻地区为了控制跨界污染，愿意通过合作治理污染问题并订立相关协议，且只有双方都按照协议做出自己的最优决策，才能够实现双方的共同最优化，但是，如果任何一方在合作期间偏离了最初的合作协议，那么合作将会终止。为了保证每个地区在任意时刻都不偏离合作方案，使得双方合作得以继续，合作协议必须要同时满足集体理性及个体理性的条件。在合作博弈框架下，假定两个非对称相邻地区遵循合作协议制定的规则，从而达到共同的最优目标。因此，两个非对称相邻地区的联合目标函数和约束条件可描述为

$$
\begin{aligned}
W = \max_{E_1,I_1,E_2,I_2} \int_0^\infty \mathrm{e}^{-rt} \Big[& \ln E_1 - \left(\varepsilon_1^1 + \varepsilon_1^2\right) E_1 + \ln E_2 - \left(\varepsilon_2^2 + \varepsilon_2^1\right) E_2 - (1+v) hx \\
& + \mu K_1 + n\mu K_2 - \frac{1}{2} c I_1^2 - \frac{1}{2} dc I_2^2 - Ln\, m\beta^2 \Big] \mathrm{d}t
\end{aligned} \tag{4-25}
$$

$$
\begin{aligned}
\text{s.t. } \dot{K}_1 &= I_1 - \alpha K_1,\ K_1(0) = K_1^0 \geqslant 0 \\
\dot{K}_2 &= I_2 - s\alpha K_2,\ K_2(0) = K_2^0 \geqslant 0 \\
\dot{x} &= E_1 + E_2 - \delta x,\ x(0) = x_0, x \geqslant 0
\end{aligned}
$$

其中，W 表示地区 1 和地区 2 的联合利润净现值。因此，式（4-25）的现值汉米尔顿函数为

$$
\begin{aligned}
H = & \ln E_1 - \left(\varepsilon_1^1 + \varepsilon_1^2\right) E_1 + \ln E_2 - \left(\varepsilon_2^2 + \varepsilon_2^1\right) E_2 - (1+v) hx + \mu K_1 + n\mu K_2 - \frac{1}{2} c I_1^2 - \frac{1}{2} dc I_2^2 \\
& - \ln m\beta^2 + \theta_1'(I_1 - \alpha K_1) + \theta_2'(I_2 - s\alpha K_2) + \lambda(E_1 + E_2 - \delta x)
\end{aligned} \tag{4-26}
$$

其中，λ、θ_i' 为分别和状态变量 $x(t)$、$K(t)$ 相对应的共态变量。为了使式（4-26）取得最大值，最优条件是充要的，并且均衡条件包括：

$$
\frac{\partial H}{\partial E_1} = \frac{1}{E_1} - \left(\varepsilon_1^1 + \varepsilon_1^2\right) + \lambda = 0
$$

$$
\frac{\partial H}{\partial E_2} = \frac{1}{E_2} - \left(\varepsilon_2^2 + \varepsilon_2^1\right) + \lambda = 0
$$

$$
\frac{\partial H}{\partial I_1} = -c I_1 + \theta_1' = 0
$$

$$
\frac{\partial H}{\partial I_2} = -dc I_2 + \theta_2' = 0
$$

$$\dot{\theta}_1' = (r+\alpha)\theta_1' - \mu$$

$$\dot{K}_1 = I_1 - \alpha K_1, K_1(0) = K_1^0 \geqslant 0$$

$$\dot{\theta}_2' = (r+s\alpha)\theta_2' - n\mu$$

$$\dot{K}_2 = I_2 - s\alpha K_2, K_2(0) = K_2^0 \geqslant 0$$

$$\dot{\lambda} = (r+\delta)\lambda + (1+v)h$$

$$\dot{x} = E_1 + E_2 - \delta x, x(0) = x_0$$

根据稳态的条件，令 $\dot{\theta}_1' = \dot{K}_1 = 0$ ，$\dot{\theta}_2' = \dot{K}_2 = 0$ 和 $\dot{\lambda} = \dot{x} = 0$ ，可以得出：

$$\theta_1' = \frac{\mu}{r+\alpha}，\ \theta_2' = \frac{n\mu}{r+s\alpha}，\ \lambda = -\frac{(1+v)h}{r+\delta}$$

因此，根据以上最优件，本节得出各地区在合作情况下处于稳定状态时最优的污染物排放量、环境污染治理投资量及环境污染治理资本存量，并且以上标“C”的形式加以区分，具体形式如下：

$$E_1^C = \frac{1}{\varepsilon_1^1 + \varepsilon_1^2 + \dfrac{(1+v)h}{r+\delta}}，\ E_2^C = \frac{1}{\varepsilon_2^2 + \varepsilon_2^1 + \dfrac{(1+v)h}{r+\delta}}$$

$$I_1^C = \frac{\mu}{(r+\alpha)c}，\ I_2^C = \frac{n\mu}{(r+s\alpha)dc}$$

$$K_1^C = \frac{\mu}{\alpha(r+\alpha)c}，\ K_2^C = \frac{n\mu}{s\alpha(r+s\alpha)dc}$$

命题 4-3：非合作情况下，地区 i 在稳态时的最优污染排放量仅受到自身的区域非累积性污染物（ ε_1^1 或 ε_2^2 ）排放的影响，而合作情况下，地区 i 在稳态时的最优污染排放量不仅受到自身区域非累积性污染物（ ε_1^1 或 ε_2^2 ）排放的影响，而且受到区域非累积性污染物（ ε_1^2 或 ε_2^1 ）排放对其他地区的影响。

证明：在不合作和合作两种情况下，地区 i 的最优污染排放量分别为

$$E_1^N = \frac{1}{\varepsilon_1^1 + \dfrac{h}{r+\delta}}，\ E_2^N = \frac{1}{\varepsilon_2^2 + \dfrac{vh}{r+\delta}}，$$

$$E_1^C = \frac{1}{\varepsilon_1^1 + \varepsilon_1^2 + \dfrac{(1+v)h}{r+\delta}}，\ E_2^C = \frac{1}{\varepsilon_2^2 + \varepsilon_2^1 + \dfrac{(1+v)h}{r+\delta}}$$

从上式可以看出，E_1^N 与 ε_1^1 相关，E_2^N 与 ε_2^2 相关，而 E_1^C 与 ε_1^1 、ε_1^2 相关，E_2^C 与 ε_2^2 、ε_2^1 相关。证毕。

从命题 4-3 可以看出，仅在合作框架下，地区 i 在进行污染排放时，不仅要考虑污染排放对自身造成的损害，而且还要考虑污染排放对相邻地区造成的损害。

命题 4-4： 无论是非合作博弈，还是合作博弈，地区 i 的最优污染排放都要受到边际损害(h 或 vh)的影响。

证明：地区 i 在非合作和合作策略下的最优污染排放量分别为

$$E_1^N = \frac{1}{\varepsilon_1^1 + \dfrac{h}{r+\delta}}, \quad E_1^C = \frac{1}{\varepsilon_1^1 + \varepsilon_1^2 + \dfrac{(1+v)h}{r+\delta}}$$

$$E_2^N = \frac{1}{\varepsilon_2^2 + \dfrac{vh}{r+\delta}}, \quad E_2^C = \frac{1}{\varepsilon_2^2 + \varepsilon_2^1 + \dfrac{(1+v)h}{r+\delta}}$$

从上式可看出，E_1^N 与自身的边际损害(h)相关，E_1^C 与自身的边际损害(h)及其他区域的边际损害（ vh ）相关；E_2^N 与自身的边际损害（ vh ）相关，E_2^C 与自身的边际损害（ vh ）及其他区域的边际损害（ h ）相关。证毕。

从命题 4-4 可以看出，在非合作博弈情况下，地区 i 的污染排放量仅受到自身的边际损害（ h 或 vh ）的影响，这是因为在非合作框架下，每个地区只会追求自身利润的最大化，而不会考虑其污染排放对相邻地区的损害，因此，在此种情况下，即使污染扩散非常严重，每个地区也不会单方面去改变这种形势，使得污染形势会越来越严重。但是，在合作博弈情况下，地区 i 的污染排放量不仅受到自身的边际损害（ h 或 vh ）的影响，而且还要受到其他区域的边际损害（ h 或 vh ）的影响，这是因为由于污染排放会损害整个区域的效用，每个地区都有动力采取相应的措施控制污染排放，改变污染造成的严重形势。因此，地区间合作治理污染将会发挥积极作用。

4.3.3　非合作与合作治理策略的比较分析

1. 非合作与合作情况下最优污染排放量的差异

首先将非合作博弈与合作博弈情况下在稳态时地区 i 的最优污染排放量进行比较分析，可以得出：

$$E_1^N - E_1^C = \frac{1}{\varepsilon_1^1 + \dfrac{h}{r+\delta}} - \frac{1}{\varepsilon_1^1 + \varepsilon_1^2 + \dfrac{(1+v)h}{r+\delta}} > 0$$

$$E_2^N - E_2^C = \frac{1}{\varepsilon_2^2 + \dfrac{vh}{r+\delta}} - \frac{1}{\varepsilon_2^2 + \varepsilon_2^1 + \dfrac{(1+v)h}{r+\delta}} > 0$$

从以上比较结果可以看出，在稳态时，合作博弈下地区 i 的最优污染排放量

E_i^C 低于非合作博弈情况下的最优污染排放量 E_i^N 。这是因为每个地区在非合作博弈下并不会协调彼此之间的行动，而为了追求最大利益，只会单方面地行动。

2. 非合作与合作情况下最优污染存量的差异

将非合作与合作情况下在稳态时的最优污染存量进行比较分析，结合稳态条件 $\dot{x}=0$ ，得出：

$$x=\frac{E_1+E_2}{\delta}$$

接着，将 E_i^C 和 E_i^N 分别代入 $x=\frac{E_1+E_2}{\delta}$ ，最优污染存量在非合作与合作情况下分别为

$$x^N=\frac{E_1^N+E_2^N}{\delta}，\quad x^C=\frac{E_1^C+E_2^C}{\delta}$$

其中， x^N 和 x^C 分别表示非合作和合作情况下在稳态时的最优污染存量，进而可以得出：

$$x^N-x^C=\frac{E_1^N+E_2^N}{\delta}-\frac{E_1^C+E_2^C}{\delta}=\frac{1}{\delta}\left[\left(E_1^N-E_1^C\right)+\left(E_2^N-E_2^C\right)\right]$$

由于 $\delta>0$ ，进而能够得出：

$$x^N-x^C>0$$

表明最优污染存量在稳态时非合作情况下高于合作情况下。

3. 非合作与合作情况下最优污染治理投资及污染治理资本存量的差异

将非合作与合作情况下在稳态时地区 i 的最优污染治理投资及污染治理资本存量进行比较分析，可以得出：

$$I_1^N-I_1^C=\frac{\mu}{(r+\alpha)c}-\frac{\mu}{(r+\alpha)c}=0$$

$$K_1^N-K_1^C=\frac{\mu}{\alpha(r+\alpha)c}-\frac{\mu}{\alpha(r+\alpha)c}=0$$

$$I_2^N-I_2^C=\frac{n\mu}{(r+s\alpha)dc}-\frac{n\mu}{(r+s\alpha)dc}=0$$

$$K_2^N-K_2^C=\frac{n\mu}{s\alpha(r+s\alpha)dc}-\frac{n\mu}{s\alpha(r+s\alpha)dc}=0$$

从此比较结果可以看出，每个地区在稳态时不合作博弈时等于合作博弈时的最优污染治理投资，同样每个地区在稳态时不合作博弈时的最优污染治理资本存量等于合作博弈时的最优污染治理资本存量。因此，每个地区是否合作对污染治

理投资和治污资本存量水平没有影响。这说明开环纳什均衡投资策略是帕累托最优的，主要是设置的模型中两个地区的投资决策不存在相互互动而造成的。此外，应当注意到，本节中合作博弈的结果很自然地是一个纳什均衡，这是一种非常稀少的现象，但是这个结果与 Chiarella 等（1984）、Jørgensen 和 Zaccour（2001）的结论保持一致。

4. 非合作与合作情况下最优利益净现值的差异

将非合作与合作情况下最优利润净现值进行比较分析。两个地区合作博弈下的共同收益用W^C表示，其中$W^C=W_1^C+W_2^C$，且W_i^C表示地区i在合作博弈下的收益，且可将E_i^C、I_i^C、K_i^C、x^C分别代入目标函数而得出。类似地，两个地区非合作博弈下的共同收益用W^N表示，其中$W^N=W_1^N+W_2^N$，且W_i^N表示地区i在非合作博弈下的收益，且可将E_i^N、I_i^N、K_i^N、x^N分别代入目标函数而得出。因此，将合作剩余用w表示，具体表达如下：

$$w=W^C-W^N=W_1^C+W_2^C-W_1^N-W_2^N$$

由前文可知，每个地区的目标函数为

$$W_i=\max_{E_i(t),I_i(t)}\int_0^{\infty}\mathrm{e}^{-rt}\left(\ln E_i-\varepsilon_i^iE_i-\varepsilon_j^iE_j-h_ix+\mu_iK_i-\ln\beta_i-\frac{1}{2}c_iI_i^2\right)\mathrm{d}t$$

接着，得到每个地区的W_i^C与W_i^N，具体如下：

$$W_1^C=\int_0^{\infty}\mathrm{e}^{-rt}\left(\ln E_1^C-\varepsilon_1^1E_1^C-\varepsilon_2^1E_2^C-hx^C+\mu K_1^C-\ln\beta-\frac{1}{2}cI_1^C\right)\mathrm{d}t$$

$$W_2^C=\int_0^{\infty}\mathrm{e}^{-rt}\left(\ln E_2^C-\varepsilon_2^2E_2^C-\varepsilon_1^2E_1^C-vhx^C+n\mu K_2^C-\ln m\beta-\frac{1}{2}dcI_2^C\right)\mathrm{d}t$$

$$W_1^N=\int_0^{\infty}\mathrm{e}^{-rt}\left(\ln E_1^N-\varepsilon_1^1E_1^N-\varepsilon_2^1E_2^N-hx^N+\mu K_1^N-\ln\beta-\frac{1}{2}cI_1^N\right)\mathrm{d}t$$

$$W_2^N=\int_0^{\infty}\mathrm{e}^{-rt}\left(\ln E_2^N-\varepsilon_2^2E_2^N-\varepsilon_1^2E_1^N-vhx^N+n\mu K_2^N-\ln m\beta-\frac{1}{2}dcI_2^N\right)\mathrm{d}t$$

因此，两个地区的合作剩余w为

$$w=\int_0^{\infty}\mathrm{e}^{-rt}\left[\ln\frac{E_1^C}{E_1^N}+\ln\frac{E_2^C}{E_2^N}+\left(\varepsilon_1^1+\varepsilon_1^2\right)\left(E_1^N-E_1^C\right)+\left(\varepsilon_2^2+\varepsilon_2^1\right)\left(E_2^N-E_2^C\right)\right.$$
$$\left.+h\left(1+v\right)\left(x^N-x^C\right)\right]\mathrm{d}t$$

根据联合最大化的特性，$W^C>W^N$，即$w>0$。最后，将E_i^C和E_i^N的具体表达式代入公式，合作剩余w最终变为

$$w=\int_0^{\infty}\mathrm{e}^{-rt}\left[\ln\frac{\varepsilon_1^1+\dfrac{h}{r+\delta}}{\varepsilon_1^1+\varepsilon_1^2+\dfrac{(1+v)h}{r+\delta}}+\left(\varepsilon_1^1+\varepsilon_1^2\right)\left(\frac{1}{\varepsilon_1^1+\dfrac{h}{r+\delta}}-\frac{1}{\varepsilon_1^1+\varepsilon_1^2+\dfrac{(1+v)h}{r+\delta}}\right)\right.$$
$$+\ln\frac{\varepsilon_2^2+\dfrac{vh}{r+\delta}}{\varepsilon_2^2+\varepsilon_2^1+\dfrac{(1+v)h}{r+\delta}}+\left(\varepsilon_2^2+\varepsilon_2^1\right)\left(\frac{1}{\varepsilon_2^2+\dfrac{vh}{r+\delta}}-\frac{1}{\varepsilon_2^2+\varepsilon_2^1+\dfrac{(1+v)h}{r+\delta}}\right)$$
$$\left.+h(1+v)\left(x^N-x^C\right)\right]\mathrm{d}t$$

命题 4-5：特别的是，令 $\varepsilon_1^1=0$， $\varepsilon_1^2=0$， $\varepsilon_2^2=0$， $\varepsilon_2^1=0$，即跨界污染只存在全球性累积污染物，而不存在区域非累积性污染物，此时，合作剩余 w 变为

$$w=\int_0^{\infty}\mathrm{e}^{-rt}\left[\ln\frac{v}{(1+v)^2}+h(1+v)\left(x^N-x^C\right)\right]\mathrm{d}t$$

4.3.4 算例分析

本节通过数据模拟来考察两个非对称相邻地区在稳态时非合作博弈及合作博弈情况下的最优污染排放量、污染存量及最优污染治理投资等变量，因而对两个非对称的相邻地区的有关参数进行了差异化赋值，具体如下：

$\beta=1$， $m=2$， $\mu=2$， $n=1.5$， $\alpha=0.2$， $s=2$， $c=4$， $d=0.5$， $\delta=0.08$， $x_0=40$， $h=1$， $v=0.5$， $\varepsilon_1^1=0.2$， $\varepsilon_1^2=0.15$， $\varepsilon_2^2=0.25$， $\varepsilon_2^1=0.12$， $r=0.07$。

地区 i 污染排放相关的系数 $Y_i\left(K_i(t)\right)$ 可分别具体表达如下：

$$Y_1\left(K_1(t)\right)=\mathrm{e}^{-2K_1(t)},\ Y_2\left(K_2(t)\right)=2\mathrm{e}^{-3K_2(t)}$$

地区 i 的污染治理资本存量的动态方程可分别具体表达如下：

$$\dot{K}_1(t)=I_1(t)-0.2K_1(t),\ K_1(0)=K_1^0\geqslant 0$$
$$\dot{K}_2(t)=I_2(t)-0.4K_2(t),\ K_2(0)=K_2^0\geqslant 0$$

地区 i 的污染治理的成本函数可以分别表示如下：

$$C_1\left(I_1(t)\right)=2I_1^2(t),\ C_2\left(I_2(t)\right)=I_2^2(t)$$

地区 i 的污染存量的动态方程可分别表示如下：

$$\dot{x}(t)=E_1(t)+E_2(t)-0.08x(t),\ x(0)=40,\ x(t)\geqslant 0$$

地区 i 由于污染存量而遭受的损害可分别表示为

$$D_1\left(x(t)\right)=x(t),\ \ D_2\left(x(t)\right)=0.5x(t)$$

地区 i 在稳态时非合作博弈情况下最优的污染排放量、污染治理投资及污染治理资本存量分别为

$$E_1^N=0.15,\ \ E_2^N=0.28$$

$$I_1^N=1.85,\ \ I_2^N=3.19$$

$$K_1^N=9.26,\ \ K_2^N=7.98$$

地区 i 在稳态时合作博弈情况下最优的污染排放量、污染治理投资及污染治理资本存量分别为

$$E_1^C=0.10,\ \ E_2^C=0.10$$

$$I_1^C=1.85,\ \ I_2^C=3.19$$

$$K_1^C=9.26,\ \ K_2^C=7.98$$

地区 i 在稳态时非合作博弈与合作博弈下的最优污染排放的差异分别为

$$E_1^N-E_1^C=0.05,\ \ E_2^N-E_2^C=0.18$$

非合作与合作博弈情况下在稳态时的污染存量分别为

$$x^C=2.50,\ \ x^N=5.38$$

两个地区的合作剩余 w 为

$$w-W^C-W^N-42.76$$

4.3.5　研究结论

本节研究了两个非对称相邻地区在非合作博弈和合作博弈情况下的跨界污染治理问题，主要认为跨界污染会以两种方式对区域造成一定的损害，即通过全球累积污染物和区域非累积污染物，同时还考虑了各地区资本存量的动态变化，重点运用了最优控制理论方法，确定两个非对称相邻地区在非合作博弈和合作博弈下的最优污染排放量和最优污染治理投资，使得该地区的净收益贴现值能够实现最大化。通过对模型的分析，发现污染排放量在非合作博弈下仅受到自身区域污染排放的影响，而在合作博弈下不仅要受到自身区域污染排放的影响，而且还将考虑区域污染排放对其他区域的影响。因此，在合作博弈下，如果污染扩散得较严重，各地区就会采取相应的措施控制污染排放量，进而可能使得污染扩散严重的地区的生产规模将会受到限制，这对污染物排放的控制起到了非常重要的积极作用。此外，本节研究表明每个地区在非合作博弈和合作博弈情况下在稳态时的最优污染治理投资及最优污染治理资本存量是相同的，其内含是每个地区的开环

纳什均衡污染治理投资策略是帕累托最优的，这主要是由于在构建模型时未考虑两个地区投资决策之间的相互影响。总之，本节的研究结果显示，如果考虑污染治理资本存量的动态和跨界污染物的不同影响，非对称相邻的两个地区将加强污染控制措施，降低污染排放水平，减少污染存量。

4.4　地区间跨界污染合作治理策略分析

近年来，石油开采、工业发展、日常废气排放等致使环境中污染物日益多样化，从而造成当地及全球环境问题。为此，我国政府制定和实施了许多重大的环境保护政策，但效果并不理想，其主要原因在于生态环境的一体化特征、环境污染的区域性及跨界性特点，而作为环境治理决策主体的地方政府在污染治理过程中往往只考虑本地区的利益，很少甚至不考虑本地区污染物排放对其他地区的影响。因此，如何解决跨界污染问题是我国开展环境保护工作的关键。目前，国内外学者对如何解决跨界污染展开了深入研究。刘利源等（2015）构建非对称两国污染物流量及污染物存量的控制模型，得出在一定条件下非合作控制污染时的污染物存量有可能小于合作控制污染时。刘升学等（2017）引入排污权交易机制，分析两个相邻地区间在不合作和合作下的最优污染排放路径，并设计了福利分配机制。以上研究均是关注一种污染物的跨界污染控制问题。但是现实中，工业企业一般会排放多种类型污染物，且这些污染物对环境的影响也各不相同。此外，这些研究主要是从政府角度研究环境污染控制问题，较少涉及作为污染者的工业企业在政府环境管制下的行为变化问题。近年来，国内外学者也逐渐展开了对多种污染物跨界治理问题的研究。Fullerton 和 Karney（2018）研究在多样化污染物背景下税收与排污许可证政策实施效果的差异问题。Ambec 和 Coria（2018）探讨多样化污染物规制的政策溢出效应问题，得出规制工具及时机选择对提高效率至关重要。以上研究主要是从政府角度研究通过排污权许可等方式减少污染物排放问题，而较少涉及多样化污染物背景下污染物排放后政府的投资治理问题，随着我国加大环境污染控制，有必要研究在非累积性污染物和累积性污染物共同存在的前提下地区环境污染治理的投资策略问题。

当前微分博弈法已经被国外学者越来越多地使用在跨界污染治理上，但国内尚处于起步阶段，同时由已有研究成果可以发现，国外开展了关于跨界污染存在非累积性污染物和累积性污染物不同损害的研究，但是国内关于跨界环境污染的研究主要关注单一类型的污染物损害，而忽略了多样化污染物的不同损害，即存在非累积性污染物损害和累积性污染物损害。基于此，考虑到非累积性污染物和累积性污染物的不同损害的前提下，通过构建博弈模型研究跨界污染控制问题，运用最优控制理论与方法分析两个相邻地区间在非合作和合作情况下最优的污染物排放量、污染治理投资和污染物存量的情况，为地区间制定环境污染合作策略提供理论依据。

4.4.1 问题描述与模型构建

1. 问题描述

一般情况下，工业企业在生产中会排放多种类型污染物，从而造成区域性及全球性环境问题。当前环境问题趋于复杂化，区域性灰霾、酸雨和以臭氧、二次有机气溶胶生成为主的光化学污染问题成为环境保护领域关注的重点、热点问题，如江苏省大气污染由过去单一的煤烟型污染逐步转变为多种污染物、多种作用机制同时存在且相互影响的复合型污染。此外，联合国政府间气候变化专门委员会的报告中指出：人类活动产生的温室气体排放是全球气候变暖及极端气候频繁出现的主要原因。在巨大的气候变化压力下，各国开始探索低能耗、低污染和可持续的低碳经济发展模式，进而我国政府在哥本哈根会议上明确提出：到 2020 年我国单位 GDP 二氧化碳排放量将比 2005 年下降 40%~45%。在此背景下，随着生态文明建设的深入推进，我国政府不断加大对环境与生态保护治理和投入的力度。但是，在跨界环境污染治理中，基本上都会涉及多个地区，而每个地区因存在经济社会和资源环境目标与利益上的各种冲突，都会以自身利益最大化为核心，超标排放污染物，从而对其他地区产生负外部性，继而在缺乏激励约束条件下，必然使环境污染问题愈演愈烈。因此，环境污染治理的核心问题在于如何化解地方政府的集体行动困境，促进地方政府之间的跨域治理，从而如何促使各地方政府开展联防联控合作治污，促进各地方政府合作共赢，提高环境治污水平等问题，都是亟待解决的现实问题。

基于此，本节将单一污染源排放的多种类型污染物分为非累积性污染物和累积性污染物，选取两个相邻地方政府作为博弈模型参与方，从非合作情况和合作情况两个维度构建双方最优的跨界环境污染治理策略，分析影响最优治理策略的因素，旨在为环境污染治理实践提供理论指导。

2. 模型构建

本节考虑两个相邻地区 $k(k=i, j)$存在跨界污染控制问题，将地方政府组织人格化为理性人，是各自行政区域的利益主体，具有独立的利益诉求，总是按照各自的目标函数，以自身效用的最大化为决策依据。$q_k(t)$为地区 k 在 t 时的产出，且 $q_k(t)\geqslant 0$，$t\in[0,+\infty)$。与此同时，企业进行产品制造时一般会产生一定的副产品，即污染物，用 $E_k(t)$表示地区 k 在 t 时的污染物排放量。根据 List 和 Mason（2001）的做法，将生产与污染物排放之间的关系表示为

$$q_k(t)=F_k\left(E_k(t)\right) \tag{4-27}$$

其中，$F_k\left(E_k(t)\right)$ 表示地区 k 在生产 $q_k(t)$产品时将会产生的污染物的量，且假设 $F_k\left(E_k(t)\right)$ 严格凹的递增函数，$F_k(0)=0$。用 $U_k\left(q_k(t)\right)$ 表示地区 k 在 t 时的收益，同时假定收益函数是严格凹的递增函数，且 $U'(0)=+\infty$，即零产量是无任何收益的。根据 Chang 等（2018）的做法，将收益函数表示为

$$U_k\left(q_k(t)\right)=U_k\left(F_k\left(E_k(t)\right)\right)=a_kE_k(t)-\frac{1}{2}E_k^2(t) \tag{4-28}$$

其中，$a_k>0$，表示地区 k 的效用系数。地区 k 在 t 时将通过多种方式进行环境污染治理投资，其主要目的是降低污染物存量，用 $I_k(t)$ 表示环境污染投资数量，而污染治理投资需要投入大量的人力、物力及技术，将产生一定的污染治理成本。根据 EI Ouardighi 等（2016）的做法，将污染治理投资的成本以如下函数形式表示：

$$C_k\left(I_k(t)\right)=\frac{1}{2}c_kI_k{}^2(t) \tag{4-29}$$

其中，$C_k\left(I_k(t)\right)$ 为递增的凹函数，且 $c_k>0$，表示投资成本效率参数。污染物存量 $x(t)$的变化服从如下动态过程：

$$\dot{x}(t)=b_iE_i(t)+b_jE_j(t)-\mu_iI_i(t)-\mu_jI_j(t)-\delta x(t), x(0)=x_0, x(t)\geqslant 0 \tag{4-30}$$

其中，δ 为环境对污染物的自然分解率，且 $\delta>0$；x_0 为初始污染物存量，且 $x_0>0$；b_k（$k=i,j$）为地区 k 排放的污染物中累积性污染物所占的比例，且 $b_k>0$；μ_j 为地区 j 的投资所削减的污染物的参数，且 $\mu_j>0$。此外，污染是一种“坏”的公共产品，将造成环境损害，因而假定地区 k 遭受的污染损害成本为 $D_k\left(x(t)\right)$，且其为递增的凹函数。根据 Yeung（2007）的做法，将存量污染物损害函数 $D_k\left(x(t)\right)$ 具体表示为

$$D_k\left(x(t)\right)=h_kx(t), D(0)=0 \tag{4-31}$$

其中，h_k 表示地区 k 遭受的存污染物存量损害参数，且 $h_k>0$。本节主要考虑单一污染源产生多样化污染物，通过两种方式对环境造成损害，即非累积性损害和累积性损害。非累积性损害主要是对本地区及相邻地区造成损失，如工业生产中的废气、二氧化硫等污染物，累积性损害则会造成全球性环境损失，如工业生产排放的温室气体、氯氟化碳等。因此，地区 i 排放的非累积性污染物对本

地区造成的损害为 $\varepsilon_i^i E_i(t)$，对其相邻地区 j 造成的损害为 $\varepsilon_i^j E_i(t)$，地区 j 排放的非累积性污染物对本地区造成的损害为 $\varepsilon_j^j E_j(t)$，对其相邻地区 i 造成的损害为 $\varepsilon_j^i E_j(t)$，其中，$\varepsilon_k^k > 0$ 表示地区 k 在生产过程中污染物排放导致的非累积性损害的程度。

地区 k 的跨时期福利效用函数用下列方程式分别表示为

$$W_i = \max_{E_i(t)\geqslant 0,\, I_i(t)\geqslant 0} \int_0^\infty \mathrm{e}^{-rt}\left[U_i\left(q_i(t)\right) - C_i\left(I_i(t)\right) - \varepsilon_i^i E_i(t) - \varepsilon_j^i E_j(t) - D_i\left(x(t)\right)\right]\mathrm{d}t$$

$$W_j = \max_{E_j(t)\geqslant 0,\, I_j(t)\geqslant 0} \int_0^\infty \mathrm{e}^{-rt}[U_j\left(q_j(t)\right) - C_j\left(I_j(t)\right) - \varepsilon_j^j E_j(t) - \varepsilon_i^j E_i(t) - D_j\left(x(t)\right)]\mathrm{d}t$$

$$\text{s.t.} \quad \begin{cases} \dot{x}(t) = b_i E_i(t) + b_j E_j(t) - \mu_i I_i(t) - \mu_j I_j(t) - \delta x(t) \\ x(0) = x_0,\ x(t) \geqslant 0 \end{cases} \tag{4-32}$$

其中，r 为折现率，且 $r>0$；W_k（$k=i,j$）表示地区 k 的净收益。目标函数中控制变量为 $E_k(t)$ 和 $I_k(t)$，状态变量为 $x(t)$。

4.4.2 地区间非合作博弈最优策略

1. 问题描述

如果两个相邻地区是非合作的，那么每个地区单独做出最优决策，但每个地区的决策将对另一个地区带来重要影响，进而决策时不得不考虑对方的可能反应，主要是进行生产产出、污染治理投资及污染物排放等的动态博弈。每个地区均以实现自身利益最大化为目标，其策略是纳什均衡策略。因此，在非合作情况下，地区 k 的最优化问题可以分别表示为

$$W_i^N = \max_{E_i(t)\geqslant 0,\, I_i(t)\geqslant 0} \int_0^\infty \mathrm{e}^{-rt}\left[a_i E_i(t) - \frac{1}{2}E_i^2(t) - \frac{1}{2}c_i I_i^2(t) - \varepsilon_i^j E_i(t) - \varepsilon_j^i E_j(t) - h_i x(t)\right]\mathrm{d}t$$

$$W_j^N = \max_{E_j(t)\geqslant 0,\, I_j(t)\geqslant 0} \int_0^\infty \mathrm{e}^{-rt}\left[a_j E_j(t) - \frac{1}{2}E_j^2(t) - \frac{1}{2}c_j I_j^2(t) - \varepsilon_j^i E_i(t) - \varepsilon_i^j E_i(t) - h_i x(t)\right]\mathrm{d}t$$

$$\text{s.t.} \quad \begin{cases} \dot{x}(t) = b_i E_i(t) + b_j E_j(t) - \mu_i I_i(t) - \mu_j I_j(t) - \delta x(t) \\ x(0) = x_0,\ x(t) \geqslant 0 \end{cases} \tag{4-33}$$

对式（4-33）动态最优控制问题进行求解，可得到最优解的显式表达式，并且非合作博弈下的均衡结果均以上标“N”的形式加以表示，相关性质分析如命

题 4-6、命题 4-7 所述。

2. 模型求解与分析

不失一般性，命 $A=b_i\left(a_i-\varepsilon_i^i-\frac{b_i h_i}{r+\delta}\right)+b_j\left(a_j-\varepsilon_j^j-\frac{b_j h_j}{r+\delta}\right)-\frac{\mu_i^2 h_i}{(r+\delta)c_i}-\frac{\mu_j^2 h_j}{(r+\delta)c_j}$。可得命题 4-6。

命题 4-6： 地区间非合作博弈情况下的均衡结果如下。

（1）地区 k 的最优污染物排放量分别为

$$E_i^N(t)=a_i-\varepsilon_i^i-\frac{b_i h_i}{r+\delta},\ E_j^N(t)=a_j-\varepsilon_j^j-\frac{b_j h_j}{r+\delta}$$

（2）地区 k 的最优污染治理投资分别为

$$I_i^N(t)=\frac{\mu_i h_i}{c_i(r+\delta)},\ I_j^N(t)=\frac{\mu_j h_j}{c_j(r+\delta)}$$

（3）地区 k 的价值函数 $V_k^N(x(t))$ 的具体表达式分别为

$$V_i^N(x(t))=\frac{1}{2r}\left(a_i-\varepsilon_i^i-\frac{b_i h_i}{r+\delta}\right)^2-\frac{1}{r}\left(\varepsilon_j^i+\frac{b_j h_i}{r+\delta}\right)\left(a_j-\varepsilon_j^j-\frac{b_j h_j}{r+\delta}\right)$$
$$+\frac{\mu_i^2 h_i^2}{2c_i r(r+\delta)^2}+\frac{\mu_j^2 h_i h_j}{c_j r(r+\delta)^2}-\frac{h_i}{r+\delta}x(t)$$

$$V_i^N(x(t))=\frac{1}{2r}\left(a_j-\varepsilon_j^j-\frac{b_j h_j}{r+\delta}\right)^2-\frac{1}{r}\left(\varepsilon_i^j+\frac{b_i h_j}{r+\delta}\right)\left(a_i-\varepsilon_i^i-\frac{b_i h_i}{r+\delta}\right)$$
$$+\frac{\mu_j^2 h_j^2}{2c_j r(r+\delta)^2}+\frac{\mu_i^2 h_i h_j}{c_i r(r+\delta)^2}-\frac{h_j}{r+\delta}x(t)$$

（4）污染物存量的动态路径为

$$x(t)=\left(x_0-\frac{A}{\delta}\right)\mathrm{e}^{-\delta t}+\frac{A}{\delta}$$

证明：为了获得最优控制问题的最优性条件，运用 Hamilton-Jacobi-Bellman（HJB）方程求解。假定地区 k 的价值函数为 $V_k^N(x(t))$，因而满足式（4-33）的 HJB 方程分别为

$$rV_i^N(x(t))=\max_{E_i(t)>0,I_i(t)>0}\left\{a_iE_i(t)-\frac{1}{2}E_i^2(t)-\frac{1}{2}c_iI_i^2(t)-\varepsilon_i^iE_i(t)-\varepsilon_j^iE_j(t)-h_ix(t)\right.$$
$$\left.+V_i'^N(x(t))\left[b_iE_i(t)+b_jE_j(t)-\mu_iI_i(t)-\mu_jI_j(t)-\delta x(t)\right]\right\}$$

（4-34）

$$rV_j^N\left(x(t)\right)=\max_{E_j(t)\geqslant 0,I_j(t)\geqslant 0}\left\{a_jE_j(t)-\frac{1}{2}E_j^2(t)-\frac{1}{2}c_jI_j^2(t)-\varepsilon_j^jE_j(t)-\varepsilon_i^jE_i(t)-h_jx(t)\right.$$
$$\left.+V_j'^N\left(x(t)\right)\left[b_iE_i(t)+b_jE_j(t)-\mu_iI_i(t)-\mu_jI_j(t)-\delta x(t)\right]\right\}$$

（4-35）

由式（4-34）和式（4-35）最大化的一阶偏导数条件得

$$E_i^N(t)=a_i-\varepsilon_i^i+b_iV_i'^{\mathrm{N}}\left(x(t)\right) \tag{4-36}$$

$$I_i^N(t)=-\frac{\mu_i}{c_i}V_i'^{\mathrm{N}}\left(x(t)\right) \tag{4-37}$$

$$E_j^N(t)=a_j-\varepsilon_j^j+b_jV_j'^{\mathrm{N}}\left(x(t)\right) \tag{4-38}$$

$$I_j^N(t)=-\frac{\mu_j}{c_j}V_j'^{\mathrm{N}}\left(x(t)\right) \tag{4-39}$$

将式（4-36）、式（4-37）、式（4-38）和式（4-39）分别代入式（4-34）、式（4-35）并整理得出：

$$rV_i^N\left(x(t)\right)=\frac{1}{2}\left(a_i-\varepsilon_i^i+b_iV_i'^N\left(x(t)\right)\right)^2+\left(b_jV_i'\left(x(t)\right)-\varepsilon_j^i\right)\left(a_j-\varepsilon_j^j+b_jV_j'^N\left(x(t)\right)\right)$$
$$+\frac{\mu_i^2}{2c_i}\left(V_i'^N\left(x(t)\right)\right)^2+\frac{\mu_j^2}{c_j}\left(V_i'^N\left(x(t)\right)V_j'^N\left(x(t)\right)\right)-h_ix(t)-\delta V_i'^N\left(x(t)\right)x(t)$$

（4-40）

$$rV_j^N\left(x(t)\right)=\frac{1}{2}\left(a_j-\varepsilon_j^j+b_jV_j'^N\left(x(t)\right)\right)^2+\left(b_iV_j'^N\left(x(t)\right)-\varepsilon_i^j\right)\left(a_i-\varepsilon_i^i+b_iV_i'^N\left(x(t)\right)\right)$$
$$+\frac{\mu_j^2}{2c_j}\left(V_j'^N\left(x(t)\right)\right)^2+\frac{\mu_i^2}{c_i}\left(V_i'^N\left(x(t)\right)V_j'^N\left(x(t)\right)\right)-h_jx(t)-\delta V_j'^N\left(x(t)\right)x(t)$$

（4-41）

根据式（4-40）、式（4-41）微分方程的特点，推测关于 $x(t)$的线性最优值函数是 HJB 方程的解。假定地区 k（k=i,j）的价值函数$V_k^N\left(x(t)\right)$的具体表达式分别表示为

$$V_i^N\left(x(t)\right)=m_i+n_ix(t) \tag{4-42}$$

$$V_j^N\left(x(t)\right)=m_j+n_jx(t) \tag{4-43}$$

其中，m_k、n_k（k=i,j）均为未知数。对式（4-42）、式（4-43）分别关于$x(t)$求导得

$$V_i'^N\left(x(t)\right)=n_i \tag{4-44}$$

$$V_j'^N\left(x(t)\right)=n_j \tag{4-45}$$

将式（4-42）、式（4-44）分别代入式（4-40），式（4-43）、式（4-45）分别

代入式（4-41）并整理，最终式（4-42）、式（4-43）的解分别为

$$\begin{cases} n_i = -\dfrac{h_i}{r+\delta} \\ m_i = \dfrac{1}{2r}\left(a_i - \varepsilon_i^i - \dfrac{b_i h_i}{r+\delta}\right)^2 - \dfrac{1}{r}\left(\varepsilon_j^i + \dfrac{b_j h_i}{r+\delta}\right)\left(a_i - \varepsilon_j^j - \dfrac{b_j h_j}{r+\delta}\right) + \dfrac{\mu_i^2 h_i^2}{2c_i r(r+\delta)^2} + \dfrac{\mu_j^2 h_i h_j}{c_j r(r+\delta)^2} \end{cases} \tag{4-46}$$

$$\begin{cases} n_j = -\dfrac{h_j}{r+\delta} \\ m_j = \dfrac{1}{2r}\left(a_j - \varepsilon_j^j - \dfrac{b_j h_j}{r+\delta}\right)^2 - \dfrac{1}{r}\left(\varepsilon_i^j + \dfrac{b_i h_j}{r+\delta}\right)\left(a_i - \varepsilon_i^i - \dfrac{b_i h_i}{r+\delta}\right) + \dfrac{\mu_j^2 h_j^2}{2c_j r(r+\delta)^2} + \dfrac{\mu_i^2 h_i h_j}{c_i r(r+\delta)^2} \end{cases} \tag{4-47}$$

将式（4-46）代入式（4-44），再将式（4-44）代入式（4-36），以及将式（4-47）代入式（4-45），再将式（4-45）代入式（4-39）；将式（4-46）代入式（4-40）；将式（4-36）~式（4-39）代入式（4-30），得出：

$$\dot{x}(t) = A - \delta x(t) \tag{4-48}$$

其中，$A = b_i\left(a_i - \varepsilon_i^i - \dfrac{b_i h_i}{r+\delta}\right) + b_j\left(a_j - \varepsilon_j^j - \dfrac{b_j h_j}{r+\delta}\right) - \dfrac{\mu_i^2 h_i}{(r+\delta)c_i} - \dfrac{\mu_j^2 h_j}{(r+\delta)c_j}$。

求解微分方程式（4-48）。

命题 4-6 证毕。

由命题 4-6 中的地区最优污染物排放量表达式可知，在非合作情况下，由于 a_k、ε_k^k、b_k、h_k、r、δ 等参数均为已知的正常数，每个地区的最优污染物排放量是一个常数，且其他参数一定时，只受到该地区的非累积性及累积性污染物排放对本地区损害程度的影响。

由命题 4-6 中地区最优的污染治理投资表达式可知，在非合作情况下，由于 μ_k、h_k、c_k、r、δ 等均为已知的正常数，每个地区的最优污染治理投资是一个常数。其他参数不变的情况下，每个地区的最优污染治理投资与非累积性污染物排放造成的损害无关。

由命题 4-6 中地区最优的价值函数表达式可知，在非合作框架下，其他因素不变时，每个地区的福利主要受到以下因素的影响：其非累积性污染物排放对本地区损害程度（ε_i^i 或 ε_j^j）、其相邻地区的非累积性污染物排放对其损害程度（ε_j^i 或 ε_i^j）、其累积性污染物排放对本地区损害程度（b_i 或 b_j）及污染存量对本地区与其相邻地区的边际损害程度（h_i 或 h_j），即这些因素的损害程度越大，每个地区的福利将会越小。

由命题 4-6 中污染物存量的动态路径表达式可知，当 $t \to +\infty$ 时，$\lim\limits_{t \to +\infty} x(t) = \lim\limits_{t \to +\infty} \left[\left(x_0 - \frac{A}{\delta} \right) \mathrm{e}^{-\delta t} + \frac{A}{\delta} \right] = \frac{A}{\delta}$，即不合作博弈下的污染物存量趋于 $\frac{A}{\delta}$，此时，污染物存量将达到一种动态平衡。

命题 4-7： 地区间非合作情况下污染物存量 $x(t)$ 的动态路径受到初始污染物存量 x_0 的影响较大，具体主要分为以下三种情况：①当初始污染物存量 $x_0 < \frac{A}{\delta}$ 时，污染物存量 $x(t)$ 随着时间推移呈现出上升趋势；②当初始污染物存量 $x_0 = \frac{A}{\delta}$ 时，污染物存量 $x(t)$ 不随时间变化而变化；③当初始污染物存量 $x_0 > \frac{A}{\delta}$ 时，污染物存量 $x(t)$ 随着时间推移呈现出下降趋势（图 4-5）。

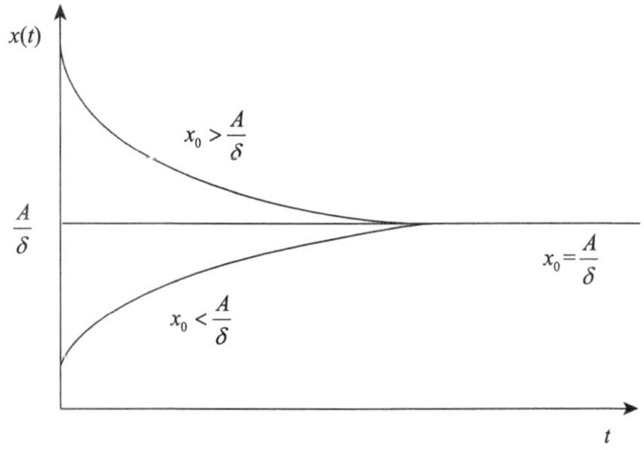

图 4-5　污染物存量 $x(t)$ 的动态路径图

证明：对 $x(t)$ 关于时间 t 求一阶偏导可得，$x'(t) = -\delta \left(x_0 - \frac{A}{\delta} \right) \mathrm{e}^{-\delta t}$。显然，当初始污染物存量 $x_0 < \frac{A}{\delta}$ 时，$x'(t) > 0$，即污染物存量 $x(t)$ 随着时间推移呈现上升趋势；当初始污染物存量 $x_0 = \frac{A}{\delta}$ 时，$x'(t) = 0$，即污染物存量 $x(t)$ 不随时间变化而变化；当初始污染物存量 $x_0 > \frac{A}{\delta}$ 时，$x'(t) < 0$，即污染物存量 $x(t)$ 随着时间推移，污染物存量 $x(t)$ 呈现下降趋势。命题 4-7 证毕。

由命题 4-7 可知，当初始污染物存量 $x_0 < \frac{A}{\delta}$ 时，随着时间推移，污染物存量呈现上升趋势，这主要是因为在非合作博弈情况下，每个地区更多关注自身的利益，倾向于追求经济发展，忽视了环境保护的投入，从而使得污染物存量不断上升，显然此时非合作不利于改变环境污染的严峻形势。这也说明地方政府以牺牲整体利益

而获取局部利益，尤其是在区域生态环境与经济利益的矛盾冲突中，地方政府会根据“自身利益最大化”原则和有限理性来选择自身的行为，趋向于选择产生负外部性的活动，而使正外部性行为明显供给不足，甚至最终会导致“公地悲剧”的后果。

当初始污染物存量 $x_0=\frac{A}{\delta}$ 时，污染物存量不会随着时间推移而发生变化，即污染物存量保持一种动态的平衡，这主要是因为地方政府追求经济发展，同时注重环境保护，从而使得经济发展与环境保护实现协同发展。

当初始污染物存量 $x_0>\frac{A}{\delta}$ 时，随着时间推移，污染物存量呈现下降趋势。此时，当环境保护相对重要性不断增加时，地方政府在经济发展到一定程度时，更加重视环境保护，从而使得环境质量不断改善。这一现象也间接佐证了环境库兹涅茨曲线（倒“U”形曲线）假说：随着经济发展水平提高，环境质量先下降，到达顶点后，再上升，即环境质量与经济发展之间呈现“U”形关系。因此，随着地区经济的发展，地方政府的行为选择也会发生变化，即从单纯追求区域经济增长转向追求经济增长和环境保护的双赢。

4.4.3　地区间合作博弈最优策略

1. 问题描述

假定两个相邻地区为了控制跨界污染，愿意通过合作治理污染问题并订立相关协议，且只有双方都按照协议做出自己的最优决策时，才能够实现双方的共同最优化，但是，如果任何一方在合作期间偏离了最初的合作协议，那么合作将会终止。本节在合作博弈框架下，假定两个相邻地区基本上都遵循合作协议制定的规则，从而达到共同的最优目标。因此，这两个相邻地区的联合目标函数和约束条件可描述为

$$W^C=\max_{\substack{E_i(t)\geqslant 0,I_i(t)\geqslant 0\\E_j(t)\geqslant 0,I_j(t)\geqslant 0}}\int_0^{\infty}\mathrm{e}^{-rt}\Bigg[\left(a_i-\varepsilon_i^i-\varepsilon_i^j\right)E_i(t)+\left(a_j-\varepsilon_j^j-\varepsilon_j^i\right)E_j(t)-\frac{E_i^2(t)+E_j^2(t)}{2}$$
$$-\frac{1}{2}c_iI_i^2(t)-\frac{1}{2}c_jI_j^2(t)-\left(h_i+h_j\right)x(t)\Bigg]\mathrm{d}t$$

$$\text{s.t.}\quad\begin{cases}\dot{x}(t)=b_iE_i(t)+b_jE_j(t)-\mu_iI_i(t)-\mu_jI_j(t)-\delta x(t)\\x(0)=x_0,\ x(t)\geqslant 0\end{cases}\tag{4-49}$$

其中，W^C 表示地区 i 和地区 j 的联合利润净现值。对式（4-49）动态最优控制问题进行求解，可得到最优解的显式表达式，并且合作博弈下的均衡结果均以上标

“C”的形式加以表示，相关性质分析如命题 4-8、命题 4-9 所述。

2. 模型求解与分析

不失一般性，命 $B = b_i\left(a_i - \varepsilon_i^i - \varepsilon_i^j - \dfrac{b_i\left(h_i + h_j\right)}{r+\delta}\right) + b_j\left(a_j - \varepsilon_j^j - \varepsilon_j^i - \dfrac{b_j\left(h_i + h_j\right)}{r+\delta}\right) - \dfrac{\left(h_i + h_j\right)\mu_i^2}{(r+\delta)c_i} - \dfrac{\left(h_i + h_j\right)\mu_i^2}{(r+\delta)c_j}$。可得命题 4-8。

命题 4-8：地区间合作博弈情况下的均衡结果如下。

（1）地区 k 的最优污染物排放量分别为

$$E_i^C(t) = a_i - \varepsilon_i^i - \varepsilon_i^j - \frac{b_i\left(h_i + h_j\right)}{r+\delta},\ E_j^C(t) = a_j - \varepsilon_j^j - \varepsilon_j^i - \frac{b_i\left(h_i + h_j\right)}{r+\delta}$$

（2）地区 k 的最优污染治理投资分别为

$$I_i^C(t) = \frac{\mu_i\left(h_i + h_j\right)}{c_i(r+\delta)},\ I_j^C(t) = \frac{\mu_j\left(h_i + h_j\right)}{c_j(r+\delta)}$$

（3）两个地区的联合价值函数 $V^C\left(x(t)\right)$ 的具体表达式为

$$V^C\left(x(t)\right) = \frac{1}{2r}\left[\left(a_i - \varepsilon_i^i - \varepsilon_i^j - \frac{b_i\left(h_i + h_j\right)}{r+\delta}\right)^2 + \left(a_j - \varepsilon_j^j - \varepsilon_j^j - \frac{b_j\left(h_i + h_j\right)}{r+\delta}\right)^2 \left(\frac{\mu_i^2}{c_i} + \frac{\mu_j^2}{c_j}\right)\frac{\left(h_i + h_j\right)^2}{(r+\delta)^2}\right] - \frac{h_i + h_j}{r+\delta}x(t)$$

（4）合作博弈下污染物存量的动态路径为

$$x(t) = \left(x_0 - \frac{B}{\delta}\right)\mathrm{e}^{-\delta t} + \frac{B}{\delta}$$

证明：为了获得式（4-49）的动态最优控制问题的最优条件，同样运用 HJB 方程求解。假定两个地区的联合价值函数为 $V^C\left(x(t)\right)$，进而满足式（4-49）的 HJB 方程为

$$\begin{aligned} rV^C\left(x(t)\right) = \max_{\substack{E_i(t)\geqslant 0, I_i(t)\geqslant 0\\ E_j(t)\geqslant 0, I_j(t)\geqslant 0}} \Bigg\{ & \left(a_i - \varepsilon_i^i - \varepsilon_i^j\right)E_i(t) + \left(a_j - \varepsilon_j^j - \varepsilon_j^i\right)E_j(t) - \frac{E_i^2(t) + E_j^2(t)}{2} \\ & - \frac{1}{2}c_i I_i^2(t) - \frac{1}{2}c_j I_j^2(t) - \left(h_i + h_j\right)x(t) + V'^C\left(x(t)\right)\Big[b_i E_i(t) + b_j E_j(t) \\ & - \mu_i I_i(t) - \mu_j I_j(t) - \delta x(t)\Big]\Bigg\} \end{aligned} \tag{4-50}$$

由式（4-50）最大化的一阶偏导数条件得

$$E_i^C(t)=a_i-\varepsilon_i^i-\varepsilon_i^j+b_iV'^C(x(t)) \tag{4-51}$$

$$E_j^C(t)=a_j-\varepsilon_j^j-\varepsilon_j^i+b_jV'^C(x(t)) \tag{4-52}$$

$$I_i^C(t)=-\frac{\mu_i}{c_i}V'^C(x(t)) \tag{4-53}$$

$$I_j^C(t)=-\frac{\mu_j}{c_j}V'^C(x(t)) \tag{4-54}$$

将式（4-51）~式（4-54）分别代入式（4-50）整理得出：

$$\begin{aligned}rV^C(x(t))=&\frac{1}{2}\left(a_i-\varepsilon_i^i-\varepsilon_i^j+b_iV'^C(x(t))\right)^2+\frac{1}{2}\left(a_j-\varepsilon_j^j-\varepsilon_j^i+b_iV'^C(x(t))\right)^2\\&+\frac{1}{2}\left(\frac{\mu_i^2}{c_i}+\frac{\mu_j^2}{c_j}\right)\left(V'^C(x(t))\right)^2-(h_i+h_j)x(t)-\delta V'^C(x(t))x(t)\end{aligned} \tag{4-55}$$

根据式（4-55）微分方程的具体特点，推测 HJB 方程的解是关于$x(t)$的线性最优价值函数。假定两个地区的联合价值函数$V^C(x(t))$的函数形式为

$$V^C(x(t))=m+nx(t) \tag{4-56}$$

其中，m、n都为未知的常数。对式（4-56）关于状态变量$x(t)$求导得

$$V'^C(x(t))=n \tag{4-57}$$

将式（4-56）、式（4-57）分别代入式（4-55）并整理，最终式（4-56）的解为

$$n=-\frac{h_i+h_j}{r+\delta} \tag{4-58}$$

$$\begin{aligned}m=\frac{1}{2r}\Bigg[&\left(a_i-\varepsilon_i^i-\varepsilon_i^j-\frac{b_i(h_i+h_j)}{r+\delta}\right)^2+\left(a_j-\varepsilon_j^j-\varepsilon_j^i-\frac{b_j(h_i+h_j)}{r+\delta}\right)^2\\&+\left(\frac{\mu_i^2}{c_i}+\frac{\mu_j^2}{c_j}\right)\frac{(h_i+h_j)^2}{(r+\delta)^2}\Bigg]\end{aligned} \tag{4-59}$$

因此，先将式（4-58）代入式（4-57），再将式（4-57）分别代入式（4-51）~式（4-54）；将式（4-58）、式（4-59）分别代入式（4-56）；将式（4-51）~式（4-54）代入式（4-30），得出：

$$\dot{x}(t)=B-\delta x(t) \tag{4-60}$$

其中，$B=b_i\left(a_i-\varepsilon_i^i-\varepsilon_i^j-\dfrac{b_i\left(h_i+h_j\right)}{r+\delta}\right)+b_j\left(a_j-\varepsilon_j^j-\varepsilon_j^i-\dfrac{b_j\left(h_i+h_j\right)}{r+\delta}\right)-\dfrac{\left(h_i+h_j\right)\mu_i^2}{\left(r+\delta\right)c_i}-$
$\dfrac{\left(h_i+h_j\right)\mu_j^2}{\left(r+\delta\right)c_j}$。

求解微分方程式（4-60）。

命题 4-8 证毕。

由命题 4-8 中的地区最优污染物排放量表达式可知，在合作情况下，由于 a_k、ε_k^k、b_k、h_k、r、δ 等参数均为已知的正常数，每个地区的最优污染物排放量仍为一个常数。

由命题 4-8 中地区最优污染治理投资表达式可知，在合作情况下，由于 μ_k、h_k、c_k、r、δ 等均为已知的正常数，任一地区的最优污染治理投资仍为一个常数。其他参数不变的情况下，每个地区的最优污染治理投资同样与非累积性污染物排放导致的损害程度（ ε_i^i 或 ε_j^j 或 ε_i^j 或 ε_j^i ）无关。

由命题 4-7 中地区最优的价值函数表达式可知，在合作框架下，其他因素不变时，每个地区的福利除了要受到其非累积性污染物排放对本地区损害程度（ ε_i^i 或 ε_j^j ）、其相邻地区的非累积性污染物排放对其损害程度（ ε_i^j 或 ε_j^i ）、其累积性污染物排放对本地区损害程度（ b_i 或 b_j ）及污染存量对本地区与其相邻地区的边际损害程度（ h_i 或 h_j ）这四个因素影响之外，还受到其非累积性污染物排放对其相邻地区损害程度（ ε_i^j 或 ε_j^i ）的影响，即这些因素的损害程度越大，每个地区的福利将会越小。特别是，每个地区将会考虑其非累积性污染物排放对其相邻地区造成的损失。

由命题 4-8 中污染物存量的动态路径表达式可知，当 $t\to+\infty$ 时，$\lim\limits_{t\to+\infty}x(t)=\lim\limits_{t\to+\infty}\left[\left(x_0-\dfrac{B}{\delta}\right)\mathrm{e}^{-\delta t}+\dfrac{B}{\delta}\right]=\dfrac{B}{\delta}$，即合作博弈下的污染物存量趋于 $\dfrac{B}{\delta}$。

命题 4-9：地区间合作博弈下污染物存量 $x(t)$ 的动态路径同样受到初始污染物存量 x_0 的影响较大，具体主要分为以下三种情况：①当初始污染物存量 $x_0<\dfrac{B}{\delta}$ 时，污染物存量 $x(t)$ 随着时间推移呈现逐渐上升趋势；②当初始污染物存量 $x_0=\dfrac{B}{\delta}$ 时，污染物存量 $x(t)$ 不会随时间的变化而发生改变；③当初始污染物存量 $x_0>\dfrac{B}{\delta}$ 时，污染物存量 $x(t)$ 随着时间推移呈现逐渐下降趋势。

证明：对 $x(t)$ 关于时间 t 求一阶偏导可得，$x'(t)=-\delta\left(x_0-\frac{B}{\delta}\right)\mathrm{e}^{-\delta t}$。显而易见，当初始污染物存量 $x_0<\frac{B}{\delta}$ 时，$x'(t)>0$，即污染物存量 $x(t)$ 随着时间的推移呈现上升趋势；当初始污染物存量 $x_0=\frac{B}{\delta}$ 时，$x'(t)=0$，即污染物存量 $x(t)$ 不随时间的变化而发生改变；当初始污染物存量 $x_0>\frac{B}{\delta}$ 时，$x'(t)<0$，即污染物存量 $x(t)$ 随着时间的推移，污染物存量 $x(t)$ 呈现下降趋势。命题 4-9 证毕。

由命题 4-9 可知，当初始污染物存量 $x_0<\frac{B}{\delta}$ 时，随着时间推移，污染物存量呈现上升趋势。这也反映了每个地区虽然通过协议达成合作治理环境污染，但是受到地区间经济发展水平差异的影响，并没有取得相应的效果。这主要是因为经济发展水平高的区域较重视环境问题，从而加大对环境保护的投入，这有利于实现环境保护和区域经济的可持续发展；经济发展落后地区更加关注发展问题，从而将大量财政预算投入经济发展中，在促进经济发展的同时也带来了生态环境破坏问题（张文彬和李国平，2014）。为了促进完成温室气体减排目标，许多国家共同签订了《京都议定书》，但是其实践效果不尽如人意（朱松丽等，2014）。因此，在合作框架下，地区间必须通过相关协议，通过补偿等方式共同控制污染物排放，特别是累积性污染物排放，从而使得合作方案得以有效执行，以免造成更严重的环境污染形势。

当初始污染物存量 $x_0=\frac{B}{\delta}$ 时，污染物存量为恒值 $\frac{B}{\delta}$，说明无论时间如何变化，污染物存量保持动态平衡。这也说明地方政府不仅追求经济发展，而且重视环境保护。

当初始污染物存量 $x_0>\frac{B}{\delta}$ 时，随着时间推移，污染物存量 $x(t)$ 呈现下降趋势。此时，每个地区在追求经济发展的同时，若都重视环境保护，通过有效的合作更有利于整体环境治理显著地改善。

4.4.4　地区间非合作与合作博弈最优策略的比较分析

1. 非合作与合作博弈下的最优污染物排放量的差异分析

命题 4-10： 合作博弈下的每个地区最优污染物排放量低于非合作博弈。

证明：非合作与合作博弈情况下地区 k 的最优污染物排放量进行比较，得出：

$$E_i^N(t)-E_i^C(t)=\left(a_i-\varepsilon_i^i-\frac{b_ih_i}{r+\delta}\right)-\left(a_i-\varepsilon_i^i-\varepsilon_i^j-\frac{b_i\left(h_i+h_j\right)}{r+\delta}\right)=\left(\varepsilon_i^j+\frac{b_ih_j}{r+\delta}\right)>0$$

$$E_j^N(t)-E_j^C(t)=\left(a_j-\varepsilon_j^j-\frac{b_jh_j}{r+\delta}\right)-\left(a_j-\varepsilon_j^j--\varepsilon_j^i-\frac{b_j\left(h_i+h_j\right)}{r+\delta}\right)=\left(\varepsilon_j^i+\frac{b_jh_i}{r+\delta}\right)>0$$

命题 4-10 证毕。

由命题 4-10 可看出，合作情况下每个地区的最优污染物排放量低于非合作情况下的最优污染物排放量。这是因为每个地区在非合作情况下并不会协调彼此之间的环境污染治理行动，而仅追求自身利益的最大化，只会单方面地采取行动，不会考虑该地区的污染物排放对其他地区的损害。因此，在此种情况下，即使污染扩散非常严重，每个地区也不会单方面地改变这种形势，使得污染形势会越来越严重。但是，在合作情况下，每个地区的最优的污染物排放量还受到其非累积性污染物排放对其相邻地区损害程度及相邻地区污染物存量边际损害程度的影响。因而，每个地区只有在合作框架下制定环境污染治理决策时才会考虑其污染物排放对相邻地区造成的损失，尤其是其非累积性污染物排放对其相邻地区造成的重要损害。此时，每个地区就会采取行动控制污染物排放，特别是非累积性污染物的排放，改变环境污染造成的严重形势，从而不断提升整体环境质量，最终能够使得合作得以维持下去。

2. 非合作与合作博弈下的最优污染治理投资的差异分析

命题 4-11：每个地区在合作博弈时的最优污染治理投资高于非合作博弈时的最优污染治理投资。

证明：非合作与合作博弈下的每个地区的最优污染治理投资进行比较，得出：

$$I_i^N(t)-I_i^C(t)=\frac{\mu_ih_i}{(r+\delta)c_i}-\frac{\left(h_i+h_j\right)\mu_i}{(r+\delta)c_i}=-\frac{\mu_ih_i}{(r+\delta)c_i}<0$$

$$I_j^N(t)-I_j^C(t)=\frac{\mu_jh_j}{(r+\delta)c_j}-\frac{\left(h_i+h_j\right)\mu_j}{(r+\delta)c_j}=-\frac{\mu_jh_i}{(r+\delta)c_j}<0$$

命题 4-11 证毕。

由命题 4-11 可看出，每个地区在合作博弈时的最优污染治理投资高于非合作博弈时的最优污染治理投资。这主要是因为两个地区通过合作治理污染时，要考虑到污染物存量对其相邻地区边际损害的程度(h_j或 h_i)。因此，为了提升整体的环境质量，每个地区就会增加污染治理投资，减少污染物排放，尤其是累积性污染物排放。此外，无论是非合作博弈还是合作博弈，每个地区的最优污染治理投资主要受到累积性污染物存量损害程度的影响，与非累积性污染物排放导致的损害程度无关，这主要是因为每个地区的污染治理投资主要针对的是污染物存量，只能够对污染物存量产生影响，不会影响当前的污染物排放。

3. 非合作与合作博弈下的最优净收益的差异分析

命题 4-12：地区间的合作博弈的收益高于其非合作博弈的收益。

证明：非合作与合作情况下收益进行比较，得出：

$$V\left(x(t)\right)=V^{C}\left(x(t)\right)-\left(V_i^{N}\left(x(t)\right)+V_j^{N}\left(x(t)\right)\right)$$

$$=\frac{1}{2r}\left[\left[\varepsilon_i^j+\frac{b_ih_j}{r+\delta}\right]^2+\left[\varepsilon_j^i+\frac{b_jh_i}{r+\delta}\right]^2+\frac{1}{\left(r+\delta\right)^2}\left(\frac{\mu_i^2h_j^2}{c_i}+\frac{\mu_j^2h_i^2}{c_j}\right)\right]>0$$

命题 4-12 证毕。

由命题4-12可看出，两个相邻地区合作博弈的收益高于其非合作博弈的收益，显然有利于促进地区间合作治理环境污染，削减污染物排放，改善环境质量。这主要是因为每个地区虽然在发展水平、技术水平等各方面存在一定差异，但是若开展区域环境污染的合作治理，有利于优化配置整个区域的环境资源，也有助于获得整个区域的最大化的环境经济收益（王奇等，2014）。特别的是，令 $\varepsilon_i^i=0$，$\varepsilon_i^j=0$，$\varepsilon_j^j=0$，$\varepsilon_j^i=0$，即跨界污染只存在累积性污染物，不存在非累积性污染物时，两个地区的合作剩余 $V\left(x(t)\right)$ 变为

$$V\left(x(t)\right)=V^{C}\left(x(t)\right)-\left(V_i^{N}\left(x(t)\right)+V_j^{N}\left(x(t)\right)\right)$$

$$=\frac{1}{2r\left(r+\delta\right)^2}\left[\frac{h_j^2\left(\mu_i^2+c_ib_i^2\right)}{c_i}+\frac{h_i^2\left(\mu_j^2+c_jb_j^2\right)}{c_j}\right]$$

4.4.5　数值分析

由于两个地区分别代表不同的地区，经济发展水平存在一定的差异，由此带来的政府进行环境治理的程度也随之不同。本节在设置各项参数时充分考虑到实际情况，尽可能地符合地区经济发展的实情，因而通过对有关参数进行了差异化赋值，运用数据模拟法来考察两个相邻地区非合作博弈及合作博弈情况下的污染物排放量、污染治理投资及污染存量的最优路径等变量，具体如下：

$a_i=80$，$a_j=50$，$c_i=4$，$c_j=2$，$b_i=0.25$，$b_j=0.5$，$\mu_i=2$，$\mu_j=1$，$\delta=0.2$，$h_i=3$，$h_j=2$，$x_0=20$，$\varepsilon_i^i=0.6$，$\varepsilon_i^j=0.4$，$\varepsilon_j^j=0.5$，$\varepsilon_j^i=0.25$，$r=0.05$。

两个地区非合作与合作情况下治理策略和收益见表 4-3。

表4-3　地区间非合作与合作情况下治理策略及收益情况

项目	非合作情况下		合作情况下	
	地区 i	地区 j	地区 i	地区 j
污染物排放量	76.4	45.5	74	39.25
污染治理投资	6	4	10	16
环境污染存量	$x(t)=-109.25\mathrm{e}^{-0.2t}+129.25$		$x(t)=9.375\mathrm{e}^{-0.2t}+10.625$	
污染治理收益	$V^N=(x(t))=74\,357.4-20x(t)$		$V^C=(x(t))=76\,165.625-20x(t)$	

（1）污染物排放量。非合作博弈情况下，地区 i 的最优污染物排放量 $E_i^N(t)$ 为 76.4，地区 j 的最优污染物排放量 $E_j^N(t)$ 为 45.5；在合作博弈下，地区 i 的最优污染物排放量 $E_i^C(t)$ 为 74，地区 j 的最优污染物排放量 $E_j^C(t)$ 为 39.25。可以看出，任何一个地区，只要通过合作控制环境污染，都会减少污染物排放，且非合作比合作时的污染排放更多，显然合作治理有利于整体环境质量改善。

（2）污染治理投资。非合作博弈情况下，地区 i 的最优污染治理投资 $I_i^N(t)$ 为 6，地区 j 的最优污染治理投资 $I_j^N(t)$ 为 4；在合作博弈下，地区 i 的最优污染治理投资 $I_i^C(t)$ 为 10，地区 j 的最优污染治理投资 $I_j^C(t)$ 为 16。由此得出，在合作博弈情况下，任一地区均会增加环境污染治理投资，大力整治污染排放，显然合作治理方式有利于创造更加优良的生活环境。

（3）合作剩余。两个地区的合作剩余 $V(x(t))$ 为 1 808.225。结果表明，两个地区在合作时的总福利高于非合作时的总福利，也符合了群体理性的条件。

（4）污染物存量的动态微分方程及动态路径。

在非合作博弈下的污染物存量的动态微分方程及动态路径为

$$\dot{x}(t)=25.85-0.2x(t)$$

$$x(t)=-109.25\mathrm{e}^{-0.2t}+129.25$$

在合作博弈下的污染物存量的动态微分方程及动态路径为

$$\dot{x}(t)=2.125-0.2x(t)$$

$$x(t)=9.375\mathrm{e}^{-0.2t}+10.625$$

从图 4-6 中可以看出，随着时间推移，无论是合作博弈还是非合作博弈情况下，污染物存量都不断发生变化，最终都会趋于稳定状态，但是非合作博弈下的污染物存量均高于合作博弈下污染物存量，表明地区间通过合作治理环境污染能够有效降低污染物排放，促进环境质量提升。

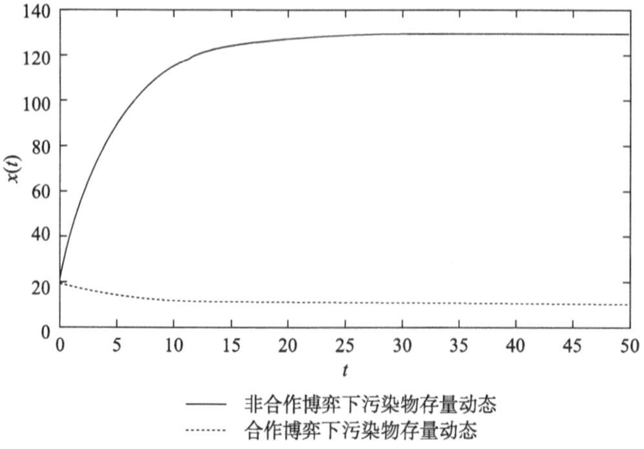

图 4-6　地区合作与非合作两种情况下的污染物存量变化的时间路径

4.4.6　研究结论

本节研究了两个相邻地区在非合作和合作情况下的跨界污染治理问题，主要认为跨界污染通过两种方式造成一定的损害，即非累积性污染物和累积性污染物，同时还考虑了污染物存量的动态变化，重点运用了最优控制理论与方法，确定两个相邻地区在非合作博弈和合作博弈下的最优污染物排放量和最优污染治理投资，使得该地区的净收益实现最大化。通过对博弈模型研究分析，可得到如下研究结果。

（1）其他参数不变时，每个地区的最优污染物排放量在非合作博弈下不仅受到其非累积性污染物排放对自身损害的影响，而且还受到累积性污染物存量损害的影响，但是其在合作博弈下不仅受到非累积性污染物排放对自身损害的影响，而且还受到累积性污染物存量损害的影响，同时还考虑其非累积性污染物排放对其相邻地区的损害。因此，在合作博弈下，如果污染扩散较严重，各地区就会采取相应的措施控制污染物排放量，进而可能使得污染扩散严重地区的生产规模受到限制，这对污染物排放的控制起到了非常重要的积极作用。

（2）其他参数不变的情况下，在非合作博弈下，地区的最优污染治理投资与非累积性污染物损害程度无关，主要是受到累积性污染物存量对本地区的损害程度的影响，即累积性污染物存量对其损害程度越大，该地区的最优污染治理投资将会越多；在合作博弈下，地区的最优污染治理投资同样与非累积性污染物损害程度无关，但是其不仅受到累积性污染物存量对本地区的边际损害程度的影响，而且受到累积性污染物存量对其相邻地区的边际损害程度的影响，即累积性污染物存量对本地区的边际损害程度越大，累积性污染物存量对其相邻地区的边际损害程度越大，那么地区的最优污染治理投资将会越多。因此，地区间若通过合作改善环境治理，将会加强污染控制措施，降低污染排放水平，特别是累积性污染物排放，减少污染存量。

（3）合作博弈下的污染存量低于非合作博弈下的污染存量，显然地区间合作治理环境污染，有利于改善整个地区的环境质量。

本节讨论了在环境保护政策下地区间跨界污染博弈的动态优化策略，研究中重点考虑了跨界污染中两种类型污染物的不同损害程度，同时假定每个地区只在自身区域投资环境工程项目来减少污染排放。但是，未考虑到排污权交易和联合执行机制，其中联合执行机制主要是指允许污染治理投资成本较高的地区通过投资于污染治理投资成本较低的其他地区来实现其利益最大化的目标。如果将这些因素纳入研究之中将是非常有意义的，这也是一个进一步研究的方向。更重要的是，合作在促进经济发展和控制污染等方面起着非常重要的作用。本节研究的现实意义在于：地方政府通过合作控制污染，才有助于改善环境质量，其制定政策时不仅要关注其累积性污染物排放，而且要重视其非累积性污染物排放。

4.5　本章小结

基于 2009~2014 年我国省域创新的空间面板数据，对我国区域创新时空演进特征进行描述，并对研发要素集聚结构、知识溢出对区域创新空间结构演进的影响进行分析。研究发现，我国区域创新产出的空间分布呈现较为明显的东部、中部、西部梯度分布特征。考察期内，中部、西部省份的创新产出增长显著，使得省域创新产出的地理集中程度整体呈现缓慢下降趋势，但空间集聚特征却不断增强。实证结果表明：研发经费投入能够显著促进地区创新产出，而劳动工人投入对创新产出的影响却存在明显的地区差异；基础研究对区域创新的贡献仅在西部地区具有显著的正溢出效应，东部和中部地区则不具有显著性。高校研发集聚的知识溢出效应在中部、西部地区显著为正，但并未表现在东部地区；科研机构研发集聚的知识溢出效应在东部、中部、西部均不具显著性；企业研发集聚的溢出效应在东部地区显著为正，但在中部、西部地区却呈现显著的负效应。产学合作的溢出效应在东部和中部地区显著为正，在西部地区则显著为负；产研合作的溢出效应在各地区均不具有显著性。

实施差异化的区域创新支持政策，合理评估各类研发资源的利用效率，优化研发资源部门配置结构，促进地区之间的研发合作和资源共享，从而避免政策偏差、机制扭曲和研发资源错配。具体来说，一是要加大中部、西部地区研发资金投入，缓解研发资源配置的地域失衡，并且根据不同区域的发展条件因地制宜，避免无效投入。从全国范围来看，2014 年，北京、上海、江苏、浙江、山东和广东 6 个省市研发经费投入占全国的 60%，其他所有地区累积总和只有 40%，整个西部地区缺乏有竞争力的区域性创新中心。二是特别要重视高校尤其是西部大学研发经费投入强度，以缓解部门投入失衡。目前我国高校的研发经费投入不足，与美国、日本和德国相比，政府研发经费投入占比较低，且大多数研发经费投入科研院所，而科研院所的知识流动相对较慢，溢出效应不显著。三是要重视基础研究的经费投入，提高基础研究对区域创新的贡献。目前我国基础研究投入只占 4.7%，远低于西方发达国家水平；基础研究在高校、科研机构和企业，投入均严重不足，缺乏原始性创新。四是继续强化产学研合作，促进高校和科研机构成果转化。创新企业与高校和科研机构合作的体制机制，提升西部地区创新环境，加强企业创新能力建设，创新资金支持方式，改善西部地区对 FDI 知识溢出的吸收能力。

第5章　国家重大区域发展战略下区域经济合作协调机制

区域之间的利益冲突与协调始终是区域合作与区域一体化的主题。实际上，区域一体化的演进过程就是各区域间为获得自身利益而不断冲突与互相妥协的过程。因此，区域一体化的逐步推进表明各区域在不断地进行利益的调整与重新分配并发现利益的平衡点。特别是从政府的角度来看，利益关系是各种政府间关系中一种最实质、最根本的关系。因此，区域合作的核心与关键是各区域主体间的利益协调机制。地方利益冲突的治理模式，涵盖治理主体、治理客体与治理机制等内容。根据区域治理的理论与实践，各地区之间进行利益协调的机制可分为四种类型：市场主导型模式、政府主导型模式、社群主导型模式及网络治理型模式。各类区域治理模式都有优缺点，更具有其独特的发展空间，因而，各类利益协调的模式均可得到有效运用，且不同治理模式呈现出差异化的治理绩效。

当前我国长三角地区、珠三角地区和京津冀地区多采用的是政府主导型模式。政府主导型模式主要是指各地方政府借助行政、经济及法律手段来实现资源的合理配置，加速推进区域一体化进程。中央政府与各地方政府在区域治理中扮演不同角色：中央政府在区域合作治理实践中是各类法律和法规的制定者，各地方政府则承担具体的执行责任。然而，尽管以政府为主导的区域协调机制在发展区域经济、协调利益冲突时具有显著效果，但仍存在过度干预市场经济运行、人为分割造成“行政区经济”等各种问题。近年来，一些研究和实践表明，与中央集权的管理模式相比，分权化的、多元参与的网络模式更具有活力。

中国政府正在不断推动经济转型，从而为推动区域经济一体化、区域公共事务管理创造了良好的制度空间。政府主导型模式的有效性一方面要求不断创新政府管理的体制机制创新；另一方面，也要建立多元参与的合作协调机制。基于此，本章的研究内容主要包括以下方面：①对制度约束下地方政府横向经济合作机制进行分析，揭示制度设计在区域合作治理机制中产生的重要影响；②基于中央政府和地方政府视角构建各地方政府间进行经济合作时激励与约束的合作博弈模型，重点分析当中央政府从纵向嵌入各地方政府间合作时的作用机制和影响效果；③基于政府主导协调机制的不足，分析社会组织机构在促进跨区域经济合作、解决区际经济利益冲突中的作用机制。

5.1　制度约束下地方政府横向合作机制分析

根据自然资源情况、行政管理、历史文化要素等因素，我国分为若干个行政地区，但是，由于人力资源、自然资源、技术资源和资本状况等各种资源禀赋的差异，以及区位条件的不同，各个地区在经济发展状况方面存在着较大的差异。与此同时，各个地区在追求经济增长时所选择的发展模式也各不相同，即欠发达地区由于其自身的客观条件不佳，其社会经济的发展较为缓慢，主要通过吸引外资来实现本地区的社会经济发展，而发达地区则有资源优势并通过资本累积来推动该地区的经济社会发展。这些看似各个地区在社会发展、经济增长方面的较量，其实是各个地方政府为了自身经济发展而可能会在资源、市场等方面展开竞争，由此在制定各种规则制度、经济政策、公共服务标准等方面进行竞争。众所周知，地区间的良性竞争可促进各地区的经济快速发展，也可有效提升各地区的公共管理等方面的综合管理水平。但是，随着地区间竞争的日趋激烈，各地区的市场准入门槛不断增高，严重阻碍各地区在社会经济方面的协调发展。

事实上，地方政府之间除了竞争，同时还存在着很大的合作空间。当前由于资源要素的稀缺性特点、经济市场规模的有限性特征等，各个地区虽然拥有比较优势，但也存在自身劣势。因此，为了长期的可持续性的发展，各地方政府间展开多方面的合作十分必要，从而使得各方均能够在合作中获得利益。因而，各地区间的经济全方位合作是当下快速推动区域经济和谐与协调发展的最佳方式。例如，A 地区计划修建一条最终连接到 B 地区的国家级公路，地方政府 A 就可以找到地方政府 B 共同修建此公路，可由 A 地区提供资金，B 地区提供技术、人力等。这是因为当此公路开始建设并通行时，A 地区就能较大程度地减缓道路运输的压力，减少道路运输的成本等，B 地区也可为吸引外部资本提供便利条件，于是，A 地区和 B 地区就很可能会进行合作。

5.1.1 地方政府间经济合作博弈

1. 地方政府间经济合作博弈模型

考虑 n 个政府决定进行经济合作，这 n 个政府间的经济合作博弈模型如下：

$$G(N,v)=\{S_1,S_2,\cdots,S_n;b_1,b_2,\cdots,b_m;v_1,v_2,\cdots,v_n\}$$

$$v_i=f(S_1,S_2,\cdots,S_n;b_1,b_2,\cdots,b_m)$$

其中，$G(N,v)$ 为 n 个地方政府参加的合作博弈；$S_1,S_2,\cdots,S_n$ 为各个地区的策略空间；$b_1,b_2,\cdots,b_m$ 为各个地区为合作所达成的协议；v_i 为地方政府 i 所具有的特征函数，是关于各地方政府选择策略的函数。

因此，合作博弈 $G(N,v)$ 共包含参与者集合 $N=\{1,2,\cdots,n\}$，参与者的策略空间 $S=\{S_1,S_2,\cdots,S_n\}$，合作方所达成协议集合 $B=\{b_1,b_2,\cdots,b_m\}$，以及地方政府 $i\in N$ 的特征函数 v_i，实际的 v_i 为单个地方政府若参与合作所能够获得的最大利益或者成本节约。

2. 地方政府间的经济合作博弈分析

地方政府之间经济合作博弈 $G(N,v)$ 的每个解中有一个或多个支付向量 $x\in R^N$，因此，有 $\sum_{i\in N}x_i=v(N)$，其中，x_i 为地方政府 i 的支付。所有参与合作的地方政府支付之和就是所有地方政府通力合作所获得的收益 $v(N)$。在合作博弈中求出合作解，就需要考虑这 n 个地方政府中部分地方政府结成子合作群体，这些子合作群体有其潜在利益诉求，在这种情况下对由所有 n 个地方政府参与合作所产生的利益进行分配。这里就涉及 Shapley 值、τ 值及“核”。

Shapley 值是 Shapley 在 1953 年提出来的，主要基于合作博弈参与者在合作过程中对合作的边际贡献来分配合作收益。在地方政府间经济合作博弈 $G(N,v)$ 中，地方政府 $i\in N$ 的 Shapley 值为

$$\varphi_i(N,v)=\sum_{I\subseteq N}\frac{(|I|-1)!(n-|I|)!}{n!}\left(v(I)-v(I/\{i\})\right)$$

其中，$|I|$ 表示子集合 $I\subseteq N$ 的个数。

1981 年，τ 值由 Tijs 提出，是指博弈参与者合理地处理最小的权利支付向量与理想的支付向量间存在的差异问题。在合作博弈 $G(N,v)$ 中，各地方政府 $i\in N$ 的理想的支付向量为 $M_i(N,v)=v(N)-v(N/\{i\})$，并且该向量是地方政府 i 所能得到的最大支付，因为这是其在合作 $I\subseteq N$ 中所创造的边际价值。因此，在合作

$I \subseteq N$ 中，地方政府 i 至少可以获得剩余 $R_v(I,i)=v(I)-\sum_{j\in I/\{i\}} M_i(N,v)$。显然，地方政府 i 会从所有可能的合作 $I \subseteq N$ 中选择一个能给其带来最大剩余的合作，因此，地方政府 $i\in N$ 能得到的最小支付为 $m_i(N,v)=v(N)-\max_{I\subseteq N} R_v(I,i)$。那么，地方政府 i 最终能获得的支付（τ 值）为

$$\tau(N,v)=\alpha m_i(N,v)+(1-\alpha)M_i(N,v)$$

其中，$\alpha\in[0,1]$，且：

$$\alpha\sum_{i\in N} m_i(N,v)+(1-\alpha)\sum_{i\in N} M_i(N,v)=v(N)$$

1969 年，"核"概念由 Schmeidler 提出，是指合作剩余实现最小化的一个支付向量。地方政府间经济合作博弈 $G(N,v)$ 中，子合作 $I\subseteq N, I\neq\phi$ 的支付向量 $\boldsymbol{x}\in R^N$ 的剩余为 $\boldsymbol{e}(I,\boldsymbol{x})=v(I)-\sum_{i\in I} x_i$。支付向量 $\boldsymbol{x}$ 的剩余向量为 $\boldsymbol{e}(\boldsymbol{x})=(\boldsymbol{e}(I_1,\boldsymbol{x}),\boldsymbol{e}(I_2,\boldsymbol{x}),\cdots,\boldsymbol{e}(I_k,\boldsymbol{x}))$，其中，$k=(|I|-1)!(n-|I|)!$。

当地方政府间经济合作博弈 $G(N,v)$ 的特征函数 $v(I)=\sum_{T\subseteq I:T-K} v(T)$ 时，称为 K-博弈。K-博弈具有以下性质。

1）凸性

若地方政府间经济合作博弈 $G(N,v)$ 对于所有的 $i\in N$ 及所有的 $I\subseteq T\subseteq N/\{i\}$，$v(T\cup\{i\}-v(T))\geqslant v(I\cup\{i\}-v(I))$ 恒成立，则合作博弈 $G(N,v)$ 为凸。

凸博弈允许地方政府经济合作中的每个子合作在稳定的总合作中所能获得的收益分配不低于其不参与合作所能获得的收益。使用这种稳定的分配使得所有地方政府子合作群都不愿分裂。合作博弈凸性类似于非合作博弈的纳什均衡。

由于地方政府间经济合作为非负，因此，当其为 K-博弈时就具有凸性。

2）解的一致性

各地方政府在经济合作博弈中体现出的凸性，基本可稳定地分配 Shapley 值、"核"。另外，Shapley 值与 τ 值是基本一致的，于是，τ 值也能够实现稳定分配。

地方政府间经济合作博弈为非负 K-博弈时，Shapley 值和 τ 值是一致的。其中，当只有两个地方政府参与合作时，地方政府间经济合作博弈为非负 2-博弈，"核"、Shapley 值和 τ 值是一致的。

因此，若只有两个地方政府参与经济合作，基本上能够保证合作时以上三类解的概念相一致，从而能够合理地分配合作的利益。这也说明两个地区间能达成非零和博弈的重要原因，即各地区通过合作获得的全部利益要高于各地区选择非

合作时的全部利益。这是各地区间能进行合作的关键基础。

5.1.2　地方政府间经济合作策略选择模型

地方政府间通过经济合作来应对更多的竞争和挑战是一种有效选择。本节运用博弈论来探讨地方政府间经济合作策略选择。通过建立模型对地方政府间经济合作模式及地方政府独立推动区域经济发展模式展开分析与比较研究。每个地方政府基本上都是以其所在地区的利益最大化为追求目标，因而，地方政府是否参与区域经济合作的依据是其能否通过合作最大化自身利益，并逐渐提升其竞争优势，因此，各个地方政府在经济合作过程中应该尽量克服机会主义行为，打破“囚徒困境”，进而选择合作策略。

1. 机会主义行为

机会主义行为的存在是各个地方政府间选择进行经济合作的最大阻碍之一。在实践中，机会主义行为的主要表现是参与合作的某个地方政府会降低其投入各种资源的质量、数量及效率等。在两个或者两个以上的地方政府所构成的博弈过程中，各个博弈方基本上都是在“理性”基础上来选择各自的最优策略。个体理性主要是指各个地方政府在选择自身的各种行为时，自始至终都是以自身利益最大化为唯一目标。因此，各博弈方之间在个体理性原则下不会存在公然串谋的现象，而博弈常常是一种非合作博弈的结果。

2. “囚徒困境”

在经典的“囚徒困境”博弈之中，如果双方均选择不坦白的策略时，双方的总收益是最大的，但是由于坦白策略下的个体收益始终高于不坦白策略下的个体收益，因此，双方都有强烈动机选择以总收益和对方收益的损失为代价换取个体收益的增加，即各参与方都有选择进行坦白策略的机会主义行为倾向。因此，双方博弈的结果就是都选择坦白策略。

由“囚徒困境”的博弈结果可知，各参与方在个体理性原则指导下得到的博弈均衡结果往往不能实现各博弈方的收益最大化，导致资源的低效配置。这也是各博弈者在互相约束状态下的次优选择。破解合作中“囚徒困境”或机会主义行为的一个常用策略是“以牙还牙”策略。即若合作的某个参与者只要出现一次机会主义的不合作策略，其他参与者以后也将永远选择不合作，降低其在未来合作中的收益，迫使其主动选择合作的策略，最终实现帕累托最优的均衡。

5.1.3 地方政府间跨区域经济合作策略选择

各个地区是否会选择合作行为主要取决于其对利益的考虑。在上文两个地区间合作修路的例子中，地区 C 和地区 D 能同时从合作修路中获益，即双方存在着互利关系。然而，地区 C 若在一条河附近修建废水池，就很可能损害下游地区 D 的利益，此时，两个地区间由于利益而存在冲突。当前我国的很多地方政府间都曾合作过或者正在进行合作，但是，各个地方政府在合作中一旦出现利益矛盾，绝大多数的合作均会失败。本节将结合地方政府间的社会两难模型对此加以分析（吴鹏和严凤雅，2011）。

1. 完全信息博弈

C、D 作为两个博弈参与方，其是否选择合作策略是一个博弈过程。假定两个地区均拥有完全理性、完全信息等特征，即各地区不仅清楚知道自身的行为策略，而且能清晰知道其他地区选择某策略的收益情况及对应策略。另外，两个地区的策略选择的空间是相同的，即合作策略、非合作策略。合作策略蕴含着 C 与 D 均愿意共同来开发利用资源，实现优势的互补，从而能够赢得发展机遇。非合作策略意味着各方为自己暗地谋取利益。因此，双方可有四个行为策略组合，见表 5-1。

表5-1 地方政府经济合作博弈（一）

	地方政府 D		
地方政府 C	策略选择	合作	非合作
	合作	R_1, R_1	R_2, R_3
	非合作	R_3, R_2	R_4, R_4

在表 5-1 中，当一个地区选择非合作而另一个地区选择合作时，选择非合作的地区所获得的收益要高于其选择合作时。因此，选择非合作地区的收益 R_3 要高于选择合作地区的收益 R_2，更高于两个地区都选择合作时的收益 R_1。与此同时，选择合作策略博弈方因对方选择非合作策略而受到损害，因此有 $R_3>R_1>R_2$。博弈双方均选择非合作策略时的收益 R_4 满足 $R_1>R_4>R_2$。在这种情况下，如果两个地区都选择非合作，那么两个地区都会采取相应措施，保证自身利益免受损害。

上述 C、D 双方的博弈过程就是典型的“囚徒困境”博弈。（非合作，非合作）策略组合是 C、D 展开一次性博弈的唯一的纳什均衡，即收益为（R_4，R_4），但不会有 C、D 双方能够获得总收益最大化的（合作，合作）策略。

如果两个地区 C、D 间的一次性博弈改为有限次数的具有完全且完美特征的重复博弈，则基于博弈理论分析来看，有限次数地拥有完全且完美特点的重复博弈，所得到的最终结果仅是各地区间进行一次性博弈的一种简单反复。换言之，（非合作，非合作）策略组合仍然是唯一纳什均衡，收益为（R_4，R_4）。

如果两个地区 C、D 间的一次性博弈变为无限次数的重复博弈，将会涉及未来价值的判断问题，则要考虑时间的因素。假定地区 C、D 具有相同的时间因子 λ（$0<\lambda<1$）。注意，当 λ 值趋近于 1 时，表明两个地区所获收益的未来价值更趋近当前收益；反之，当 λ 值越趋近于 0 时，表明两个地区所取得收益的现值就会越低。假定两个地区首先选择（合作，合作）策略，同时无论哪一地区选择非合作，都会触发两个地区间出现“以牙还牙”的策略，即最初选择合作的地区此后将不会再选择合作的行为，即只会选择非合作。于是，一方一旦选择一次非合作的策略，双方此后的均衡结果只会是（非合作，非合作）策略。

在“以牙还牙”的无限重复博弈情况中，如果博弈双方始终选择（合作，合作）的策略，其各自的总收益 π_1 为

$$\begin{aligned}\pi_1 &= R_1 + \lambda R_1 + \lambda^2 R_1 + \lambda^3 R_1 + \cdots \\ &= R_1 + \lambda\left(R_1 + \lambda R_1 + \lambda^2 R_1 + \lambda^3 R_1 + \cdots\right) \\ &= R_1 + \lambda \pi_1\end{aligned}$$

由此可得

$$\pi_1 = R_1 / \left(1-\lambda\right)$$

一旦出现一方选择非合作的策略，就触发“以牙还牙”策略，此后，双方均只会选择非合作的策略。那么，首先选择非合作策略一方的总收益 π_2 为

$$\begin{aligned}\pi_2 &= R_3 + \lambda R_4 + \lambda^2 R_4 + \lambda^3 R_4 + \cdots \\ &= R_3 + \lambda R_4\left(1 + \lambda + \lambda^2 + \lambda^3 + \cdots\right) \\ &= R_3 + \lambda R_4 / \left(1-\lambda\right)\end{aligned}$$

命题 5-1：当 $\lambda > \left(R_3 - R_1\right) / \left(R_3 - R_4\right)$ 时，两个地方政府将一直选择（合作，合作）的策略。

证明：由于各个地方政府均是个体理性的，当博弈双方始终选择（合作，合作）策略时的总收益 π_1 大于首先选择不合作策略的总收益 π_2 时，地方政府均会一直选择（合作，合作）策略。

求解 $\pi_1 = R_1 / \left(1-\lambda\right) > \pi_2 = R_3 + \lambda R_4 / \left(1-\lambda\right)$，可得

$$\lambda > \left(R_3 - R_1\right) / \left(R_3 - R_4\right)$$

因此，当 $\lambda > \left(R_3 - R_1\right) / \left(R_3 - R_4\right)$ 时，$\pi_1 > \pi_2$，两个地方政府都将会自始至终选择（合作，合作）的策略。

证毕。

命题 5-1 表明，如果时间因子 λ 足够大，那么博弈双方就会选择合作策略，

进而获得合作收益，即打破了双方均选择非合作的“囚徒困境”现象。由前文分析可知，C、D 可能再次合作是破解“囚徒困境”问题的关键，而类似情形可能会再次出现在参与双方未来的博弈过程之中。因而，各个地方政府对于未来的此种期望或者担忧，使其最终的决策将影响当前的收益，还将很大可能地影响地区 C、D 在未来时期的收益。简言之，博弈双方对未来收益的期望会直接影响当前的博弈决策。如果在未来合作中的收益越大，且时间因子也越大，则未来收益的现值就会越大，此时，各个地方政府就会更看重未来收益，此时，一旦未来收益对各个地方政府目前博弈选择的影响较大，那么各个地方政府选择合作策略的可能性就会越大。

另外，各个地方政府间的经济合作协议存在着从间断到连续的特征，这也使得各个地区会考虑未来收益，即当时间因子相当大时，未来收益的现值就有可能更大，从而达到各个地方政府的预期而促使其选择合作策略。

2. 不完全信息博弈

从实际情况来看，完全信息博弈中的完全理性假设存在着较大的局限性。从事实情况来看，各个地区在资源要素、经济水平等方面均存在差距，而且各合作方在竞争中的谈判地位、谈判能力均存在较大差距，由此，各个地方政府在经济合作中往往处于一种不完全信息的状态。因此，将完全信息博弈的假设条件加以放松，修改为更符合实际情况的不完全信息。

不完全信息博弈假设如下。

假设 5-1：地方政府 C 和地方政府 D 之间信息不完全对称。

假设 5-2：C、D 两个地区在资源情况、经济水平等方面均存在差距，使得两个地区在合作中的谈判能力存在着差异。

假设 5-3：地方政府 C 和地方政府 D 展开经济合作的总收益为 V。

假设 5-4：地方政府 C 提出的合作策略为（x, $1-x$），即地方政府 C 分得合作收益中的 x，地方政府 D 分得合作收益中的（$1-x$）。

假设 5-5：若双方合作成功，地方政府 C 和地方政府 D 的收益分别为 Vx 和 V（$1-x$），反之，若合作失败，地方政府 C 和地方政府 D 的收益分别为 $\delta_C Vx$ 和 $\delta_D V(1-x)$，其中，$0<\delta_C$，$\delta_D<1$ 分别为地方政府 C 和地方政府 D 因合作失败的折现因子。

以下就地方政府 C 单边信息不完全，地方政府 D 单边信息不完全，以及双方信息不完全三种情况进行分析。

1）地方政府 C 单边信息不完全

地方政府 C 与地方政府 D 的合作谈判中存在两种情况。一种情况是地方政府 C 谈判能力强（竞争能力强）而地方政府 D 谈判能力弱，这种情况的概率为 p，以

H 表示谈判能力强，以 L 表示谈判能力弱，则这种情况下的地方政府 *C* 折现因子为 δ_{CH}，地方政府 *D* 折现因子为 δ_{DL}；另一种情况是地方政府 *C* 谈判能力弱而地方政府 *B* 谈判能力强，这种情况的概率为（1−*p*），这种情况下地方政府 *C* 的折现因子为 δ_{CL}，地方政府 *D* 的折现因子为 δ_{DH}，其中，$\delta_{DH} > \delta_{DL}$。

谈判能力弱的地方政府 *C* 与地方政府 *D* 进行完全信息合作谈判的唯一最优均衡解为（*a*, 1−*a*）；谈判能力强的地方政府 *C* 与地方政府 *D* 进行完全信息合作谈判的唯一最优均衡解则为（*b*, 1−*b*）。其中：

$$a = \frac{1-\delta_{CH}}{1-\delta_{CH}\delta_{DL}}, \quad b = \frac{1-\delta_{CL}}{1-\delta_{CL}\delta_{DH}} \tag{5-1}$$

显然，（*b*, 1−*b*）为地方政府 *C* 的优先选择策略。在这个合作策略下，地方政府 *D* 与地方政府 *C* 合作的收益为 *V*（1−*b*）；反之，地方政府采取非合作策略的收益为

$$p\delta_{DL}V(1-b)+(1-p)\delta_{DH}V(1-a) \tag{5-2}$$

命题 5-2：地方政府 *C* 提出的合作策略中分配给地方政府 *D* 的分配比例（1−*b*）满足 $(1-b) > \dfrac{(1-p)\delta_{DH}(1-a)}{1-p\delta_{DL}}$，地方政府 *D* 就会接受地方政府 *C* 的优先选择策略，与地方政府 *C* 展开合作。

证明：由地方政府的个体理性，地方政府 *D* 选择是否合作的决策依据是合作收益大于非合作收益。求解 $p\delta_{DL}V(1-b)+(1-p)\delta_{DH}V(1-a) < V(1-b)$，可得 $(1-b) > \dfrac{(1-p)\delta_{DH}(1-a)}{1-p\delta_{DL}}$。因此，当地方政府 *C* 提出的合作策略中分配给地方政府 *D* 的分配比例（1−*b*）满足 $(1-b) > \dfrac{(1-p)\delta_{DH}(1-a)}{1-p\delta_{DL}}$ 时，地方政府 *D* 就会接受地方政府 *C* 的优先选择策略，与地方政府 *C* 展开合作。

证毕。

命题 5-2 表明，当地方政府 *C* 给予地方政府 *D* 的分配比例足够大时，地方政府 *D* 会选择与地方政府 *C* 合作。

2）地方政府 *D* 单边信息不完全

同理，地方政府 *D* 单边信息不完全情况下，在地方政府 *C* 与地方政府 *D* 的合作谈判中存在两种情况。一种情况是地方政府 *D* 谈判能力强（竞争能力强）而地方政府 *C* 谈判能力弱，这种情况的概率为 *p*，以 H 表示谈判能力强，以 L 表示谈判能力弱，则这种情况下的地方政府 *D* 折现因子为 δ_{DH}，地方政府 *C* 折现因子为 δ_{CL}；另一种情况是地方政府 *D* 谈判能力弱而地方政府 *C* 谈判能力强，这种情况的概率为（1−*p*），这种情况下地方政府 *D* 的折现因子为 δ_{DL}，地方政府 *C* 的折

现因子为δ_{CH}，其中，$\delta_{CH}>\delta_{CL}$。

谈判能力强的地方政府C与地方政府D进行完全信息合作谈判的唯一最优均衡解为（$c, 1-c$）；谈判能力弱的地方政府C与地方政府D进行完全信息合作谈判的唯一最优均衡解则为（$d, 1-d$）。其中：

$$c=\frac{1-\delta_{DL}}{1-\delta_{DL}\delta_{CH}},\quad d=\frac{1-\delta_{DH}}{1-\delta_{DH}\delta_{CL}} \tag{5-3}$$

显然，（$c, 1-c$）为地方政府C的优先选择策略。在这个合作策略下，地方政府D与地方政府C合作的收益为$V(1-c)$；若谈判能力弱的地方政府D采取非合作策略的收益为$\delta_{DL}V(1-c)$，$V(1-c)>\delta_{DL}V(1-c)$，因此，谈判能力弱的地方政府D将与地方政府C合作。由于谈判能力强的地方政府D采取非合作的收益为$\delta_{DH}V(1-d)$，对比$V(1-c)$和$\delta_{DH}V(1-d)$可得命题 5-3 如下。

命题 5-3：当谈判能力弱的地方政府C与谈判能力强的地方政府D的合作中，地方政府D的分配比例$(1-d)<(1-c)/\delta_{DH}$时，谈判能力强的地方政府D也会接受地方政府C的优先策略（$c, 1-c$）。

证明：由于各个地方政府均是个体理性的，地方政府D是否选择合作的重要依据是合作收益是否高于非合作收益。求解$V(1-c)>\delta_{DH}V(1-d)$，可得$(1-d)<(1-c)/\delta_{DH}$。因此，当谈判能力弱的地方政府C与谈判能力强的地方政府D的合作中，地方政府D的分配比例$(1-d)<(1-c)/\delta_{DH}$时，谈判能力强的地方政府D也会接受地方政府C的优先策略（$c, 1-c$）。

证毕。

命题5-3表明，当谈判能力弱的地方政府C给予地方政府D的分配比例$(1-d)$足够小，而谈判能力强的地方政府C给予地方政府D的分配比例$(1-c)$足够大时，地方政府D无论谈判能力强还是弱都会选择接受地方政府C的优先策略（$c, 1-c$），与地方政府C展开合作。

3. 双方信息不完全

综上所述，可以发现，地区间的经济合作常常因各地区基于自身利益考虑而违反合作协议，最终可能导致恶性竞争。在实际中，地方政府间的此类事件经常出现在招商引资等事件中。例如，在区域招商会谈过程中，各个地方政府虽然在会谈前已签订产业功能布局、重大投资优惠政策等各种协议，但是在面对招商机遇时，各个地方政府仍然可能基于自利动机而违背事前合作协议。各个地方政府在地区间经济合作中当然是出于自身利益选择相应策略，但是由不完全信息模型可以看出，地方政府C获得的收益并不一定以给地方政府D造成利益损失为代价，或者说，地方政府C全力推动本区域的繁荣快速发展，并不一定会对其他区域的发展造成一些不利的影响，反而有可能推动其他区域的快速发展。在此种情况下，区域经济就在各地方政府的不断博弈中逐渐实现融合发展。

因此，在区域经济发展的过程中，各个地方政府如果能够树立起合作共赢与长期合作的重要理念，充分考虑到各自制定的政策可能会带来的外部性，避免各地方政府各自为政及只顾追求自身利益导致的“囚徒困境”，这样就能够实现各地方政府间长期性合作的一种动态均衡。此时，各个地方政府就会严格地遵守已签订的合作协议，以维持彼此间长久的合作关系，同时可能会为未来的持续合作做出相应的规划部署，从而有力地推动各方经济的持续共同发展。当然，构建与完善长期性的地方政府官员的考核与评估机制同样也能够促进各个地方政府严格遵守达成的合作协议来维持长期合作。

此外，我国应关注发达与不发达地区间的博弈情况。当前我国虽重视并鼓励发达地区积极地与不发达地区进行区域间的经济合作，但往往仅有不发达地区做出积极响应，这主要是因为不发达地区如果能够将发达地区的某些产业或者资源转移到该地区，会带动当地的经济发展及增加就业岗位。然而，发达地区若将其部分产业转移到不发达地区，那么其产业流失就会减少当地的税收收入及就业岗位，还不利于政府政绩的考核等。另外，如果从长期角度来看，发达地区将部分产业转移到不发达地区能腾出更多的经济发展空间，从而可以为该发达地区引入其他产业，但是发达地区的利益在短期内还是会受到一定损失。

5.1.4　制度约束下地方政府经济合作策略选择

由以上分析可知，时间因子 λ 足够大时，各地方政府间经济合作就会选择合作策略。λ 值的大小不仅与各个地方政府在经济合作中是否重视未来收益相关，而且与各种制度约束息息相关。制度主要是指一些有效地维护区域经济社会间合作和竞争环境的一系列正式的或者非正式的规则。众所周知，各种制度对各个地方政府间的合作策略具有非常重要的指导与约束作用。本节仍以两个地方政府 C、D 间的完全信息经济合作为例进行分析，见表 5-2。

表5-2　地方政府经济合作博弈（二）

	地方政府 D		
地方政府 C	策略选择	合作	非合作
	合作	U, U	$-V_1, U_1-\lambda L$
	非合作	$U_1-\lambda L, -V_1$	$U_1-\lambda L, U_1-\lambda L$

表 5-2 中，$U>0$ 表示 C、D 地方政府合作时，每个地方政府的收益；$V_1>0$

表示一个地方政府选择非合作策略时，另一个地方政府所遭受到的损失；U_1表示地方政府选择非合作策略时的不当得利，$U_1>U>0$；$L>0$代表地方政府选择非合作策略时的损失，而此种损失主要源于两个方面：一是源于法律制度的惩罚；二是各地方政府因声誉受损而带来的损失。注意到，L 会随着法律制度的严格而增大。$0\leqslant\lambda\leqslant1$，是贴现系数，因为一般情况下，各方的非合作行为不会受到即时惩罚，而是需要一段时间才能够实现。因此，在制度的有力约束下，社会信息如果传播速度越快，那么λ值就会越大，直至接近于 1，此时，制度对各地方政府的行为约束就会越大。

当$U_1-\lambda L>U$时，在 C、D 地方政府的单次经济合作的一次性博弈中，非合作将是 C、D 地方政府之间经济合作唯一选择。这说明制度虽然在一定程度上对地方政府在经济合作中的决策行为有制约作用，但这种作用还不够大，不足以促使地方政府在经济合作中选择合作策略。

当$U>U_1-\lambda L$时，合作策略则成为地方政府在经济合作中的唯一必然选择。这是因为制度对地方政府的制约已经足够大，大过了地方政府在经济合作中选择非合作策略时所取得的不当得利。

当前制度对各个地方政府间经济合作行为的推动促进作用主要通过法律、法规对各个地方政府的违约行为进行惩治，以及对各个地方政府声誉机制的有力约束来实现。完善的法律、法制环境对惩治各个地方政府违约行为最为有效，能够很大程度地提高惩罚幅度 L 及贴现因子λ的值，而地方政府的声誉机制对违约方的惩罚则需要快速产生效果，进而提高贴现因子λ值。

5.2　中央政府纵向嵌入地方政府合作的机制分析

我国政府体制实施分税制改革后，中央政府根据各区域内经济发展、自然资源禀赋、地理区位等因素将我国划分为各个地方行政区域，并按照市场经济体制发展适当地下放经济生产管理权限和财政权利给地方政府，以优化加强地方政府同中央政府合作，共同实现国内整体经济协作、社会进步等的合作发展。但我国的行政区和经济区划分一般存在差异，当划分的行政区划与经济区划产生不一致的分布时，如国内一些跨区域的经济开发特区，其直属于中央政府划分的经济区，但往往隶属于国内的几个行政区，这时为了促进经济特区对区域内经济、市场等的联动发展，中央政府一般会利用行政特权对各地方区域内的资源、人力、技术等进行综合管控，以相关法律法规等对地方政府对本地区管理行为进行限制和约束。为了推动特定地区的社会经济发展，中央政府通常会针对这些特定地区制定和发布一定程度的优惠经济政策，通常情况下这些政策只针对特定地区，导致行政区内资源的倾斜性分配。经济特区内的互惠发展，便成为各地区地方政府争相竞争的源头，为了最大化经济特区对本地区地方政府的发展，各地区行政单位逐渐形成了区域内各主体非合作的格局；地方政府间不愿意互相合作，不仅延缓经济特区的发展，还不利于区域内市场整合，导致区域内各地方政府的合作效率较低，无法形成合作博弈。

但事实上，中央政府和地方政府间是可以实现合作博弈的。首先，中央政府虽然下放给地方政府对各地区管理的一定的行政权力，但行政权力对管理各地方的范围和强度有限，制约着地方政府对经济特区资源的管控力度。各地方政府的各项职能必须以为居民等提供服务为基础，以实现区域内人民的社会生活福利最大化，充分实现各地区资源配置效率，保持各区域内协调可持续发展，进而提高区域内市场竞争力。其次，各地方政府虽拥有各地区内独立的管理权限，但中央政府对各地方政府仍然拥有绝对的控制权，不能完全脱离于中央政府的整体管控；各地方政府虽然拥有对各地区内生产、社会活动等具体事宜的管控权，但中国及各地区内的整体宏观活动仍然由中央政府进行管理。因此，当中央政府对不发达地区的社会经济发展进行支持时，地方政府需要对中央号召做出响应，利用自然和社会资源为不发达地区的社会经济发展提供本地区可以贡献的力量。最后，中央政府可以根据现实中各地方政府对本地区经济等发展的管理效率适当调整地方政府权力的范围。在我国，各地区地方政府对地方的管理范围和权限不是一成不变的，而是由中央政府针对本地区经济发展的需要对权限进行动态优化调整。各地方政府随着其拥有的管理权限的大小，其对本地区的执政能力就会得到相对的加强或减弱。中央政府对地方政府的激励政策，其基本目标就是促进各地区内地方政府的执政能力的提升。

各地区内地方政府执政范围和能力的不断调整，有利于本地区内经济社会活动的整体发展；进而，中央政府与地方政府间是否可以建立合作关系取决于中央政府能否有效从制度和法治上管理约束地方的自利倾向。但是，我国地方政府的利益最大化倾向在很大程度上与中华人民共和国成立初期实行的中央政府集权管理和计划经济体制有关；当中央政府与地方政府间达成有利的合作协议时，都必须按照事先约定的协议严格执行，建立起区域合作博弈，并根据事实发展经验形成动态趋势，共同促进区域内社会生产积极性，提升区域社会经济合作协调发展速度和效率。

因此，国内两个行政主体间的利益分配均衡是最大化实现区域经济协调发展所考虑的主要问题。中央政府若能有效管理地方政府间的经济合作，会对各区域内地方政府间的社会生产活动产生积极的正向作用，并且充分利用区域间各种资源配置效率，提升区域间各地方政府间的合作质量和效率。本节选择中央政府和地方政府两个合作主体，分别从上述两个主体视角下，研究如何建立区域间经济合作的博弈模型，理论上分析中央政府在激励和约束各地方政府间的社会活动中如何影响各区域主体间的区域协调作用。

5.2.1　中央政府对各地方政府间的激励与约束博弈模型

根据相关博弈论知识可得，中央政府与地方政府的博弈可以记为

$$\boldsymbol{\Gamma}=(\boldsymbol{G},\boldsymbol{u}) \tag{5-4}$$

其中，$\boldsymbol{G}$ 为博弈规则；$\boldsymbol{u}$ 为博弈参与方对博弈结果的偏好函数。$\boldsymbol{G}$ 还可以进一步展开为

$$\boldsymbol{G}=\left(I,\left(\sum_i\right)_i\in I,g,H\right) \tag{5-5}$$

其中，I 为参与合作博弈下的局中人集合；$\sum_i$ 为博弈参与方 i 的策略集合；H 为博弈参与方联合作用结果的集合；$g=\sum_1\times\sum_2\times\cdots\times\sum_l\to H$ 是结果的映射。式（5-5）则可以表示为两个博弈参与主体中央政府 M_A 和地方政府 M_B 间在激励与约束机制下的博弈行为。因此，可以得出 $I=\{M_A,M_B\}$。中央政府对地方政府间建立经济合作激励与约束条件，其主要目的是使各地方政府合作主体可以在接受中央政府所制定的合作机制下，最大限度地提升各博弈参与主体间的区域合作利益，而此时由中央政府向各地方政府所提出的激励与约束机制属于双方可以建立合作博弈关系的前提，即式（5-5）中的 H 为参与博弈双方主体的纳什均衡解的集合 P，博弈结果 $g\in P$ 则为双方建立区域合作博弈下的一个帕累托最优解。

由于中央政府对各地方政府间实现区域合作的激励和约束机制往往是受多种因素共同影响的结果，且通常情况下其合作博弈的建立过程是多阶段的动态调整过程。因此，式（5-5）可改写为

$$\boldsymbol{G}=\left(\boldsymbol{S},\left(\sum_A^k\times\sum_B^k\right)k\in\boldsymbol{S},(g_A,g_B),P\right) \tag{5-6}$$

其中，$\boldsymbol{S}=(s_1,s_2,\cdots,s_t)$ 可以表示为中央政府对各地方政府实现区域合作博弈的动

态时间维度，通常情况下按激励与约束机制下的内容划分；$\sum_{A}^{k}=\left\{\sigma_{A1}^{k},\sigma_{A2}^{k},\cdots,\sigma_{An}^{k}\right\}$ 为合作博弈的参与主体中央政府 M_A 在动态时间维度下的第 k 阶段中所采取的不同激励与约束机制下的合作策略，n 为中央政府 M_A 对地方政府所采取的激励与约束的类别；$\sum_{B}^{k}=\left\{\sigma_{B1}^{k},\sigma_{B2}^{k},\cdots,\sigma_{Bm}^{k}\right\}$ 为参与合作博弈的主体地方政府 M_B 在动态时间维度下的第 k 阶段对激励和约束类别所实现的反应策略，m 为中央政府 M_B 对地方政府所采取的激励与约束的反应程度级别；$g_A=\left\{\sigma_A^1,\sigma_A^2,\cdots,\sigma_A^k\right\}$ 为中央政府在整个过程中的最优策略集合；$g_B=\left\{\sigma_B^1,\sigma_B^2,\cdots,\sigma_B^k\right\}$ 为地方政府在整个过程中的最优策略集合；$P=\left\{P_1,P_2,\cdots,P_k\right\}$ 为纳什谈判解集。其中 $P=\left\{\left(u_{A(i+1,j+1)}^{k},u_{B(i+1,j+1)}^{k}\right),\cdots,\left(u_{A(n+1,m+1)}^{k},u_{B(n+1,m+1)}^{k}\right)\right\}$，$0\leqslant i\leqslant n$，$0\leqslant j\leqslant m$。对偶 $\left(u_{A(i,j)}^{k},u_{B(i,j)}^{k}\right)$ 分别表示在动态时间维度下的第 k 阶段时，中央政府 M_A 和地方政府 M_B 在 M_A 采用 σ_A 条件下的激励与约束策略，而 M_B 所形成的相应反应程度为 σ_{BM} 条件下合作博弈双方主体所获得的收益或效用。

5.2.2　中央政府对各地方政府间富饶激励与约束博弈均衡解

假设在动态时间维度下的第 k 阶段时，中央政府 M_A 在参与合作博弈时所拥有激励与约束机制的策略类别集合为 $R=\left\{r_1^k,r_2^k,\cdots,r_n^k\right\}$，其中，$n$ 为资源种类数。若对每种激励与约束资源 r_i^k，根据其投入量可设计 m 种激励与约束方案，则有 $\sigma_{Ai}^{k}=f^{k}\left(r_{ij}^{k}\right)\left(j=1,2,\cdots,m\right)$，$r_{ij}^k$ 为中央政府使用第 i 种资源在第 j 种激励与约束方案下的投入量。不妨假设：$\sigma_{Bj}^{k}=\left(r_{ij}^{k}/d_{Ai}^{k}\right)\left(i=1,2,\cdots,n\right)$ 为地方政府 M_B 在不同阶段对中央政府 M_A 的激励与约束策略 $f^{k}\left(r_{ij}^{k}\right)$ 的满意程度。

假设 d_{Ai}^k 为中央政府 M_A 针对不同激励与约束策略对所需要投入 r_i^k 的期望收益，d_{Bi}^k 为地方政府 M_B 对中央政府所投入 r_i^k 的实际需求。由此可得中央政府与地方政府间的激励与约束机制下的合作博弈，如表 5-3 所示。

表5-3　中央政府与地方政府间的激励与约束机制下的合作博弈

地		中央政府 M_A

方政府 M_B		σ_{A1}^k	σ_{A2}^k	…	σ_{An}^k
	σ_{B1}^k	$u_A(1,1),u_B(1,1)$	$u_A(2,1),u_B(2,1)$	…	$u_A(n,1),u_B(n,1)$
	σ_{B2}^k	$u_A(1,2),u_B(1,2)$	$u_A(2,2),u_B(2,2)$	…	$u_A(n,2),u_B(n,2)$
	⋮	⋮	⋮		⋮
	σ_{Bm}^k	$u_A(1,m),u_B(1,m)$	$u_A(2,m),u_B(2,m)$	…	$u_A(n,m),u_B(n,m)$

由表5-3中中央政府与地方政府间的激励与约束机制下的合作博弈可以得到：$u_{A(ij)}^k=e_A\left(r_{ij}^k\right)-h\left(r_{ij}^k\right)$表示中央政府在各阶段采取的激励与约束条件下投入资源r_{ij}^k后所得期望收益；其中，$e_A\left(r_{ij}^k\right)$为投入资源r_{ij}^k所得收益；$h\left(r_{ij}^k\right)$为资源r_{ij}^k的投入成本；$u_{B(ij)}^k=e_B\left(f\left(r_{ij}^k\right),\sigma_{Bj}^k\right)$为地方政府在中央政府不同阶段下激励与约束机制$f\left(r_{ij}^k\right)$所获得收益。

不同类别的激励与约束策略所产生的最大收益是博弈双方中央政府和地方政府最终达成区域合作博弈的结果。两个博弈主体在区域合作博弈的实现过程中不仅可以通过双方协商达到两个参与主体都可以接受的预期收益方案，还可以通过双方谈判，在双方集体理性的假设基础上，达到博弈双方都可以接受的利益分配方案。根据合作博弈的理论可知，两个博弈参与主体最终可以达到的策略方案为纳什均衡解或帕累托最优解。决定双方博弈主体达到集体理性的假设，是需要博弈双方在合作博弈过程中达到一致的双方价值观。

不妨设$W=W\left(u_A,u_B\right)$，其表示合作博弈的双方主体在谈判过程中的收益函数，合作博弈的均衡解为双方谈判过程中的收益函数W的最大化。其中，谈判收益函数W可以表示为中央政府和地方政府共同价值观的数量函数，通常情况下，数量函数的具体定义和各变量取值范围可以根据谈判的实际来确定。

假设d_{Ai}^k和d_{Bi}^k分别表示中央政府和地方政府在动态时间维度下第k阶段中的初始条件，则双方博弈主体在第k阶段下的收益函数W^k为

$$W^k=\left(u_{A(ij)}^k-d_{Ai}^k\right)\left(u_{B(ij)}^k-d_{Bi}^k\right) \tag{5-7}$$

根据双因素理论介绍，若将d_{Bi}^k看作地方政府M_B对资源r_{ij}^k的基本需求，可将$u_{B(ij)}^k-d_{Bi}^k$视为起激励作用的激励因素。

由纳什谈判调解公理，有$u_{A(ij)}^k,u_{B(ij)}^k\in P$，且$u_{A(ij)}^k\geqslant\max\left\{d_{Ai}^k,u_{B(ij)}^k-d_{Bi}^k\right\}$。在理想情况下，有$u_{A(ij)}^k=u_{A(ij)}^{k^*}$，$u_{B(ij)}^k=u_{B(ij)}^{k^*}$，且$u_{A(ij)}^{k^*}=u_{B(ij)}^{k^*}$，其中，$u_{A(ij)}^{k^*}$和$u_{B(ij)}^{k^*}$均为纳什谈判解（帕累托最优解）。

5.3 社会组织介入区域经济合作的机制分析

从以上的分析可以看出，虽然区域之间的经济合作应该以市场调节为主，但由于合作中的外部性及“囚徒困境”现象的存在，区域协调组织有其存在的必要。目前的区域协调组织种类众多，功能不一，协调作用也不一致。为了提高区域经济合作中的协调效率，我们认为应该在区域经济合作中建立一种更高层的协调组织平台，以对这些不同组织形式、不同目的、使用不同协调手段的区域协调组织进行全面的整合。为促进区域内的经济发展，以及保证区域间经济合作的顺利进行，各区域内和区域间都成立了一些经济协调组织。这些区域协调组织的合作类型与机构层次通常是多样化、复杂化的，一般情况下包含综合性的协调机构与更加专业性的合作协调机构，也存在民间性质的协调机构；此外，还包含半官方合作组织和官方正式合作机构（如政府）。

由各地区间地方政府共同成立的组织是最高层次的区域合作协调组织，可以分为综合性和专业性的，也可以有紧密型或松散型的，还可以是常设性的或某一特定时期集中于特定目标成立的临时合作组织。区域间政府合作协调组织常常会设立相关的组织协调机构，专项负责区域间各项合作的具体工作。现有的区域经济合作组织在区域经济合作中扮演了重要角色。这些区域经济合作组织在建设区域市场体系和促进区域经济发展等方面，都起到了积极的作用。但同样也存在一些局限性，具体如下。

（1）以行政调节代替市场调节。这主要是指政府成立的区域协调组织在处理区域经济合作的问题时，过分强调或过分看重行政权力的作用，有可能以行政命令代替市场选择，从而好心办坏事，为合作的长期发展留下隐患。

（2）通常以行业、部门或企业之间的协调为主，所起的作用是局部性的，不能对整个区域经济发展效率的提高起到全局性的作用。

（3）合作区域范围比较狭窄。以点对点的合作协调为主，因协调成本太高无法形成网状合作模式，难以促进区域间的全面合作。

（4）对区域经济的合作缺乏前瞻性，往往以解决合作中出现的临时性具体问题为主。对整个区域经济合作缺乏长远规划。

（5）利益相关性。有些区域合作组织是由参与合作各方共同组建的，因此与参与方有着紧密的利益联系。由于失去了利益上的独立性，这类组织在协调合作中出现问题时，很难坚持公正、公平的原则。一旦失去公信力，它将很快失去合作成员的信任，进而丧失存在的合理性。

5.3.1　社会组织在区域经济合作中的作用

跨区域的社会组织能大幅度节省区域经济合作中的交易成本，并为合作各方提供一个获取信息、解决冲突的平台。从跨区域社会组织的角度看，区域间的合作应该是一种多元参与的合作。社会组织在其中所起的作用如下：为参与合作协调组织中的各参与方提供信息沟通与交流的平台，降低合作各方获取信息的成本，为跨区域间的要素、资源等的流动提供基础；为区域间经济发展和社会生产的长期合作提供规划和方案；为区域间利益分配和方案提供监管，并对可能存在的问题和冲突提供透明的解决方案；合理评估区域间各组织成果，并动态优化区域方案。具体而言，社会组织在区域经济合作中的作用如下。

（1）为区域各方提供一个高层合作平台，降低合作的交易成本。

图 5-1 给出了现有的区域合作模式，在这种合作模式下，区域之间的合作主要是点对点的合作。区域合作是有成本的，这些成本主要包括：合作机会的搜寻成本；合作之前的谈判成本；合作中的冲突协调成本。假设这些合作成本为c，那么在这种点对点的合作模式下，要实现n个区域的全面合作，合作的总成本为

$$c \cdot C_n^2 = \frac{n(n-1)c}{2}$$

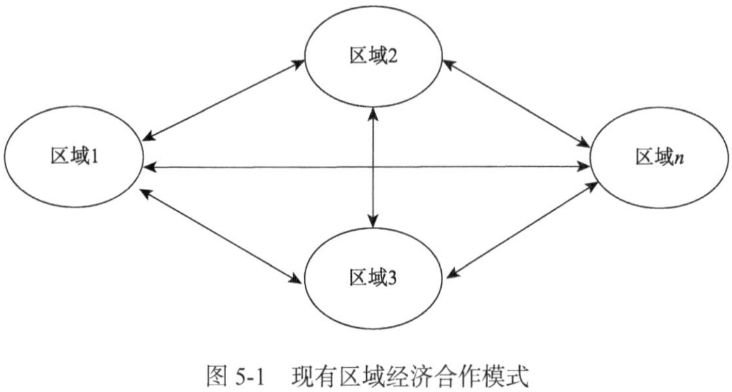

图 5-1　现有区域经济合作模式

图 5-2 为在跨区域的社会组织下的区域经济合作模式：在这种合作模式下，最理想的情况是信息的搜集、合作之前的谈判及合作冲突的解决都可以利用社会组织来完成，通过“圆桌会议”模式一次性得到解决，此时n个区域的全面合作成本不会超过$n \cdot c$。

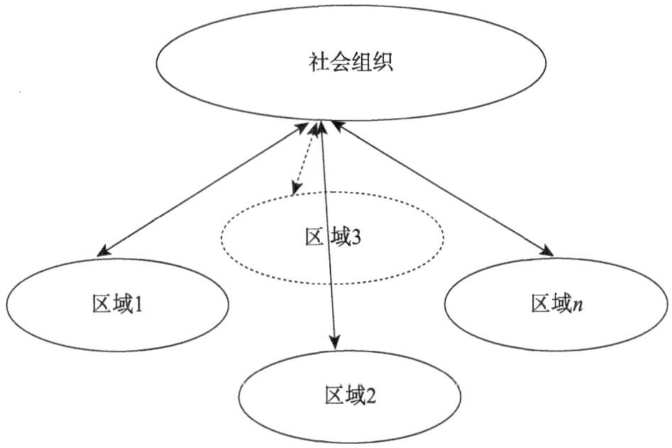

图 5-2　在社会组织介入下的区域经济合作模式

比较两种合作模式，可以看出，当合作区域的范围比较广的时候，社会组织对合作成本的节省是非常大的。这种成本的节约同时也意味着，点对点合作模式由于成本高昂，很难实现区域之间的广泛合作，在社会组织的介入之下，可以实现区域之间更广泛、更全面、更深入的合作。

（2）通过完善的信息平台，实现合作各方的信息共享。

这是社会组织应该提供的最基本的服务。通过这一信息平台，合作各方可以对区域间资源配置现状有清晰的了解，进而制订最优资源配置方案并从中发展合作机会。区域经济合作对信息的需求量大、面广，因此信息系统的建设是一个非常艰巨和成本高昂的工作，但它也会成为第四方平台盈利的基础。信息系统的建设可以部分依托已有的社会资源，但由于区域合作对专用信息的需求量大，因此根据客户需求自建大部分信息系统是不可避免的事。前期巨大的风险投入不利于社会组织的市场化运作，社会组织的框架应由区域间的政府出面搭建，待运行规范后再有偿转让给社会组织在现实生产市场中运行。

（3）根据区域间合作组织参与方的参与意愿与目标制定统一的合作协议和合作内容，作为日后对合作协调组织监管的标准和准则。

（4）区域合作协调组织应积极按需召开协调会议，加强各参与方的交流，积极提升区域合作的深度和广度。可以定期或不定期地召开会议、论坛、研讨会等多种形式的协调会议，对区域间合作组织的前期成果和存在的问题进行总结，并针对合作组织的未来发展进行探讨和规划，提出新的合作内容，加强区域间各参与方的交流与合作。

（5）根据区域内合作的目标建立共同遵守的合作制度和准则，为区域间合作组织的协调发展提供支持，并优化区域间市场合作环境。

区域内各合作组织的团结协作主要是指不同地区内的机构为了共同的目标，

在平等、互利互惠等原则下，各合作参与方实现区域内相互进步的行为；区域内合作以促进各地方的人力、财力、技术、资源等要素的跨区域自由流动，有效降低要素的跨区域成本，增强各种资源的有效配置，为区域内的各参与方提供更好的市场交流环境。能够代表区域整体利益，参与制定这些规则、契约、制度和标准的只有各区域政府（政府的各职能部门）。有了这些规则、契约、制度和标准，市场主体——企业就有了开展生产、流通、交换的“技术”依据和市场条件。

5.3.2 社会组织与地方政府的合作机制

以政府为主体的传统环境管理体制已无法适应复杂问题的治理需求，已有研究提出了地方政府与社会组织在区域治理中要建立合作共治关系，但尚未明确如何建构合作共治机制。众所周知，我国在传统型的区域管理过程中主要依靠政府的行政手段，并将其作为主导模式，更是集政府政策的制定、实施、监督等职能于一体，但是，该管理体制在运转过程中并不能有效协调各利益相关者之间存在的各种利益矛盾，已无法满足目前区域治理问题的实践需求。因此，国内许多学者开始关注并不断重视区域治理中政府行政职能、经济发展方式等问题的研究。目前，国内学者在探索未来时期的经济发展模式问题时，重点探讨合作型区域治理模式，坚持主张与社会公民间构建出一种“参与、合作、协商、伙伴型”等全新型关系，加快推动并转变区域治理中的政府行政职能，最终希望能够将政府行政职能逐渐从行政性治理方式转向“多元共治、参与式治理、协同治理、合作治理、互动治理”等全新型管理模式（表 5-4）。当前，基于不同的理论视角，各种新型的区域治理模式直接或间接地合理描述区域治理中政府与社会组织间的合作关系，并全力地推动政府与社会组织的角色转型。

表5-4 政府与社会组织合作模式

模式类型	政社关系	政府角色要求	社会组织角色要求
多元共治	对话协商、分工合作与协商	有限型政府、掌舵者；确立政府的主导型定位	主体型和参与型定位：宣传教育、专业咨询、化解利益纠纷
参与式治理	政府主导的互动合作、民主合作的伙伴关系	以公民环保需求为导向的服务型政府	参与问题决策、公共产品供给
协同治理	政府主导下的主动或者被动依附	相互认同、相互协调，加强公共物品供给的主导型作用；主导协调者	补充共享者
合作治理	政府引导的平等、信任的伙伴关系；共识上的共同行动	加强监管职能，由发展型向公共服务型转变	转变自身角色定位；增强参与能力；提升社会公信力
互动治理	既相互独立又相互合作	由管制转向互动	专业化、去行政化

由表 5-4 可见，政府与社会组织间的合作方式及其各自的角色定位虽然在不同区域治理模式下呈现出较大的差异，但是都坚持主张并且倡导政府与社会组织之间构建出“合作共治”的全新型关系。多元主体的共治模式、参与式的治理模式、协同型的治理模式等重视政府在区域治理中的“主导地位”，而将社会组织的角色定位为“补充型的共享者”，也就是说，社会组织的重要功能主要体现于对政府行政职能起到补充作用、有效配合政府的各种行动、政府与社会间联系的“桥梁”作用。然而，合作式的治理模式、互动型的治理模式等治理模式重视政府所呈现出的“引导作用”，即各个参与主体均可平等地享有区域治理的各种权利，此时，政府与社会组织间构建出一种“平等、信任”型的伙伴关系。因此，与其他的区域治理模式相比，合作式的治理模式、互动型的治理模式等更关注各个利益主体间的互动形式等，鼓励并推动社会组织通过宣传与教育、志愿者活动等方式，积极引导社会公民参与区域治理，最终可有效保障社会个体的权利。

关于社会组织参与区域治理已在理论与实践中得到高度的认可。联合国的相关报告中重点指出：治理活动是公民个人与公共机构或者私人机构来共同管理社会公共事务的各种方式的总和。因而，治理的重要功能就是有效协调各主体间的利益冲突，并促使其选择共同行动的连续过程。但是，由于受到活动范围与领域的限制、自治性与倡导性存在局限性而且法治化程度较低，公民在区域公共事务的治理实践中就会受到政府的较多干预，尤其是多数的非政府型组织的治理实践常常仅限于一些体制外的活动，使得其发挥的作用受到明显限制。从政府与社会组织的合作实践来看，区域合作治理中存在政府转移行政职能的力度不够、社会组织的发展薄弱等问题，使得双方缺乏持续性合作的重要基础。因此，本节从如下几方面构建出“制度信任”型互动式的合作治理。

（1）不断构建并逐步完善政府对社会组织的培育机制、扶持机制，全力推动并逐渐形成服务于区域治理的卖方市场。当前，社会组织由于在发展前进中存在服务能力较薄弱等问题，提供的服务主要有社会监督、社会民意调查、宣传与教育、组织引导公众参与公益活动等，而很少能够提供专家咨询、技术支持、环境测评与规划等服务。因此，政府应从以下方面采取相应措施：制定并颁布一些向社会组织购买区域治理服务的产品目录及其标准，规定社会组织承担政府转移的行政职能应具备的资格；从提供专业技能培训等方面不断提升对社会组织的扶持力度，构建政府购买社会组织服务类的专项基金；有效地引导并推动社会组织与高校等科研机构的合作；不断制定并实施一些公益性的创投相关制度，并鼓励企业等机构参与公益性的创投项目。

（2）不断建立与深化政府与社会组织间的功能型合作机制，积极搭建企业与社会组织间、行业协会与社会组织间的各类合作互动平台。目前，社会组织主要分为如下四类：第一类为研究会类型的组织；第二类为民间型的组织；第三类为协会及技术类的组织；第四类为基金、资助机构类的组织。因此，根据社会组织的类型及其发展趋向，政府可有效选择要合作的主体，并逐渐加快其规范化发展。例如，研究会类型的组织要加快改革“去行政化”的问题，并明确与政府相关部门的关系，不断降低依靠政府行政资源的程度。此外，政府应该加快制定并颁布各种公益性捐助的税收优惠的政策，并确定相关的实施细则；依靠一些大型的公益性孵化项目，积极地鼓励并促成各类企业与社会组织间、各社会组织间展开公益性合作，重点发挥其在资金募集、公益性人才培养等方面的作用。

（3）不断推动并构建政府职能的整合与组合机制，加快构造政府与社会组织之间的长期性的沟通互动机制。政府应该重视并加速行政组织的流程再造，从而能够加快变革并整合各政府部门的职能，不断构建出统一协调的治理机制体制，同时要注意单独地构建监管的部门，保障组织的有效有序运行。另外，为了达成与社会组织的有效合作，政府要重视并加大行政职权的下放转移力度，再造与变革社会公共服务的流程，积极地构建政府与社会组织间的长效沟通机制；要将“双反馈”机制融入政府治理职能工作中，全面发挥公众监督作用，明确推行双反馈机制；要积极利用互联网平台；要积极构建公共事务管理的快速报告机制、民意调查反馈机制、区域治理监察公示机制等。

（4）不断构建区域治理中政府与社会组织间合作绩效的评价机制。众所周知，合作共治的有力保障就是政府职能的不断转变，而转变政府行政职能的重要目的就是要打造与塑造有效政府。然而，各政府行政部门长期以来在落实转变行政职能时仍然缺乏有效的监督管理，常常仅提供一些方向性、原则性的指导与要求。但是，在区域治理中多元化主体的重要背景下，当前区域治理中实施绩效评价时忽略各个治理主体的合作绩效评价，如如何评价合作治理中的业绩、效率及效果等，仍然关注政府的责任绩效问题，偏离政府转变职能的根本要求。但是，我们应注意到，政府与社会组织的合作共治中不仅要评价政府的绩效，而且要评价社会组织的绩效，更要评价合作治理中双方各类目标的达成情况。区域治理中合作绩效的评价机制在实质上就是要明确双方责任，完善追责机制。

第6章　国家重大区域发展战略下区域经济合作政策建议

随着中国区域一体化进程加快，区域合作也呈现出快速发展趋势。无论是发达的长三角、珠三角和京津冀城市群，还是成渝经济区、北部湾经济区、山东半岛经济圈等其他经济圈，都在积极探索区域经济合作的新机制。特别是"一带一路"建设、长江经济带建设和京津冀协同发展国家战略决策的提出，使得协同联动的区域发展模式成为新时期各区域实现高质量发展的主动诉求。为了有效应对区域一体化过程中面临的区域性公共问题的挑战，区域合作的长效机制逐步建立。一方面，通过推动统筹区域规划、主体功能区划分、优化产业空间布局等方式实现外部问题内部化。例如，《京津冀协同发展规划纲要》《长江三角洲地区区域规划》《粤港澳大湾区发展规划纲要》等区域规划，以及"推动成渝地区双城经济圈建设"等区位导向性政策均从宏观层面为区域一体化和区域合作进程奠定制度和政策基础。另一方面，通过建立城市政府联合体、区域各主体的高层联席会议及经济贸易协调促进会等区域合作组织，并制定区域合作公约，将区域合作规范化、制度化与法制化，使得区域经济合作在信息公开、统一市场、提高资源开发利用效率、生态和环境保护等方面形成良好合作环境。此外，通过宣扬区域之间互相依存、联动发展的区域发展价值观，倡导非政府的公共组织积极主动参与区域公共问题治理和区域事务管理。例如，长三角联合研究中心、区域性的高校联盟等各类型研究性机构对创新区域合作机制进行了有益探索。

以区域治理的视角审视区域经济合作，需要明确治理主体、治理客体与治理机制三大核心问题。总体来说，我国的基本国情决定了我国区域发展治理模式的选择应是以市场为基础、各级政府为主导、全社会共同参与的综合治理模式。在我国，各级政府拥有各类经济资源配置的决定性权力，在市场机制还不够完善、公民社会尚未成熟的条件下，政府无疑在协调区域合作、解决冲突与分配利益中处于主导地位。然而，随着科技进步和大众思维方式的转变，经济社会发展呈现出前所未有的复杂性、多元化和网络化特征。在区域合作中，如果不区分区域经济问题类型而一贯片面强调政府的主导作用，就会把区域经济分割成若干的“行政区经济”。政府的介入过度和不足都不利于市场发挥应有的作用，从而使得经济的一体化进程受阻。同时，政府主导的区域治理组织结构和权力设置往往缺乏必要的规章制度和约束机制，从而降低区域利益冲突的治理效果。因此，唯有根据区域发展中的实际问题，在明确治理主体和治理客体的基础上，进行区域管理的体制创新，才能有针对性地解决区域合作问题。此部分将在前文研究的基础上，提出国家重大区域发展战略下完善区域合作的政策建议。

6.1 强化市场机制在产业合作中的基础性作用

首先，完善市场环境，强调市场机制在区域产业合作中的基础性作用。对于没有外部性或者外部性较弱的产业，政府应充分尊重市场资源配置在区域合作中的重要作用，避免政府的过度干预。在区域一体化的进程中，市场机制在资源配置中起基础性作用。市场机制通过价格机制能够有效地促进要素流动，促进技术创新和知识转移，最终实现促进产业结构优化和升级，促进区域和整个国家的经济增长方式转变。区域产业合作中，市场是化解利益主体冲突的有效手段，政府的职责是提供良好的市场竞争环境，在政策、制度和法律方面对市场主体和交易方式予以保障。从区域一体化的国际经验来看，在以纽约、东京、伦敦等为中心的世界级都市圈，政府介入都是在依赖市场机制的基础上。即使在一些国有经济比重较大、政府干预较多的地区，也重视企业自主权的扩大，尽量避免对各类产业发展的干预，强调“管理自主权”作为指导国有企业的原则。

其次，要建立和完善现代高效的区域产业合作机制，要明确市场机制在区域产业合作中的作用范围。就一般的产业合作而言，市场机制可以建立统一的区域市场，通过价格机制消除壁垒打破分割，解决市场主体之间的利益分配、补偿和激励，从而实现整个区域内资源与要素的自由流动，提高资源的利用效率。在区域产业合作中，通过完善各类产权制度，对市场主体的财产所有权、控制权、使用权、收益权和处分权加以界定，市场主体则可以自由选择交易对象、订立交易合同，在产业层面促进了市场的分工与合作，提高了资源的利用效率；在宏观层面则促进了产业结构的优化和升级。同时，市场机制也可以解决部分的外部性问题，如通过企业合并、战略合作和产业联盟等市场组织形式，解决人力资本外部性、知识溢出和技术外部性等冲突和矛盾等，使得市场主体在从事经济活动过程中，可以将外部的社会收益或社会成本转化为内部的私人利益或成本。

最后，对于产业合作中存在的市场失灵情况，政府要及时发挥作用进行调控和引导。虽然市场机制能够解决产业合作中的大部分问题，但外部性、盲目的利润追求也会引发企业过度竞争、产业产能过剩等问题，同时信息不对称带来的道德风险和逆向选择也不利于产业发展，因此市场机制存在“市场失灵”现象。政府的横向和纵向介入要以统筹区域产业发展、促进资源互补为原则。同时，政府在介入过程中应尽可能采用行政手段解决矛盾冲突，从而降低社会成本。并且，政府要加强市场环境和秩序建设，完善各类法律法规，促进公平交易，减少政府寻租活动。特别是建设良好市场风气，通过法律形式缩小违法利润和增加违法成本，保障市场机制下的经济主体正常交易，合理分配合作利益。

6.2　重视政府在产业转移和市场整合中的引导作用

结合我国的基本国情，在充分发挥市场配置资源基础作用的同时，在产业转移区域市场整合中要重视政府的引导作用。一是以行政权威为基础协调和引导区域产业发展的产业竞争和利益分配。尤其当区域之间的利益发生冲突，出现纠纷或者争端时，地方政府往往要求中央政府及职能部门进行调解，或者依据政策规则要求中央政府进行裁决。二是制订区域产业规划，引导地方产业分工与合作。由于合理的产业布局和产业结构能够充分利用区域资源，提高资源利用效率进而实现区域产业总体经济效益的最大化，提高区域经济的竞争力，因此，国家和地方层面的区域产业规划一直是国家引导产业发展的重点。三是运用财政税收手段，引导产业发展重心和发展趋势。政府间通过财政税收关系上的调控，通过影响要素流动方向和企业的区位选择，可以实现产业的合理布局，避免出现产业空间布局不经济和过度竞争。四是在政府引导下建立区域性的组织机构，因地制宜协调各地区产业发展，避免区域之间产业竞争和重复建设。一般而言，区域性组织机构的权力可以来源于中央政府和地方政府，政府要给予这些机构相匹配的资源、权力和责任。五是通过签署政府间协议引导区域产业发展与合作，由于政府间签署协议较为简便，在环境保护、资源管制和基础设施共建中利益协调方式更加灵活，地方政府通常通过签署协议协调利益冲突。

通过总结政府在引导产业转移和市场整合方面的经验和案例，可以不断完善政府对区域产业发展的引导作用。例如，在长江经济带地区，江苏省政府鼓励和引导省内的企业到长江经济带上游地区的重庆和湖北三峡库区进行投资，能够有效发挥上游地区的比较优势，促进长江经济带产业的协调发展。特别是通过建立重点产业和投资项目的上下游会商机制，促进资源共享，降低信息不对称。在长江经济带的黄金水道运输方面，通过推动上下游港口合作与资源共享，加快推进江海联运，不仅提高了企业收益，更有效提高了航道的通行效率。通过设立区域产业合作基金，如设立各种产业引导基金促进沿江产业布局调整，跨省合作共建产业园区，共同分享产业发展红利。在生态环境方面，沿江城市通过共同设立环境保护治理基金，引导长江经济带城市发展生态环保经济，通过建立生态补偿与保护长效机制，共治环境污染。在京津冀地区，政府引导产业转移的作用更加凸显，针对北京和天津比较劣势产业向外转移的需求，河北省通过提高区域产业综合承载力、加强相关体制机制建设和完善产业服务功能，打造了 5 条京津冀协同产业带和 40 个产业承接平台，不断吸引京津产业和项目向本地转移。在市场整合方面，京津冀地区不断推进区域一体化市场体系建设，区域性市场壁垒持续打破，从而推动经济要素在京津冀地区内部自由流动和优化配置。

6.3 构建跨国合作组织机构，优化贸易投资环境

1. 推进建立区域合作组织，优化贸易软环境

由于中国与沿线国家的经济发展水平差异较大，“一带一路”倡议的发展也面临着复杂的大国政治经济博弈和国际贸易合作环境，这便制约着倡议的实施和国家间的经贸往来。中国作为“一带一路”倡议的发起国，应不断完善贸易促进政策，促进中国进出口的商品类别多样化，加快国内外贸易通道建设，积极促进中国与沿线国家的贸易畅通，积极推进中国及沿线国家间的区域合作组织的建立，减少双边贸易壁垒、消除国家间因经济环境、制度差异及社会文化等而产生的贸易壁垒、简化通关手续，为双边贸易合作创造新的机会，协同促进全球化区域市场合作发展。同时，中国应加强与“一带一路”沿线国家的基础设施建设，优化国际铁路运输通道，缩短商品或货物运输时间，增加区域合作贸易的频率和效率，通过以交通等基础设施为基础的互联互通带动区域间进出口贸易合作的贸易畅通发展，在一定程度上降低双边贸易的运输成本、提升区域贸易合作效率；中国应了解沿线国家的经济差异，对不同的沿线国家，采取差异化的对外开放策略，加

强双边交流协作，对在区域贸易合作中的采购、运输、通关等相关制度安排采取协商原则，促进中国与“一带一路”沿线国家的贸易便利化水平，增强区域间要素、商品、资源的流动活性，扩大中国与沿线国家的贸易合作范围和贸易潜力。

中国应与沿线国家积极推进区域贸易合作组织建设，协力改善贸易合作条件和环境，增强境内外贸易合作协同发展，提升中国与沿线国家形成优势互补的产业网络和经济合作体系；简化双边进出口贸易程序，提升通关效率，大力发展跨境电子商务，缩短双边贸易合作中的通关报关手续，提升双边贸易合作效率；中国应与沿线国家积极探讨新的贸易合作组织建设，逐步形成新的合作机制和发展机制，进一步降低关税和非关税壁垒，降低中国与“一带一路”沿线国家的双边贸易成本，为双边的对外开放合作创造优越的经济环境、制度环境和法制环境；积极推动双边及区域贸易法规、监督管理机制建设，不断完善投融资管理体制建设，为中国与沿线国家提供更加透明、更有效率、更优质的区域贸易合作环境。

2. 提高各中欧班列线路的运行效率，促进区域间的互联互通

中欧班列在“一带一路”倡议中具有重要作用。然而，随着不同区域内中欧班列的开通运行，截至 2015 年底，陆续地出现了重复建设、运营成本过高、回程货物少和空箱返运费用高等问题，限制了各班列的运行效率。

为了解决中欧班列运行中存在的问题，已开通中欧班列的中国各省级城市，应进一步扩大其市场范围，积极与欧洲区域内的国家或企业商谈，鼓励双边实现贸易交换，扩大班列去回程商品种类和范围，同时应积极响应国内其他还没有开通国际班列的城市的需求，扩大国内班列贸易市场范围；此外，由于目前已经开通中欧班列的返空回程现象仍然普遍存在，中国应同沿线国家建立稳定的班列回程机制，降低中欧班列运输成本，提高贸易效率。中欧班列在国内外运输通道上存在线路重复等现象，中国同沿线国家应积极优化班列运输通道建设，优化各区域班列线路，扩大班列在国内外段的运输范围；为了减少国内段的铁路线路，可以事先将零散的货物集中地聚合在固定的站点，方便货物运输，降低国内各省际城市间中欧班列的运行成本，同时可以有效地降低各班列争抢货源等不当竞争行为。为了高效地实现各中欧班列的利用效率，可以考虑由相关部门统一对外询价，可以根据班列线路的国内装货地、出境口岸、运营里程、运营时间和运输的商品类别等信息对不同“一带一路”沿线国家所在的不同区域差别定价，可以压低国外段的运输成本。

“一带一路”倡议涵盖范围广，惠及的国家众多，中国与沿线国家需要建立国家层面的跨国物流协调机构，为跨国贸易提供支持和保障；此外，由于中国与部分沿线国家间的铁路交通基础设施建设存在差异，为了更加高效地实现物流通道运输，应积极建立物流运输的国际协调机制，提升中欧班列在境内外

的通关效率，缩短通关时间，提升不同形式下铁路的换轨效率，提高中欧班列运输通道效率。

6.4 完善区域基础设施，促进市场整合与开放合作

市场分割严重制约了资源的流动和使用效率，增加了区域间的重复建设成本，国内市场整合则有利于促进各省份间的区域市场合作。在各省份城市的吸引外商直接投资方面，各地区除了优化投资环境，还应加强合作以提高外资引进质量。由于各省份间的经济发展、社会活动、风俗习惯等存在显著差异，各地区应结合自身特点采用差异化的引资策略，降低引资竞争，提高引资质量。东部沿海地区经济发展较好，市场交易环境更优越，应该逐步重视外商直接投资的质量，而不是只关心外商投资数量；中西部地区地理优势明显，中欧班列的三大出境口岸均在该地区，应该充分发挥地理区位优势，借助自身资源禀赋，优化各省份间的对外直接投资环境。在各省份地方政府财政支出和对地方产业的保护方面，应积极响应中央政府的协调发展机制，充分发挥地方政府对该地区经济发展的宏观调控能力，优化产业发展，积极协调各省份间的经济联动，缩小各省份区域经济差距。

在交通基础设施方面，由于地理位置与地形差异，各省份的公路、铁路、口岸等建设差异较大，应该积极提高各省份间的铁路、公路建设密度，进一步缩短交通基础设施运输时间，降低企业在商品贸易中的运输时间和运输成本，打造多层级的区域交通网络体系，提升各省份间的市场整合程度。各地方政府应该注重改善交通基础设施质量，加快跨省份运输速度和效率，避免地区间的恶性竞争，共同实现物流跨区域协调可持续发展。

此外，在推进市场整合过程中，应不断加强产业结构调整，健全区域协调机制，各省份地区在经济发展、要素及资源禀赋等方面存在发展差距，就更需要各地方政府充分发挥本地区产能优势，优化企业生产和产业结构升级；在区域联动生产过程中，应积极发挥各省份地区的产业优势，加强区域分工与协作，消除跨区域间的市场壁垒，进一步实现要素、资源的跨区域自由流动，提高区域内资源利用效率。同时，应加大信息基础设施建设力度，完善区域信息网络体系，努力实现跨区域的技术和信息共享机制，提高区域市场的技术水平和国内市场的整合效率。

6.5　转变考评方式，纳入跨行政区的整体经济效益

满足区域经济发展的共同需要及实现区域总体的利益最大化是地方政府之间能够合作的逻辑起点和现实条件。其中，共同的需要要求区域之间的各类资源与生产要素实现最佳的配置，而区域总体利益的最大化则要求地方政府对合作的共同利益有着一致的认知，对提高总体收益和各自的收益及降低成本有着明确的预期。区域合作的可能范围由要素与资源的匹配程度决定，合作意愿和合作动力则来自对利益的认知和对成本的预期。长期以来，尽管地方政府的职能在于提供公共物品和服务，但地方政府作为独立的行为主体又是以本地区利益的最大化为目标的，其双重角色就决定了地方政府之间必然存在对于各种要素、资源和上级优惠政策的竞争。因此，区域内的地方政府必须要认识到区域合作的必要性，转变“画地为牢”思想，破除以行政区划作为提供公共品的观念，明确区域合作的总体收益和成本，并且当区域合作的总体收益大于总成本，就应该采取合作的方式。各地方政府应该从提高整个区域公共物品的供给效率、经济效益和供给质量出发，积极主动地探求合作机会，从而提升整个区域公共品供给的经济和社会效益，提高整个区域的竞争力。

引导地方官员充分认识提升地区经济竞争力的内在逻辑，即必须依赖于区域的整体竞争力。在经济全球化、区域一体化的背景下，地方官员必须认识到地方政府之间的合作对增进本地长远利益的重要性和必要性，从而加强地方政府的自觉合作和主动合作，减少零和博弈，从而实现合作方之间的互惠共赢和整个区域的协调发展。因此，首先，要积极宣传动员、引导地方之间相互依存、共同发展、互惠共赢的可持续的发展理念；其次，将地方政府之间的合作引入地方官员的考核评价体系之中，转变传统政绩考评方式，将跨行政区的整体经济效益纳入考核体系，对积极促进地方政府合作并且取得良好合作效果的地区及官员进行奖励，将统筹协调区域发展能力作为官员晋升的参考指标；最后，对于区域合作带来的总体效益，结合先进地区的经验推动交流学习，对成熟的区域合作模式和合作经验进行大力推广，形成合作样板和区域合作示范项目，鼓励地方政府勇于探索，特别是建立健全容错机制。

6.6　构建跨区域的利益激励、共享和补偿机制

首先，在区域合作中要重视利益激励，尽管区域的总体利益是区域合作的最终目标，但合作共赢和地方自身的利益需求仍然是政府之间合作的基础。长期以来，地方政府之间的合作主要由上级政府安排和协调，在部分事务中出现上级政府介入过多和地方政府主动性不足，其中一个主要原因就来自对地方利益的激励不足。同时，利益激励更多的应该从行政权力的激励向经济利益激励转型，即要以经济利益上的激励为主，行政权力上的激励为辅。同时，要给予地方政府之间进行收益分配的合法性，在地方政府之间平等协商的前提下，构建各地区满足自身合法利益的合作关系。只有追求自身利益得到上级政府的支持并有法律保护的前提下，才能有效激发各地方政府参与区域合作的积极性和主动性，从而实现区域利益最大化和资源有效整合。为保证合作效果，上级政府要选择介入的程度和时机，针对具体的合作项目，通过规则设定、法律保护和权力约束推进地方政府合作和实现各方利益。同时，具体的合作项目相比于一揽子的合作项目更易明确各方权利、责任和义务，在合作细节上更易达成共识，并制订具体可行的合作方案，使区域合作项目能够真正落地。

对于未能在事前进行明确利益分配的合作项目，还需要构建和完善各参与方的利益共享与利益补偿的机制。要围绕跨地区的利益共享和利益补偿进行体制机制创新，从而加快区域一体化的进程。首先，在区域经济结构优化方面，要构建促进产业转移和结构调整所引发的利益共享与利益补偿。产业的发展是地方获益的主要来源，而每项产业的转移、淘汰与升级，势必会引起区域间和区域内部相关各方的利益冲突。通过建立产业相关的财政税收、转移支付和利益共享机制，形成规范的产业补偿制度，从而保证产业规划、转移和升级的顺利进行。其次，推动区域内的发达地区与落后地区共享区域发展成果，这是促进区域经济一体化的最基本动力。欠发达地区融入区域合作与一体化不仅能得到切实利益，而且还能获得更多发展机会，必然增加主动参与区域经济一体化的积极性。最后，顶层设计通过统筹规划，要构建跨区域的利益激励、利益共享和利益补偿的财政税收政策，并且要进行完善的制度设计，特别是利益争端要有调解机制，利益分配和利益共享要有实现机制和保障机制。

6.7　完善合作组织，创新灵活的区域合作组织形式

科学合理地设置合作组织是跨区域合作机构能够有效运行的前提条件，同时也是区域合作机构能够有效发挥作用的有力保障。在协调区域合作各方的利益分配和矛盾时，单纯地依靠纵向的层级制度进行协调会带来效率低下和信息不对称等问题。因此，需要建立网络化、多边化和互动互利互惠的合作组织来实现合作目标，要在原有的合作模式下进行组织创新，完善与项目相匹配的区域合作组织。在具体的公共事务中要注重问题解决导向，弱化层级制关系，强调建立在信任基础上的主体多元化和跨层次的互动、协商和对话。从国际上看，区域合作组织的运行至少包括决策机构、执行机构、监督机构、仲裁机构等独立单位或者功能模块，这些机构和功能单元构成了相对完整的区域治理的权力体系。目前我国一些地区的跨区域合作组织和协调机构的设置较为简单，使得很多职能在实际的区域合作中缺失。因此，要借鉴和参考国际区域治理管理模式，从决策机构、服务机构、执行机构、监督机构等功能模块方面完善区域合作组织的功能设置。在决策上，综合区域整体资源优势特色和发展条件，协调推进区域整体竞争力提升；在服务上，致力于区域市场一体化和区域经济协调联动发展；在执行上，提升区域合作组织的运行效率；在监督上，对区域合作内容的履行和效果进行监督等。

完善的合作组织是实施具体合作不可缺少的平台和载体，合作组织的实体存在能够增加合作各方的日常联系活动，促进合作达成、敦促合作进展、维护各方权益、增进交流互动，从而减少合作的不确定性。一是加快建立实质性、多层次和多功能的区域合作组织。根据不同合作层次、合作内容的需要，最高可以设立合作领导小组，如“长江经济带发展领导小组”用以协调长江经济带的跨区事务和重大事项；也可以由合作各方政府领导和相关职能部门负责人组成，包括省部合作领导小组等，设立办公室负责日常事务推进。二是构建多形式、多功能合作组织，针对不同的合作项目建立不同的合作组织，如合作论坛、磋商会议、谈判会议、咨询委员会等，通过开展区域合作方面的研究和沟通等形成良好的合作环境，不仅能够促进合作共识的达成，还可以促进合作项目的顺利实施。三是构建多方参与的合作组织网络。促进实体与实体、实体与非实体组织合作融合，搭建开放的合作组织网络平台。四是合作组织的运行必须选拔合格的人才，明确职责

和权限，借助谈判能力、执行力、人际沟通能力及丰富的工作经验和广泛的社会资本，促进区域合作的达成与实施。

6.8　优化上级政府嵌入机制，加大鼓励扶持力度

在我国现行体制下，上级政府对于下级政府的区域间合作进行一定程度的嵌入是必要的，但是要注意嵌入的方式和程度，避免干预过度和嵌入不足。

首先，对参与区域合作的地方政府进行政治动员。政治动员对于形成一致性战略和统一行动纲领具有重要作用，从而使地方利益最大化服从整体利益最大化，经济利益最大化服从经济社会利益最大化。但是，这种嵌入方式主要适用于那些外部性较强、地方政府横向之间难以主动达成合作的情况。例如，在京津冀地区，北京、天津和河北的区域经济差距较大，缺乏合作基础，难以形成自发的横向合作；但是京津冀地区在人口、资源和环境等方面的问题不断产生、外部性问题凸显的情况下，就需要上级政府进行嵌入，对横向合作进行干预。伴随京津冀区域协调发展的问题日益严峻，京津冀区域合作就上升为国家议程。2014 年 2 月 26 日，习近平在京津冀协同发展座谈会上的讲话中，特别强调京津冀优势互补与协同发展，“自觉打破自家‘一亩三分地’的思维定式，抱成团朝着顶层设计的目标一起做”。这就是上级政府进行政治动员的典型案例。在政治动员，以及国家和相关职能部门的推动下，三地开始破除行政壁垒，快速进入区域合作的实质阶段。

其次，制定必要的法律或下达行政命令。在区域合作过程中，由于缺乏统一的标准，在特定领域合作过程中出现矛盾、纠纷和推诿现象，严重阻碍区域合作的开展和持续进行。尤其是在划分责任、利益分配、界定产权、监督职责等方面，需要明确相关规定，使得区域合作有法可依、有规可循。例如，在对所处流域的水资源进行分配时，就应该由国家相关部门来界定初始的水量分配，这样更能促进区域合作，避免出现不必要的纠纷；在区域合作利益分配和补偿过程中，应该由国家相关部门来明确合作项目中的产权价值、补偿方式和补偿的领域，避免在实际的操作中出现产权价值无法确定、利益分配不平衡的情况；在跨区域的大气污染治理合作中，对于合作各方需要削减的污染物指标，国家相关部门要给予明确的界定标准，避免治理过程中的相互推诿。总之，在对待公共事务方面，较大的外部性使得地方政府间难以达成一致，这时候就需要纵向政府关系的嵌入，通

过法律和行政手段，降低合作风险并提高有效性。

最后，做好区域发展战略规划、制度激励和项目评估。制定区域发展战略和规划的同时是协调多方利益的过程，有利于降低合作风险。通过描绘区域共同愿景，确定各合作方的定位、责任和义务，从而从源头上就降低了利益分配、利益补偿的风险；对战略规划执行结果进行监督和评估，能够降低区域合作风险和交易成本。制度激励是上级政府通过制度安排，鼓励地方政府主动参与区域合作。例如，在流域水资源管理和大气污染治理方面，通过建立水权交易市场和污染权交易平台，上级政府间接促进市场机制在区域合作中发挥作用。同时，上级政府还可以直接通过财政激励引导和促进地方政府的横向合作。例如，直接给予区域合作项目以资金支持、税收减免和低息贷款等。由于掌握重点项目投资审批权、区位导向性政策等制度供给权，上级政府可以通过项目评估在立项过程中搭建合作平台，通过各方参与和讨论促进利益协调；在项目实施过程中加强过程评估和执行监督，减少机会主义发生和降低交易成本。

参考文献

白重恩，杜颖娟，陶志刚，等. 2004. 地方保护主义及产业地区集中度的决定因素和变动趋势. 经济研究，(4)：29-40.

白俊红，王钺，蒋伏心，等. 2017. 研发要素流动、空间知识溢出与经济增长. 经济研究，(7)：109-123.

拜琦瑞，杨开忠. 2008. 论知识可达性与区域经济增长. 经济经纬，(2)：64-67.

卞元超，吴利华，白俊红. 2019. 高铁开通是否促进了区域创新？. 金融研究，(6)：132-149.

陈栋生. 2008. 东西互动、产业转移是实现区域协调发展的重要途径. 中国金融，(4)：20-21.

陈怀超，范建红. 2014. 制度距离构成维度的厘定和量表开发. 管理评论，(9)：69-77，159.

陈继勇，盛杨怿. 2008. 外商直接投资的知识溢出与中国区域经济增长. 经济研究，(12)：39-49.

陈建军. 2002. 中国现阶段产业区域转移的实证研究——结合浙江 105 家企业的问卷调查报告的分析. 管理世界，(6)：64-74.

陈劲. 2017. 科技正在塑造保险新生态. 清华金融评论，(12)：47-48.

陈良文，杨开忠，沈体雁，等. 2008. 经济集聚密度与劳动生产率差异——基于北京市微观数据的实证研究. 经济学（季刊），(1)：99-114.

陈敏，桂琦寒，陆铭，等. 2007. 中国经济增长如何持续发挥规模效应？——经济开放与国内商品市场分割的实证研究. 经济学（季刊），(1)：125-150.

崔丹，吴昊，吴殿廷. 2019.京津冀协同治理的回顾与前瞻[J]. 地理科学进展，38（1）：1-14.

戴宏伟. 2006. 产业梯度产业双向转移与中国制造业发展. 经济理论与经济管理，(12)：45-50.

邓涛涛，王丹丹，程少勇. 2017. 高速铁路对城市服务业集聚的影响. 财经研究，(7)：119-132.

董艳梅，朱英明. 2016. 高铁建设能否重塑中国的经济空间布局——基于就业、工资和经济增长的区域异质性视角. 中国工业经济，(10)：92-108.

杜娟. 2017. “一带一路”贸易投资便利化之中东欧国家法律环境评析. 西安交通大学学报（社会科学版），(6)：75-82.

杜兴强，彭妙薇. 2017. 高铁开通会促进企业高级人才的流动吗？经济管理，(12)：89-107.

范爱军，李真，刘小勇. 2007. 国内市场分割及其影响因素的实证分析——以我国商品市场为例. 南开经济研究，(5)：111-119.

范和生，王乐瞳，李博. 2019. 美国“建造法案”论析——基于中美大国博弈视角的分析. 国际展望，(4)：98-114，156.

范恒山. 2013. 关于深化区域合作的若干思考. 经济社会体制比较，(4)：1-10.

范剑勇. 2004. 长三角一体化、地区专业化与制造业空间转移. 管理世界,(11): 77-84, 96.
冯长春, 丰学兵, 刘思君. 2013. 高速铁路对中国省际可达性的影响. 地理科学进展,(8): 1187-1194.
冯根福, 刘志勇, 蒋文定. 2010. 我国东中西部地区间工业产业转移的趋势、特征及形成原因分析. 当代经济科学,(2): 1-10, 124.
高明, 郭施宏, 夏玲玲. 2016. 大气污染府际间合作治理联盟的达成与稳定——基于演化博弈分析. 中国管理科学,(8): 62-70.
高鸣, 宋洪远. 2014. 粮食生产技术效率的空间收敛及功能区差异——兼论技术扩散的空间涟漪效应. 管理世界,(7): 83-92.
葛璐澜, 金洪飞. 2020. "一带一路"沿线国家制度环境对中国企业海外并购区位选择的影响研究. 世界经济研究,(3): 60-71, 136.
桂琦寒, 陈敏, 陆铭, 等. 2006. 中国国内商品市场趋于分割还是整合: 基于相对价格法的分析. 世界经济,(2): 20-30.
郭进, 白俊红. 2019. 高速铁路建设如何带动企业的创新发展——基于 Face-to-Face 理论的实证检验. 经济理论与经济管理,(5): 60-74.
郭苏文, 黄汉民. 2010. 制度距离对我国外向 FDI 的影响——基于动态面板模型的实证研究. 国际经贸探索,(11): 21-26.
郝景芳, 马弘. 2012. 引力模型的新进展及对中国对外贸易的检验. 数量经济技术经济研究,(10): 52-68, 138.
何登辉, 王克稳. 2018. 我国区域合作: 困境、成因及法律规制. 城市规划,(11): 64-70.
何永宏. 2018. 加快推进工业园区转型发展的路径选择. 国家治理,(46): 35-38.
贺灿飞, 谢秀珍. 2006. 中国制造业地理集中与省区专业化. 地理学报,(2): 212-222.
胡兵, 邓富华. 2014. 腐败距离与中国对外直接投资——制度观和行为学的整合视角. 财贸经济,(4): 82-92.
黄玖立, 李坤望. 2006. 出口开放、地区市场规模和经济增长. 经济研究,(6): 27-38.
蒋冠宏. 2015. 制度差异、文化距离与中国企业对外直接投资风险. 世界经济研究,(8): 37-47, 127-128.
蒋海兵, 徐建刚, 祁毅. 2010. 京沪高铁对区域中心城市陆路可达性影响. 地理学报,(10): 1287-1298.
寇宗来, 刘学悦, 刘瑾. 2017. 产业政策导致了产能过剩吗? ——基于中国工业行业的经验研究. 复旦学报(社会科学版),(5): 148-161.
李红昌, Linda Tjia, 胡顺香. 2016. 中国高速铁路对沿线城市经济集聚与均等化的影响. 数量经济技术经济研究,(11): 127-143.
李勤昌, 许唯聪. 2017. 中国对"一带一路"全域 OFDI 的区位选择——基于空间效应视角. 宏观经济研究,(8): 3-18, 102.
李晓西. 2009. 东部产业转移趋势与承接机遇. 中国国情国力,(2): 4-8.
李真, 范爱军. 2008. 地方保护、区域市场分割与产业集聚——基于制造业数据的实证研究. 山西财经大学学报,(10): 50-56.
李正图. 2018. 长江经济带理应率先迈向经济高质量发展阶段. 区域经济评论,(6): 7-10.

李志宏，王娜，马倩. 2013. 基于空间计量的区域间创新行为知识溢出分析. 科研管理，(6)：9-16.
林晓言，罗燊. 2017. 知识流空间与高速铁路. 吉首大学学报（社会科学版），(3)，51-58.
林晓言，石中和，罗燊，等. 2015. 高速铁路对城市人才吸引力的影响分析. 北京交通大学学报（社会科学版），(3)：7-16.
刘和东. 2013. 区域创新内溢、外溢与空间溢出效应的实证研究. 科研管理，(1)：28-36.
刘红光，刘卫东，刘志高. 2011. 区域间产业转移定量测度研究——基于区域间投入产出表分析. 中国工业经济，(6)：79-88.
刘宏曼，王梦醒. 2017. 制度环境对中国与"一带一路"沿线国家农产品贸易效率的影响. 经济问题，(7)：78-84.
刘洪铎，蔡晓珊. 2016. 中国与"一带一路"沿线国家的双边贸易成本研究. 经济学家，(7)：92-100.
刘利源，时政勗，宁立新. 2015. 非对称国家越境污染最优控制模型. 中国管理科学，(1)：43-49.
刘升学，易永锡，李寿德. 2017. 排污权交易条件下的跨界污染控制微分博弈分析. 系统管理学报，(2)：319-325.
刘生龙，胡鞍钢. 2011. 交通基础设施与中国区域经济一体化. 经济研究，(3)：72-82.
龙玉，赵海龙，张新德，等. 2017. 时空压缩下的风险投资——高铁通车与风险投资区域变化. 经济研究，(4)：195-208.
路洪卫. 2016. 完善长江经济带健康发展的区域协调体制机制. 决策与信息，(3)：95-97.
罗燊，林晓言. 2018. 高速铁路影响下的知识可达性与区域梯度——来自中国 31 个省份的证据. 技术经济，(2)：69-76.
罗炜，唐元虎. 2001. 企业合作创新的组织模式及其选择. 科学学研究，(4)：103-108.
吕拉昌，孙飞翔，黄茹. 2018. 基于创新的城市化——中国 270 个地级及以上城市数据的实证分析. 地理学报，(10)：1910-1922.
马光荣，杨恩艳，周敏倩. 2010. 财政分权、地方保护与中国的地区专业化. 南方经济，(1)：15-27.
马双，曾刚. 2016. 我国装备制造业的创新、知识溢出和产学研合作——基于一个扩展的知识生产函数方法. 人文地理，(1)：116-123.
潘峰，西宝，王琳. 2014. 地方政府间环境规制策略的演化博弈分析. 中国人口·资源与环境，(6)：97-102.
潘镇，殷华方，鲁明泓. 2008. 制度距离对于外资企业绩效的影响———一项基于生存分析的实证研究. 管理世界，(7)：103-115.
裴秋蕊，卢进勇. 2019. 中国对外直接投资动机趋势变化研究——基于单边引力模型及面板数据的实证分析. 经济问题探索，(7)：111-121.
彭向，蒋传海. 2011. 产业集聚、知识溢出与地区创新——基于中国工业行业的实证检验. 经济学（季刊），(3)：913-934.
乔宝云，刘乐峥，尹训东，等. 2014. 地方政府激励制度的比较分析. 经济研究，(10)：102-110.
渠爱雪，孟召宜. 2014. 我国文化多样性时空格局及其成因研究. 人文地理，(6)：53-59，124.
任志成，张二震，吕凯波. 2014. 贸易开放、财政分权与国内市场分割. 经济学动态，(12)：44-52.
申文青. 2019. 高铁对技术扩散的影响——基于沪宁城际高铁的实证. 经济体制改革，(1)：

68-74.
盛斌，毛其淋. 2011. 贸易开放、国内市场一体化与中国省际经济增长：1985~2008 年. 世界经济，(11)：44-66.
盛丹，包群，王永进. 2011. 基础设施对中国企业出口行为的影响："集约边际"还是"扩展边际". 世界经济，389(1)：17-36.
宋维佳，刘丹阳. 2016. "一带一路"国内核心区与外商直接投资的异质性——基于东、中、西部的比较分析. 财经问题研究，(9)：38-47.
孙林. 2011. 贸易流量零值情况下引力模型估计方法的优化选择——来自蒙特卡罗模拟的证据. 数量经济技术经济研究，(3)：152-160.
孙阳，姚士谋，张落成. 2016. 长三角城市群"空间流"层级功能结构——基于高铁客运数据的分析. 地理科学进展，(11)：1381-1387.
谈佳洁，刘士林. 2018. 长江经济带三大城市群经济产业比较研究. 山东大学学报（哲学社会科学版），(1)：138-146.
陶权. 2019. 我国贸易相关制度对外商投资影响的实证. 统计与决策，(24)：161-164.
田泽，许东梅. 2016. 我国对"一带一路"重点国家 OFDI 效率综合评价——基于超效率 DEA 和 Malmquist 指数. 经济问题探索，(6)：7-14.
万永彬. 2019. 中国与"一带一路"沿线国家双边贸易影响因素的实证研究. 经济问题探索，(11)：134-141.
汪伟全. 2012. 区域合作中地方利益冲突的治理模式：比较与启示. 政治学研究，(2)：98-107.
王春杨，孟卫东，周靖祥. 2018. 高铁时代中国城市群空间演进：集聚还是扩散. 当代经济科学，(3)：103-113，128.
王春杨，翁蒗. 2015. 中国区域创新差距演变及其影响因素分析. 地域研究与开发，(5)：7-12.
王春杨，张超. 2013. 地理集聚与空间依赖——中国区域创新的时空演进模式. 科学学研究，(5)：780-789.
王芳，余莎，陈硕. 2020. 区域经济发展与地方政府间合作：基于重力模型的证据. 中国行政管理，(9)：106-113.
王非暗，王珏，唐韵，等. 2010. 制造业扩散的时刻是否已经到来. 浙江社会科学，(9)：2-10，125.
王福龙. 2019. 区域协调发展中地方政府间横向合作的评价指标体系构建. 行政管理改革，(10)：71-76.
王红领，李稻葵，冯俊新. 2006. FDI 与自主研发：基于行业数据的经验研究. 经济研究，(2)：44-56.
王姣娥，焦敬娟，金凤君. 2014. 高速铁路对中国城市空间相互作用强度的影响. 地理学报，(12)：1833-1846.
王列辉，夏伟，宁越敏. 2017. 中国高铁城市分布格局非均衡性分析——基于与普通铁路对比的视角. 城市发展研究，(7)：68-78.
王奇，吴华峰，李明全. 2014. 基于博弈分析的区域环境合作及收益分配研究. 中国人口·资源与环境，(10)：11-16.
王庆喜. 2013. 多维邻近与我国高技术产业区域知识溢出——一项空间面板数据分析（1995-2010）. 科学学研究，(7)：1068-1076.

王文剑，仉建涛，覃成林. 2007. 财政分权、地方政府竞争与 FDI 的增长效应. 管理世界，(3)：13-22，171.
王晓东，张昊. 2012. 中国国内市场分割的非政府因素探析——流通的渠道、组织与统一市场构建. 财贸经济，(11)：85-92.
王雨飞，倪鹏飞. 2016. 高速铁路影响下的经济增长溢出与区域空间优化. 中国工业经济，(2)：21-36.
韦功鼎，李雪梅. 2019. 高速铁路知识溢出对第三产业集聚的影响研究——基于长三角城市群的实证研究. 经济问题探索，(2)：130-136.
吴安. 2004. 中国产业及劳动力逆向流动分析——以重庆与北京、广东的比较为例. 中国工业经济，(12)：12-19.
吴鹏，严凤雅. 2011. 地方政府合作中的利益博弈和机制创新. 天水行政学院学报，(3)：19-23.
吴玉鸣. 2007. 大学、企业研发与区域创新的空间统计与计量分析. 数理统计与管理，148（2)：318-324.
吴玉鸣. 2015. 工业研发、产学合作与创新绩效的空间面板计量分析. 科研管理，(4)：118-127.
吴哲，范彦成，陈衍泰，等. 2015. 新兴经济体对外直接投资的逆向知识溢出效应——中国对“一带一路”国家 OFDI 的实证检验. 中国管理科学，(S1)：690-695.
谢孟军. 2013. 基于制度质量视角的我国出口贸易区位选择影响因素研究——扩展引力模型的面板数据实证检验. 国际贸易问题，(6)：3-15.
谢孟军，郭艳茹. 2013. 法律制度质量对中国对外直接投资区位选择影响研究——基于投资动机视角的面板数据实证检验. 国际经贸探索，(6)：107-118.
谢永琴，钟少颖. 2010. 产业集聚与中国区域经济发展差异——基于新经济地理学视角. 工业技术经济，(5)：133-138.
邢华. 2014. 我国区域合作治理困境与纵向嵌入式治理机制选择. 政治学研究，(5)：37-50.
邢华. 2015. 我国区域合作的纵向嵌入式治理机制研究：基于交易成本的视角. 中国行政管理，(10)：80-84.
徐德英，韩伯棠. 2015. 地理、信息化与交通便利邻近与省际知识溢出. 科学学研究，(10)：1555-1563.
徐腾，姚洋. 2018. 城际人口迁移与房价变动——基于人口普查与百度迁徙数据的实证研究. 江西财经大学学报，(1)：11-19.
杨海水. 2004. 地方政府竞争理论的发展述评. 经济学动态，(10)：97-101.
杨思莹，李政. 2019. 高铁开通与城市创新. 财经科学，(1)：87-99.
杨振山，吴笛，程哲. 2018. 区域经济合作视角下经济走廊的类型与影响. 区域经济评论，(3)：21-32.
尹美群，盛磊，吴博. 2019. “一带一路”东道国要素禀赋、制度环境对中国对外经贸合作方式及区位选择的影响. 世界经济研究，(1)：81-92.
袁冬梅，魏后凯. 2011. 对外开放促进产业集聚的机理及效应研究——基于中国的理论分析与实证检验. 财贸经济，(12)：120-126.
原毅军，黄菁菁. 2016. FDI、产学研合作与区域创新产出——基于互补性检验的实证研究. 研究与发展管理，(6)：38-47.

曾国屏，苟尤钊，刘磊. 2013. 从“创新系统”到“创新生态系统”. 科学学研究，(1)：4-12.
曾婧婧. 2015. 泛珠三角区域合作政策文本量化分析：2004—2014. 中国行政管理，(7)：110-116.
张公嵬，梁琦. 2010. 产业转移与资源的空间配置效应研究. 产业经济评论，(3)：1-21.
张贵，吕荣杰，金浩，等. 2018. 京津冀蓝皮书：京津冀经济社会发展报告（2018）区域治理：京津冀协同发展新征程. 北京：社会科学文献出版社.
张杰，张培丽，黄泰岩. 2010. 市场分割推动了中国企业出口吗？. 经济研究，(8)：29-41.
张俊. 2017. 高铁建设与县域经济发展——基于卫星灯光数据的研究. 经济学（季刊），(4)：1533-1562.
张克中，陶东杰. 2016. 交通基础设施的经济分布效应——来自高铁开通的证据. 经济学动态，(6)：62-73.
张文彬，李国平. 2014. 环境保护与经济发展的利益冲突分析——基于各级政府博弈视角. 中国经济问题，(6)：16-25.
张衔春，许顺才，陈浩，等. 2017. 中国城市群制度一体化评估框架构建——基于多层级治理理论. 城市规划，(8)：75-82.
张祥建，李永盛，赵晓雷. 2019. 中欧班列对内陆地区贸易增长的影响效应研究. 财经研究，(11)，97-111.
赵建吉，曾刚. 2009. 创新的空间测度：数据与指标. 经济地理，29（8）：1250-1255.
赵永利，王伟. 2006. 中国东盟自贸区建设大框架下的“两廊一圈”. 国际经济合作，(4)：40-42.
赵勇，白永秀. 2009. 知识溢出：一个文献综述. 经济研究，(1)：144-156.
赵云. 2017. 高速铁路对区域知识溢出的影响机理与效应估计. 北京交通大学博士学位论文.
周灿，曾刚. 2016. 知识溢出与中国高技术产业创新. 经济经纬，(3)：78-83.
周靖祥. 2015. 高铁城市吸附指数. 决策，(6)：36-38.
周黎安. 2004. 晋升博弈中政府官员的激励与合作——兼论我国地方保护主义和重复建设问题长期存在的原因. 经济研究，(6)：33-40.
周黎安. 2007. 中国地方官员的晋升锦标赛模式研究. 经济研究，471（7）：36-50.
周业安，冯兴元，赵坚毅. 2004. 地方政府竞争与市场秩序的重构. 中国社会科学，(1)：56-65，206.
朱松丽，张海滨，温刚，等. 2014. 对IPCC第五次评估报告减缓气候变化国际合作评估结果的解读. 气候变化研究进展，(5)：340-347.
朱治州，钟业喜. 2019.长江三角洲城市群土地利用及其生态系统服务价值时空演变研究[J]. 长江流域资源与环境，28（7）：1520-1530.
宗会明，郑丽丽. 2017. “一带一路”背景下中国与东南亚国家贸易格局分析. 经济地理，(8)：1-9.
邹嘉龄，刘春腊，尹国庆，等. 2015. 中国与“一带一路”沿线国家贸易格局及其经济贡献. 地理科学进展，(5)：598-605.
Alamá-Sabater L，Márquez-Ramos L，Suárez-Burguet C. 2013. Trade and transport connectivity：A spatial approach. Applied Economics，45（18）：2563-2566.
Allport R J，Brown M. 1993. Economic benefits of the European high-speed rail network. Transportation Research Record，1381：1-11.
Ambec S，Coria J. 2018. Policy spillovers in the regulation of multiple pollutants. Journal of Environmental Economics and Management，87：114-134.

Anderson J E. 1979. A theoretical foundation for the gravity equation. The American Economic Review, 69 (1): 106-116.

Anselin L, Getis A. 1992. Spatial statistical analysis and geographic information systems. The Annals of Regional Science, 26 (1): 19-33.

Anselin L, Varga A, Acs Z. J. 2000. Geographic and sectoral characteristics of academic knowledge externalities. Papers in Regional Science, 79 (4): 435-443.

Audretsch D B, Feldman M P. 1996. R&D spillovers and the geography of innovation and production. The American Economic Review, 86 (3): 630-640.

Baldwin R E, Forslid R. 2000. The core-periphery model and endogenous growth: Stabilizing and destabilizing integration. Economica, 67 (267): 307-324.

Baron R M, Kenny D A. 1986. The moderator-mediator variable distinction in social psychological research: Conceptual, strategic, and statistical considerations. Journal of Personality and Social Psychology, 51 (6): 1173.

Beer A, Riedl A. 2012. Modelling spatial externalities in panel data: The spatial Durbin model revisited. Papers in Regional Science, 91 (2): 299-318.

Bergstrand J H. 1985. The gravity equation in international trade: Some microeconomic foundations and empirical evidence. The Review of Economics and Statistics, 67: 474-481.

Berliant M, Reed III R R, Wang P. 2006. Knowledge exchange, matching, and agglomeration. Journal of Urban Economics, 60 (1): 69-95.

Biancardi M, Villani G. 2018. Sharing R&D investments in international environmental agreements with asymmetric countries. Communications in Nonlinear Science and Numerical Simulation, 58: 249-261.

Bode E. 2004. The spatial pattern of localized R&D spillovers: An empirical investigation for Germany. Journal of Economic Geography, 4 (1): 43-64.

Brotchie J F. 1991. Fast rail networks and socio-economic impact//Brotchie J F, Batty M, Hall P, et al. Cities of the 21st century: New technologies and spatial systems. Melbourne: Longman Cheshire: 25-37.

Caplan A J, Silva E C. 2005. An efficient mechanism to control correlated externalities: Redistributive transfers and the coexistence of regional and global pollution permit markets. Journal of Environmental Economics and Management, 49 (1): 68-82.

Chang S, Qin W, Wang X. 2018. Dynamic optimal strategies in transboundary pollution game under learning by doing. Physica A: Statistical Mechanics and Its Applications, 490: 139-147.

Chen C L, Hall P. 2011. The impacts of high-speed trains on British economic geography: A study of the UK's InterCity 125/225 and its effects. Journal of Transport Geography, 19 (4): 689-704.

Chiarella C, Kemp M C, van Long N, et al. 1984. On the economics of international fisheries. In Contributions to Economic Analysis, 150: 189-198.

Crozet M, Mayer T, Mucchielli J L. 2004. How do firms agglomerate? A study of FDI in France. Regional Science and Urban Economics, 34 (1): 27-54.

Dixit A K, Stiglitz J E. 1977. Monopolistic competition and optimum product diversity. The American

Economic Review，67（3）：297-308.

Donaldson D，Hornbeck R. 2016. Railroads and American economic growth：A "market access" approach. The Quarterly Journal of Economics，131（2）：799-858.

El Ouardighi F，Sim J E，Kim B. 2016. Pollution accumulation and abatement policy in a supply chain. European Journal of Operational Research，248（3）：982-996.

Elhorst J P. 2010. Spatial panel data models//Fischer M M，Getis A. Handbook of Applied Spatial Analysis：Software Tools，Methods and Applications. Berlin：Springer：377-407.

Elhorst J P，Vega S H. 2015. The SLX model. Journal of Regional Science，55（3）：339-363.

Feldman M P，Audretsch D B. 1999. Innovation in cities：Science-based diversity，specialization and localized competition. European Economic Review，43（2）：409-429.

Fischer M M，Varga A. 2003. Spatial knowledge spillovers and university research：Evidence from Austria. The Annals of Regional Science，37（2）：303-322.

Flowerdew R，Aitkin M 1982. A method of fitting the gravity model based on the poisson distribution. Journal of Regional Science，22（2）：191-202.

Fritsch M，Slavtchev V. 2011. Determinants of the efficiency of regional innovation systems. Regional Studies，45（7）：905-918.

Fujita M，Krugman P R，Venables A. 1999. The spatial economy：Cities，regions，and international trade. London：MIT Press.

Fullerton D，Karney D H. 2018. Multiple pollutants，co-benefits，and suboptimal environmental policies. Journal of Environmental Economics and Management，87：52-71.

Griliches Z. 1979. Issues in assessing the contribution of research and development to productivity growth. The Bell Journal of Economics，10（1）：92-116.

Grossman G M，Helpman E. 1991. Innovation and Growth in the Global Economy. Cambridge：MIT Press.

Günther M，Hellmann T. 2017. International environmental agreements for local and global pollution. Journal of Environmental Economics and Management，81：38-58.

Gutiérrez J. 2001. Location，economic potential and daily accessibility：an analysis of the accessibility impact of the high-speed line Madrid-Barcelona-French border. Journal of Transport Geography，9（4）：229-242.

Helpman E. 1998. General purpose technologies and economic growth. Cambridge：MIT Press.

Henderson J V. 2003. Marshall's scale economies. Journal of Urban Economics，53（1）：1-28.

Henderson D J，Millimet D L. 2008. Is gravity linear?. Journal of Applied Econometrics，23（2）：137-172.

Jacobs J. 1969. The Economy of Cities. New York：Vintage.

Jaffe A B. 1986. Technological opportunity and spillovers of R&D：Evidence from firms' patents，profits，and market values. American Economic Review，76（5）：984-1001.

Jørgensen S，Zaccour G. 2001. Time consistent side payments in a dynamic game of downstream pollution. Journal of Economic Dynamics and Control，25（12）：1973-1987.

Kim K S. 2000. High-speed rail developments and spatial restructuring：A case study of the capital

region in South Korea. Cities，17（4）：251-262.
Krugman P. 1991. Increasing returns and economic geography. Journal of Political Economy，99（3）：483-499.
Lee N. 2015. Migrant and ethnic diversity，cities and innovation：Firm effects or city effects?. Journal of Economic Geography，15（4）：769-796.
LeSage J P，Pace R K. 2008. Spatial econometric modeling of origin-destination flows. Journal of Regional Science，48（5）：941-967.
LeSage J P，Pace R K. 2009. Introduction to Spatial Econometrics. New York：Chapman and Hall.
Li S. 2014. A differential game of transboundary industrial pollution with emission permits trading. Journal of Optimization Theory and Applications，163（2）：642-659.
Limao N，Venables A J. 2001. Infrastructure，geographical disadvantage，transport costs，and trade. The World Bank Economic Review，15（3）：451-479.
List J A.，Mason C F. 2001. Optimal institutional arrangements for transboundary pollutants in a second-best world：evidence from a differential game with asymmetric players. Journal of Environmental Economics and Management，42（3）：277-296.
Marshall A. 1890. Principle of Economics. London：Macmillan.
Niebuhr A. 2010. Migration and innovation：Does cultural diversity matter for regional R&D activity?. Papers in Regional Science，89（3）：563-585.
Paluzie E. 2001. Trade policy and regional inequalities. Papers in Regional Science，80（1）：67-85.
Pfliiger M. 2004. A simple，analytically solvable，chamberlinian agglomeration model. Regional Science and Urban Economics，34：565-573.
Poncet S. 2005. A fragmented China：Measure and determinants of Chinese domestic market disintegration. Review of International Economics，13（3）：409-430.
Pöyhönen P. 1963. A tentative model for the volume of trade between countries. Weltwirtschaftliches Archiv，90：93-100.
Qin Y. 2017. "No county left behind？" The distributional impact of high-speed rail upgrades in China. Journal of Economic Geography，17（3）：489-520.
Rahko J. 2017. Knowledge spillovers through inventor mobility：the effect on firm-level patenting. The Journal of Technology Transfer，42（3）：585-614.
Romer P M. 1990. Endogenous technological change. Journal of Political Economy，98（5，Part 2）：S71-S102.
Samuelson P A. 1954. The pure theory of public expenditure. The Review of Economics and Statistics，36（4）：387-389.
Sasaki K，Ohashi T，Ando A. 1997. High-speed rail transit impact on regional systems：Does the Shinkansen contribute to dispersion？The Annals of Regional Science，31（1）：77-98.
Serapio Jr M G，Dalton D H. 1999. Globalization of industrial R&D：An examination of foreign direct investments in R&D in the United States. Research Policy，28（2/3）：303-316.
Shao S，Tian Z，Yang L. 2017. High speed rail and urban service industry agglomeration：Evidence from China's Yangtze River Delta region. Journal of Transport Geography，64：174-183.

Silva E C, Zhu X. 2009. Emissions trading of global and local pollutants, pollution havens and free riding. Journal of Environmental Economics and Management, 58 (2): 169-182.

Silva J S, Tenreyro S. 2006. The log of gravity. The Review of Economics and Statistics, 88 (4): 641-658.

Spence M. 1976. Product selection, fixed costs, and monopolistic competition. The Review of Economic Studies, 43 (2): 217-235.

Tinbergen J. 1962. Shaping the World Economy: Suggestions for an International Economic Policy. New York: The Twentieth Century Fund.

Ureña J M, Menerault P, Garmendia M. 2009. The high-speed rail challenge for big intermediate citics: A national, rcgional and local pcrspcctivc. Citics, 26 (5): 266-279.

van der Ploeg F, de Zeeuw A J. 1992. International aspects of pollution control. Environmental and Resource Economics, 2 (2): 117-139.

Wen M. 2004. Relocation and agglomeration of Chinese industry. Journal of Development Economics, 73 (1): 329-347.

Yeung D W. 2007. Dynamically consistent cooperative solution in a differential game of transboundary industrial pollution. Journal of Optimization Theory and Applications, 134 (1): 143-160.

Yiu D, Makino S. 2002. The choice between joint venture and wholly owned subsidiary: An institutional perspective. Organisation Science, (13): 667-683.

Young A. 2000. The razor's edge: Distortions and incremental reform in the People's Republic of China. The Quarterly Journal of Economics, 115 (4): 1091-1135.